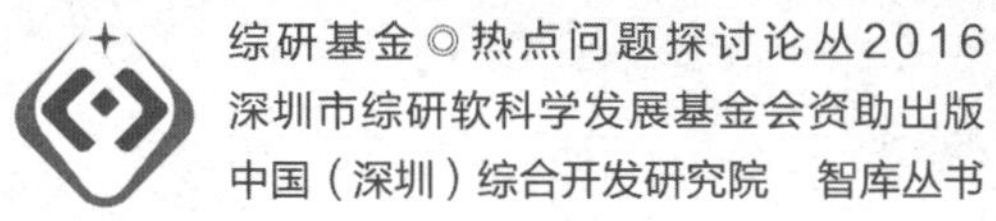

Overseas Direct Investment

Strategy, Mechanism and Challenge

中国对外直接投资

战略、机制与挑战

樊　纲　许永发◎主编

中国经济出版社
CHINA ECONOMIC PUBLISHING HOUSE
北京

图书在版编目（CIP）数据

中国对外直接投资：战略、机制与挑战 / 樊纲，许永发主编.
北京：中国经济出版社，2017.5（2024.1重印）
ISBN 978-7-5136-4533-1

Ⅰ.①中… Ⅱ.①樊…②许… Ⅲ.①对外投资—直接投资—研究—中国 Ⅳ.①F832.6

中国版本图书馆 CIP 数据核字（2016）第 308522 号

责任编辑　赵静宜
责任印制　巢新强
封面设计　久品轩

出版发行　中国经济出版社
印 刷 者　大连图腾彩色印刷有限公司
经 销 者　各地新华书店
开　　本　710mm × 1000mm　1/16
印　　张　18.75
字　　数　297 千字
版　　次　2017 年 5 月第 1 版
印　　次　2024年 1 月第 2 次
定　　价　88.00 元
广告经营许可证　京西工商广字第 8179 号

中国经济出版社 网址 www.economyph.com **社址** 北京市东城区安定门外大街 58 号 **邮编** 100011
本版图书如存在印装质量问题，请与本社销售中心联系调换（联系电话：010-57512564）

编 委 会

（按姓氏笔画排序）

前　言

2014年中国实际对外投资超过利用外资的规模，对外投资出超额约200亿美元，2015年中国对外投资再次出超，对外直接投资存量超过万亿美元。由资本输入国到资本输出国的转变，对中国而言是一个重要的风向标。它是中国迈向世界经济大国的重要标志，是中国由对外贸易大国迈向对外贸易强国的重要标志，是中国在全球范围内配置资源、积极影响全球金融和经济格局的重要标志。近年来，中国政府将“开放”列为“五大发展理念”之一、提出“一带一路”战略、发起并成立亚投行、人民币加入SDR、自贸试验区纵深发展等一系列重大战略举措，说明中国对外开放的战略内涵正在进一步深化，确立了“双向开放”的新格局。

深圳市综研软科学发展基金会自成立以来，就始终关注中国经济长期发展问题，并资助了一系列相关公共政策研究项目。2016年5月7日，基金会和中国（深圳）综合开发研究院在北京发起主办“2016综研基金·中国智库论坛”，并以“中国对外直接投资：战略、机制与挑战”为主题，就是要探讨未来中国进一步扩大开放的战略。如何创新对外直接投资的机制体制，如何从政策沟通、设施联通、贸易畅通、资金融通等方面与“一带一路”沿线国家相互对接，提高我国在全球经济治理中的制度性话语权。如何树立风险防范意识，提前做好投资环境和市场风险评估，建立风险规避机制和必要的保障体系。

本次论坛邀请了中国宏观经济研究院、中国现代国际关系研究院、商务部国际贸易经济合作研究院、国务院发展研究中心对外经济研究部、中国社会科学院经济研究所、中国社会科学院世界经济与政治研究所、中银国际研究公司、中国国际工程咨询公司等多家研究机构的专家学者，共同研讨中国对外直接投资发展趋势、“一带一路”发展机制、企业“走出去”的风险规避。2016 年 8 月 6 日，深圳市综研软科学发展基金会又在深圳举办了“中国企业走出去：路径、风险与创新”研讨会，邀请了中集集团、深圳地铁、TCL 集团等多家走向海外的中国企业分享走出去的经验。

本书就是以上学术活动成果的汇编，全书共四篇，分别以“构建更高层次的开放经济”“对外直接投资风险与挑战”“企业‘走出去’的机遇与路径”“论坛精彩观点综述”，希望能推动决策层、研究机构和社会各界共同关注中国对外直接投资的政策与实践问题。

目 录

前 言

第一篇 构建更高层次的开放经济

不完美但不可抗的经济全球化 / 金 碚 · 3

更高层次的对外经济开放 / 周天勇 · 17

国家特定优势：国际投资发展的补充解释 / 裴长洪 郑 文 · 46

日本的海外投资与成熟债权大国 / 刘军红 · 79

亚投行折射美日的世界认知腐朽化 / 刘军红 · 95

第二篇 对外直接投资风险与挑战

我国对外直接投资面临的风险和挑战 / 毕吉耀 李大伟 · 109

我国对外直接投资高速增长的背景、潜在风险与防范 / 桑百川 · 119

“十三五”时期中国对外投资的区域与行业格局 / 魏 杰 汪 浩 · 134

中国对“一带一路”沿线国家投资的特征与风险 / 王永中 李曦晨 · 146

丝路经济带中亚投资环境及市场风险 / 卢周来 刘 珺 · 157

强化合规管理，应对海外投资风险 / 王志乐 · 169

第三篇 企业“走出去”的机遇与路径

我国企业“走出去”面临新机遇 / 赵晋平 · 185
中国企业“价值链延伸型”对外直接投资 / 姚枝仲 · 196
中资企业的国际化趋势与金融支持路径 / 巴曙松 左 伟 · 210
中国企业参与“一带一路”建设的战略的挑战与对策 / 王国文 · 225
“走出去”升级中的园区战略 / 曲 建 · 235
中国企业投资非洲战略研究 / 李开孟 · 248

第四篇 论坛精彩观点综述

从资本输入国到输出国，开放呈现历史新转折点 / 项怀诚 · 273
开放新格局空前复杂 / 曹远征 · 275
“十三五”期间中国对外合作战略框架蓝图 / 张 威 · 276
战略机遇“窗口期”全面打开 / 赵晋平 · 278
来自中国企业“一带一路”投资案例的思考 / 王国文 · 279
破解“走出去”五大挑战 / 毕吉耀 · 281
企业走出去要学会国际语言敬畏社会责任 / 李开孟 · 282
从世界银行黑名单看海外投资面临的挑战 / 王志乐 · 285
对外直接投资需要研究的六大问题 / 裴长洪 · 287

后 记

第一篇

构建更高层次的开放经济

不完美但不可抗的经济全球化

金　碚*

工业革命、市场经济和经济全球化，是彻底改变人类命运和世界面貌的三位一体历史过程。时至今日，世界仍然处于市场经济纵深发展、工业化创新推进、经济全球化势头强劲的时代。可以将自19世纪到20世纪中叶之前，以第二次世界大战为界，称为第一次经济全球化；20世纪中叶直到当前称为第二次经济全球化。当前，世界正在兴起第三次经济全球化浪潮，进入经济全球化新时代。中国在第一次经济全球化时代国运衰落，在第二次经济全球化时代寻求复兴，必将在经济全球化新时代占据重要国际地位，发挥影响全球的大国作用。中国的“一带一路”构想，将成为经济全球化新时代具有标志性意义的伟大壮举。

一、经济全球化：完美的理论与坎坷的现实

综观世界历史，人类最伟大的制度创造是市场经济，最伟大的发展壮举是工业革命。当市场经济插上工业革命的翅膀，人类发展进入工业化时代。研究和论述市场经济基本规律的古典经济学家亚当·斯密在其《国富论》一书中为市场经济发展的强大扩张性特征构建了系统的理论逻辑，即基于人类所具有的交换本能和追求财富的本性，劳动分工和市场规模不断扩大，经济效率不断提高，经济产出不断增长，国民财富大量积累，推动人类社会快速发展。市场经济在本质上不仅是“全国化”的，更是“全球化”的，即不仅

* 金碚：中国社会科学院学部委员，教授，博士生导师。

要求形成包罗本土的统一全国市场，而且要冲破国家界限实现一体化的全球市场和全球经济。

另一位古典经济学家大卫·李嘉图以其所创立的比较成本（或比较优势）理论，进一步论证了国际间自由贸易的合理性，即各国只要根据自己的要素禀赋，专业化分工生产各自具有相对成本优势的产品（同自己生产的其他产品相比），通过国际自由贸易，就可以获得对各贸易国都最有利的结果。如果全世界各国都这样做，也就能够实现全世界的福利最大化。这样，古典经济学家们为经济全球化奠定了最初的理论基础，论证了经济全球化的合理性和正当性。不仅主张商品贸易自由化、国际投资自由化，而且主张人员的国际流动也要自由化，即移民自由。

对于资本主义市场经济向全世界的扩张，马克思曾经做过精辟的论述。马克思主义之所以是“国际主义”的，也正是因为在马克思主义经典作家们看来，工业革命是没有国家界限的，资本主义市场经济在本质上是国际性和全球性的，一切阻碍商品、资本、劳动在国际间自由流动的国境壁垒都是资本主义市场经济所不能容忍的。因此，在马克思主义经典作家们看来，未来社会（共产主义社会）的经济形态也将是全球化的，而国家则是必然要“消亡”的。1904 年，颇具盛名和争议的英国地理学家哈·麦金德则从地理学和地缘政治的角度提出:“世界是一个整体，它已经成为一个联系紧密的体系。”①

当然，市场经济在世界各国的发展并非一帆风顺没有阻力。其实，关于是否有可能走非市场经济的发展道路，人类也做过无数次的尝试和探索，其历史并不比市场经济短。但迄今的历史表明，一切非市场经济的制度选择均无成功希望，即使有过一时的兴旺也难以持续，很快就会归于破灭。在以市场经济为主流的世界经济系统中，任何国家或经济体如果试图走封闭发展的道路，终将丧失活力，自绝于繁荣，或者被市场经济的洪流所淘汰，或者被市场经济吞噬而重生。

总之，只要发展市场经济，全球化趋势就具有不可阻挡之势。19 世纪，

---

① ［英］哈·麦金德．历史的地理枢纽［M］．北京：商务印书馆，2013：19。

以英国为首的西方市场经济国家，发动了第一次经济全球化浪潮。20 世纪中叶，美国成为经济全球化的“领头羊”，推动了第二次经济全球化浪潮。在此过程中，许多后发国家虽都曾经拒绝过全球化，试图以闭关锁国的方式实现国家富强，但均无成功者。最终，各个国家都不得不实行开放政策，融入以“自由贸易”为旗帜的经济全球化体系。至今记忆犹新的是，曾经进行过非市场经济发展道路的最辉煌尝试的苏联东欧国家和中国等亚洲国家，在 20 世纪实行了社会主义计划经济制度，经济成长业绩也曾一度超过资本主义市场经济国家，甚至形成了另一个与市场经济相“平行”的世界，但最终未能取得成功：或者解体，或者“归顺”市场经济。因为，非市场经济的制度活力、包容性和国际竞争力终究无法与全球化发展的市场经济相抗衡，最终不得不放弃计划经济，并入市场经济的全球化体系。

当前，世界正处于第二次工业革命向各新兴经济体加速扩散、第三次工业革命方兴未艾，第二次经济全球化浪潮走向极盛、第三次全球化浪潮正在兴起的时代。以第二次工业革命为基础的第二次经济全球化的长足推进，导致世界政治经济格局发生了深刻变化。任何国家以至整个世界，若不再次变革就将难以适应危机四伏的复杂现实，难逃“盛极而衰”的命运。

尽管经济全球化是一种历史必然，但后发国家进入经济全球化，并不就是走上了一条铺满鲜花的道路，而往往是踏上了一条荆棘丛生的险途，难免付出代价和经历痛苦。对于经济落后国家，承认经济全球化和一体化，往往是一个两难的选择。因为，全球化意味着打开国门参与强手如林的国际竞争，意味着将自己的一切弱点都在经济开放中暴露无遗，失去保护。弱者能够同强者“自由贸易”“公平竞争”吗？尤其是，全球化的竞争规则是强国主导制定的，弱国只是规则接受者，缺乏制定修改规则的话语权。所以，可以理解，当孩子同巨人竞赛时，有理由寻求“保护”。因此，落后国家总是怀疑经济全球化是一种以强凌弱的“新殖民主义”阴谋，试图以封闭作为避难所。

在西方国家进入工业革命和经济全球化的相当长一段时期，中国一直在封闭和开放的两难选择中徘徊。20 世纪中叶，新中国成立，中国工业化进入起步阶段，但仍然强烈倾向于抵制经济全球化，视经济全球化为“洪水猛兽”。当时，虽然也看到了西方发达国家的先进工业和发达经济，因而也曾有

“超英赶美”的目标。但是，对于市场经济的拒绝和对于经济全球化的敌视，主宰了将近30年。这极大地限制了中国发展的战略眼界和施展空间。直到20世纪的最后20年，中国才幡然醒悟，决意向市场经济转变，实行开放政策，勇敢地融入经济全球化。这样，历经短短30多年就获得了与经济全球化接轨的利益，实现了加速工业化和极大的经济扩张，取得出人意料的巨大成效。截至2010年，中国成为生产规模仅次于美国的世界第二大经济体，并继续迅速缩小同第一大国的差距，不断拉开同第三经济大国（日本）的距离。展望未来，只要继续走发展市场经济的道路，向更广阔的世界市场拓展，中国的战略利益边界将不断延伸。总之，作为一个人口占世界五分之一的大国，走上市场经济的发展道路，全球化的意义将无限深远。

接受经济全球化不仅是对历史必然的遵从，而且，经济学理论也可以令人信服地“证明”全球化的合理与“美妙”。但是，现实的情况并不像经济理论所描绘的那么美妙。我们可以看到，经过了19世纪和20世纪的经济全球化，迄今为止，世界上大多数国家还没有获得工业化的成功。整个世界仍然充满了不发达和贫困现象，明显地分化为南北国家，贫富差距巨大；世界经济的中心—外围格局以及由此决定的不平等现象仍然非常突出。有人认为这是由于经济全球化尚不彻底；但也有人认为这是由于发达国家强行推进经济全球化和自由主义，导致了世界经济发展的两极分化。总之，世界上反对全球化的声音一向不小，而且也并非全无道理。他们的理据包括：弱肉强食的全球竞争不具道德正当性；全球化成为强国对弱国进行掠夺的借口；全球化并没有像其支持者鼓吹的那样使各国平等获益，而是导致更加巨大的国际不平等；而且，经济全球化损害了世界的文化多样性，让世界“索然无味”，即以追求物质财富为目标的人类异化现象畅通无阻，缺乏人道和人类尊严的正义性。

二、经济全球化是把双刃剑

可见，经济全球化并非天生美好。全球化利益的实现依赖于一系列现实条件。也可以说，在不同的现实条件下，经济全球化会表现出非常不同的状况和后果。这些条件主要包括：物质技术状况和基础设施条件、地缘利益格局和市场势力结构、国际制度安排即全球治理结构等。

关于经济全球化受到物质技术状况和基础设施条件的影响，这是很容易理解的。经济全球化要求在国家间、地区间，包括各大洲间进行大规模通商和交流，国际产业分工依赖于国际物流和人流的通畅性，这些都需要具有物质技术条件的保障，特别是海陆空交通运输基础设施、国际通信设施、安全保障设施等，都直接决定了经济全球化的可行性和有效性。由于经济全球化的基本内容是国际贸易和国际投资，所以，由实际生产力所决定的各国产业发展水平及其参与国际分工的广度和深度，也影响着经济全球化的实际状况。从经济全球化的历史和现状来看，以交通运输为代表的基础设施建设和发展，一方面，为经济全球化提供了越来越便利的条件；另一方面，迄今为止，许多国家和地区，尤其是经济不发达的内陆型国家的基础设施现状仍然是制约经济全球化的瓶颈。

关于地缘利益格局和市场势力结构对经济全球化的影响，实质上就是参与全球化竞争的各经济体间的力量对比，对国际经济竞争（或垄断）与合作（或斗争）中的博弈关系所产生的决定性作用。国际经济活动是在一定的地缘政治经济格局中进行的，参与国际经济活动的经济体在世界经济中的市场势力（market power）存在很大的差别，因此，经济全球化中的国际竞争主体，并不是经典经济学论证自由贸易合理性时所假设的“原子”式厂商，而是在一定的地缘政治格局中具有不同“国籍”的商家，它们可能拥有非常不同的“母国势力”，这种母国势力在全球化的经济竞争中表现为非常不同甚至是力量极为悬殊的市场势力差距。

英国历史学家艾瑞克·霍布斯鲍姆说：“自由经济理论所承认的唯一均衡，是世界性的均衡。”① 但是，经济全球化的现实空间是极度不平坦的。无论是在经济活动赖以进行的自然物质条件上，还是在以此为基础的地缘政治经济关系上，经济全球化都是一个以现实的地缘条件和地缘政治格局为转移

① ［英］艾瑞克·霍布斯鲍姆．帝国的时代：1875—1914［M］．北京：中信出版社，2014：58－61.

的过程。也就是说，在什么样的地缘格局现实条件下就会有什么样的经济全球化特征。在工业革命之前，由于地理条件的恶劣，地球上的大多数地方都是人类难以顺利到达，也不适宜居住。如果没有工业，即将无用物转变为有用物的人类生产活动，地球上无“资源”可言，所谓“自然资源”完全是以一定的工业生产能力为前提的。辽阔的海洋和大陆，只有当人类拥有了生产技术能力（工业）才可能成为现实的经济活动空间。而当人类拥有了可以利用海洋和陆地的工业能力时，“领域”就具有了战略价值。于是，争夺“领域”的行为导致了“帝国”时代的出现。

在一定意义上，所谓“帝国主义”就是试图通过直接“占领”“统治”“控制”而形成大规模统一市场的强权意图。在经济全球化具有越来越重要意义的 19 世纪到 20 世纪，以“领域”控制为思维指向的陆权论与海权论就成为谋求“占领”“统治”和“控制”的全球战略观和帝国思维。

以往的各种地缘政治思维都着眼于“占领”“统治”“控制”，而经济全球化则诉诸于“自由”“交换”“开放”。所以，现实的地缘政治格局破坏了经济全球化的理论逻辑基础：经济全球化设想的是一个无障碍的自由竞技场，规则透明，裁判公正；而现实的地缘政治状态则如同荆棘丛生、险象环生的崇山峻岭，道路阻碍，盗贼猖獗。在现实中，任何国家无论多么强大，都难以一统全球，因此，要么战争，要么共存，而共存必须达到一定的“均势”。仅此一点，即在均势思维中，地缘政治和军事战略逻辑同经济全球化逻辑具有了一定的契合点。

自 20 世纪 90 年代以来，美国成为唯一的超级大国，自认为有“责任”维护世界秩序，以布热津斯基等为代表的美国战略家提出了由美国领导全球的均势“棋局”理论，即要使世界任何地区都不出现能够挑战美国的势力，因此，必须在欧洲、太平洋等各个地缘政治空间中形成各国相互制衡的格局。从而使无论是欧盟、俄罗斯，还是中国、日本，或者是伊斯兰国家之间，均处于势均力敌的状态，以保持美国可以控制的“均势”。

其实，不仅大国谋求均势，小国更需要在均势中谋生存。第二次世界大战以来，民族国家相继独立，国家数量越来越多，各类国家都必须在均势中生存。而战争的爆发和暴力恐怖主义的产生几乎都是失去均势的产物。可见，权力平衡，形成地缘政治格局的均势，是保持和平和发展经济的重要条件，更是经济全球化能够取得趋利避害后果的必要条件。经济全球化是双刃剑，失去均势基础的全球化绝非人类之福。

20世纪后期以来，由于世界经济增长格局的迅速变化，经济中心东移，尤其是以中国为中心的东亚地缘板块的崛起。① 不仅美国深感必须实现“再平衡”的迫切性，而且，实际上在新的世界经济政治格局中达成新的权力均势，以保证全球化趋势的良性延续，正成为世界必须面对的紧迫课题。即如何实现全球化市场经济的结构性均衡、各利益主体间利益平衡，同地缘政治经济格局的权力均势之间的有效契合？

经济全球化需要维持和平，也需要保持全球航道的通畅。同全球化利益一致的国家，主要是工业化的主导国家，它们自认为依据自己的实力实现全球势力的均衡是一种国际责任。但其他国家由于在经济全球化中未获利益或遭受损失，甚至沦为强国的殖民地或被其“控制”而处于政治不平等地位。有些国家因地缘政治格局中的不利地位而被边缘化，经济发展受到严重制约甚至被战乱所中断，长期处于“落后国家”“失败国家”的境地。列强争斗甚至会使市场沦为战场，经济全球化扭曲为世界大战。因此，经济全球化能否取得积极效果，高度依赖于世界治理结构的有效性。

国际制度安排即全球治理结构对经济全球化的影响，更具有决定性意义。全球治理结构是基于国家利益和国家实力的制度选择。经济理论所描绘的经济全球化总是以经济自由主义为理想，但历史也确如有的学者所指出的：自由市场和全球自由贸易并不是自然而然就出现的。这是一种选择，而且也是强国强加于弱国的结果。经济全球化及其支持政策国际自由贸易，最符合工业化的主导国家的利益。经济全球化进程总是沿着同工业化主导国家的利益相一致的方向推进。并无对所有国家“一视同仁”的经济全球化和全球治理结构。正是经济全球化在现实中的利益偏向性和全球治理结构的利益偏向性，决定了市场均衡理想与全球化现实之间必然会存在巨大的差距。

很容易理解，经济全球化总是在一定的制度环境中推进和实现的。国际

---

① 金碚等．全球竞争格局变化与中国产业发展［M］．经济管理出版社，2014．

制度安排即全球治理结构对经济全球化的影响，体现了不同时代的国际政治秩序和经济秩序对国际经济活动的治理方式，规定了国际经济活动的行为规范，以及处理纠纷的规则程序。经济全球化要求商品、资金（资本）、人员等在世界范围的顺畅流动，表现为贸易自由、投资自由、移民自由（自然人国际迁移自由）等政策主张及制度安排。而在现实中，所有的“自由”都是在一定的地缘政治格局中实现的，因而总是存在各种难以突破的障碍和错综复杂的关系。

三、中国应以善治、活力与创新迎接经济全球化新时代

20 世纪后期，经济全球化的一个最突出特点是，以中国为代表的发展中经济大国以新兴经济体强劲增长的态势深度融入全球化格局之中，改变了经济全球化的整体面貌，并强有力地推动经济全球化进入新时代。中国工业化将在几十年时间内使全世界工业社会的人口翻一番，使全球工业化的版图发生巨大变化。从 20 世纪 80 年代以来，中国工业化的进程伴随着全方位的对外开放过程。同世界其他大国的工业化进程相比，在许多方面，中国实行对外开放的速度和广度是罕见的。特别是中国进入世界贸易组织所做出的开放承诺，连外国和国际组织的一些专家都承认，在许多方面是“非常激进”的。可以说，中国是有史以来，在工业化进程仍然处于（人均）低收入状态时，开放速度最快、开放领域最广、开放政策最激进的一个大国。① 进入 21 世纪，中国经济以非常快的速度融入世界经济，特别是中国制造业越来越广泛地融入国际分工体系之中，曾经高度封闭的中国市场在短时间内就转变成为国际市场的组成部分。②

在加速工业化时期，中国相当激进的对外开放政策所获得的一个直接益处是：广泛地获得了国际分工所提供的制造业发展机会。在工业化过程中，

---

① 在人类历史上，从来没有一个人口超过 1 亿的国家，在处于中国这样的发展水平时，实行像中国这样的全方位彻底的对外开放政策，特别是对外商直接投资所实行的高度容忍和彻底开放的政策。

② 金碚．大国筋骨——中国工业化 65 年历程与思考［M］．广州：南方出版传媒集团广东经济出版社，2015：91.

产业分解是国际分工深化的表现。由于世界产业的分解，使发达国家和新兴工业化国家的传统产业有可能迅速地向中国转移。中国通过承接制造业的组装加工环节，形成了从沿海地区开始，并不断向内地延伸的众多加工区和产业集群区。产业分解是技术扩散和产业扩张的重要条件之一。在世界高新技术产业快速分解的过程中，不仅传统产业向中国转移，而且，高技术产业中的一些加工环节也迅速地向中国转移。① 实际上，在产业高度分解，分工极端细化的条件下，被统计为“高技术产业”的产品生产工艺同传统产业产品的生产工艺之间并没有不可逾越的鸿沟。这样，中国工业很快进入广泛的国际分工体系。②

巨大经济体融入经济全球化，不仅改变了全球经济体系的基本结构，而且各国经济尤其是产业体系高度绞合，国际分工合作冲破地理国界和政治国界，不仅经济行为普遍跨越国界，而且经济主体的组织形态跨越国籍，跨国公司以及跨国产业链成为经济全球化的重要载体和实现形式，产生了各种犬牙交错的“超国籍”现象，甚至按产（股）权、注册地、所在地、控制权等原则都难以明确定义其国籍归属。在经济全球化新时代，经济国界正在已变得越来越模糊，经济主体和经济行为的“混血”“交织”“转基因”现象正越来越深刻地改变着整个世界。因此，“经济规模”的国别绝对意义在改变，而其全球相对意义则越来越具有重要性。

在经济全球化新时代，全球竞争主要表现为由各国企业构成的复杂“产业链”之间的竞争，不仅制造业竞争呈“产业链”状，而且国际金融业也呈产业链状。各国经济特别是各大国经济，包括对手国家经济之间，都处于相互交织的关联网中，“你死我活”的传统竞争格局演变为“俱荣俱损”的绞合状竞争格局，利益高度重合。甚至“消灭对手”同时也会使自己受损。这成为经济全球化新时代的奇特现象：各不同经济体（国家、地区或企业）之

---

① 高新技术产业更具有产业分解的这一特征。以计算机产业为例，1981 年，IBM 把关键的个人电脑部件资源让给微软和 Intel，是信息产业发展史上的一个具有长远影响的重要事件，也是计算机产业走向分解的标志。从此以后，计算机产业迅速扩散，使越来越多的国家进入了计算机产业的生产分工体系。

② 金碚．大国筋骨——中国工业化65 年历程与思考［M］．广州：南方出版传媒集团广东经济出版社，2015：93.

间利益边界截然分明的状况变为“你中有我，我中有你，你我中有他，他中有你我”的利益交织、相互依存格局。

很显然，在这样的经济全球化态势下，列强争夺领土和霸权掌控全球的历史已不可能重现，没有国家尤其是负责任大国会设想获取“占领国”利益，即使是霸权主义的美国也不再谋求“占领”目标。崛起的中国更不可能走上列强和称霸的道路。共享共治天下，将是世界可持续发展的唯一可行模式，也是符合中国理念和国家利益的经济全球化方向。因此，习近平主席代表中国宣称的“中国永远不称霸!”是真诚的表达，实际上也宣告了列强时代与霸权时代的终结。

经济全球化新时代的另一个突出特点是，各国必须首先“把自己的事情办好”，而试图以对外扩张来转移国内矛盾的陈旧策略已经完全过时。在经济全球化新时代，国际竞争将更加着眼于“民生体验”，即各国将在更加开放的条件下，进行全球性的文明竞争和国家竞争。各国将在商品、资金、人员、信息等更具国际自由流动性的全球化体系中，进行深度竞争与合作，人民福利体验将以全球化为背景。制度的“合法性”将以国际比较下的民生增进和经济社会发展的包容性和可持续性为依据。通俗地说，即人民满意不满意，认可不认可，将决定国际竞争的输赢。

在这样的时代，作为已经被视为“世界第二大国”的中国，最根本的作为就是：以善治示全球，以创新领潮流。奈斯比特说：“随着经济实力的增强，中国在国际事务中发挥越来越重要的作用，但它在国际社会的权威性和话语权还属于轻量级水平。国际社会对中国的认可取决于它们对中国国内发展的看法；而我们认为，中国对内将变得更中国化。”① “当今中国的发展，首要考虑的都是国内因素。然而中国的进一步开放却必须在全球关系转型的大背景下进行。”② 在经济全球化新时代，国际竞争的本质是“善治”，而不是武力和霸权。“善治”首先是把自己国内的事情办好，最重要的是成为充满

① ［美］约翰·奈斯比特，［奥］多丽丝·奈斯比特．大变革：南环经济带将如何重塑我们的世界这［M］．长春：吉林出版集团中华工商联合会出版社，2015：169.

② ［美］约翰·奈斯比特，［奥］多丽丝·奈斯比特．大变革：南环经济带将如何重塑我们的世界这［M］．长春：吉林出版集团中华工商联合会出版社，2015：200.

创新活力国度，从而体现出经济体的生命力、竞争力和创造力。所以，中国在经济全球化新时代的地位将取决于如何从曾经的“高增长引领世界经济”转变为未来的“善治与活力引领世界经济”？诺贝尔经济学奖获得者埃德蒙·菲尔普斯以其长期研究成果表明，真正可持续的经济增长归根结底依赖于经济活力的释放，而“经济制度的巨大活力要求其所有组成部分都具备高度的活力。”① 英美等国之所以曾经能引领世界经济增长，就是因为焕发出了极大的活力；同样，它们后来之所以表现为增长乏力，至今未能走出低迷之境，也是因为经济活力下降。21 世纪最重要的经济问题就是，在经济全球化新形势下，如何再次焕发经济活力，或者说，有哪些国家可以释放活力，实现创新，引领世界经济增长？他指出，对于中国自 1978 年后实现的创纪录经济增长，“在其他国家看来，中国展现出了世界级的活力水平，而中国人却在讨论如何焕发本土创新所需要的活力，因为如果不能做到这一点，高增长将很难维持下去。”他认为中国自己的认识和意图是正确的。按他的研究发现，中国 30 多年来还只是属于“活力较弱的经济体”，只是因其“灵活性”而不是高活力实现了高速经济增长。这样的经济体“可以在一段时期内表现出比高活力的现代经济体更高的增长率，但随着这些经济体的相对地位提升，对现代经济实现了部分‘追赶’，其增速将回到正常的全球平均水平，高增速会在接近追赶目标时消退。”②

大多数经济学家也都认为，中国超高速增长期的终结是一个大概率前景。2014 年底，美国著名经济学家兰特·普里切特和劳伦斯·萨默斯在美国国家经济研究局发表的《经济增速回归全球均值的典型化事实》一文中做出的明确结论：“经济增速回归全球均值是经济增长领域唯一的典型化事实。遵循这一客观规律，中印经济增速均要大幅放缓。印度，尤其是正在经历史无前例超高速增长的中国，已持续增长的时间是常见典型增长的 3 倍。我们预计，中国经济超高速增长阶段将会突然中止，增速回归全球均值。”具体预测为

① ［美］埃德蒙·费尔普斯．大繁荣［M］．北京：中信出版社，2013：32.

② ［美］埃德蒙·费尔普斯．大繁荣［M］．北京：中信出版社，2013：24.

“中印10年或20年后经济增速为3%～4%。”①

在经济全球化新时代，中国要走的艰难道路是：从躯体庞大的“中等生”成长为充满活力的“优等生”，即从人均收入处于世界平均值以下，提升为达到世界高水平，这需要有保持较高速增长的经济动力和活力。只有这样，中国才能成为一个可以使人“心服”的世界强国，才具有全球性说服力、影响力和感召力，也才可能成为真正具有强大领导力的全球大国，进而对全球治理体系产生根本性的影响。在此之前，世界仍将处于由美国老大主导的“战后秩序”格局，没有国家可以对其进行实质性的改变。正如奈斯比特所论述的，从一定意义上可以说，“世界经济大变局”的实质就是“中国改变世界格局”。② 而中国能否改变世界，关键不在实力能否雄踞世界，而在观念能否征服人心。

四、新时代需要全球化均势发展的新理念

经济全球化新时代，更多国家间实现更全面深入的“互联互通”是最基本的趋势。中国提出“一带一路”构想，其核心含义也首先是要实现更通畅的“互联互通”格局。“一带一路”构想涉及战后世界秩序和地缘政治格局的重大变化，几乎同世界地缘政治格局的四大板块（也有学者称为“战略辖区”）均有密切关系：包括以美国及濒海欧洲国家为核心的海洋国家板块、以俄罗斯为核心的欧亚大陆国家板块、以复兴中的中国为核心的东亚陆海板块，以及将会崛起的以印度为核心的南亚次大陆板块。要在如此广泛和复杂的地缘空间中实现“互联互通”，牵动全球，关键在于中国必须以自己的言行告诉世界“要干什么”世界才能回答中国“是否欢迎”。

综观世界历史，以陆权理论和海权理论为导向的国际“互联互通”历史，都曾发生过世界范围的大规模战争。因为，以往的“互联互通”主张都具有

① ［美］兰特·普里切特，［美］劳伦斯·萨默斯．经济增速回归全球均值的典型化事实［J］．开放导报，2015（1）：7－14.

② ［美］约翰·奈斯比特，［奥］多丽丝·奈斯比特．大变革：南环经济带将如何重塑我们的世界［M］．长春：吉林出版集团中华工商联合会出版社，2015：173.

强国战略的意义，有实力的国家才会依据一定的战略观念，主张“互联互通”，其中往往具有“帝国”野心。而面对这样的“互联互通”，弱国则倾向于封闭和保守，除非可以确保安全，否则宁可不要门户开放，不要自由贸易，不要全球化，实际上就是不欢迎“互联互通”。总之，“互联互通”与各国的安全意识具有密不可分的关联。因此，仅仅基于经济上“互利互惠”，生意再大，“油水”再多，也不足以形成“互联互通”的观念实力。问题的严重性恰恰在于，如果没有实施“一带一路”战略的理念基础，不能实现各国间的“观念互通”，各国处于“不放心”状态，实践中的“互联互通”将会障碍重重。

传统均势论的一个重要缺陷是其静态性。世界在不断变化，固有的均势格局总是被新的力量所动摇，因此，需要“再平衡”。而“再平衡”的方向是回到或固守过去的均势，还是寻求新的均势？往往成为国际冲突尤其是大国间冲突的根源。因此，可持续的均势必须是包容发展的动态均势。也就是必须在当前占主导地位的基于自由市场经济秩序逻辑的“经济全球化”理念中，注入“均势发展”的新含义。作为最大的发展中国家，中国有条件将经济全球化理念升华为“全球化均势发展”和“全球化包容发展”的理念，作为“一带一路”战略的互通观念。这既不跟主流的经济全球化理念相冲突，不破坏战后国际秩序，不主张“另起炉灶”，不挑战美国世界第一名的地位，但又可以克服自由主义全球化的缺陷：导致全球发展的不均衡和不平等，长期未能解决“南北差距”和“中心—外围”不公平等问题。“全球化均势发展”强调要使全球化惠及更广阔的区域和更多的国家，尤其是发展滞后国家。总之，升华“全球化”观念，注入发展意识和包容性意识，可以使“全球化均势发展”或“全球化包容发展”理念成为“一带一路”相关国家以致更多国家都能接受的互通观念。

五、结语

在经济全球化新时代，世界各类经济体的利益处于相互渗透、绞合和混血的状态，虽然矛盾难以避免，但更具包容性和均势性的全球发展，符合大多数国家利益。尤其是对于利益边界扩展至全球的世界大国，维护经济全球化发展的新均势同各自的国家利益相一致。所以，利益关系错综复杂和矛盾冲突难以避免的经济全球化新时代，深度的结构性变化，使世界主要竞争对手之间的利益相互交叉重合，在客观上向着“利益共同体”的方向演变，有可能成为比以往的经济全球化时代更加和平（较少依赖军事霸权）的竞争和融通的全球经济一体化时代。

主要参考文献

［1］［英］哈·麦金德．历史的地理枢纽［M］．北京：商务印书馆，2013.

［2］［英］哈·麦金德．陆权论［M］．北京：石油工业出版社，2014.

［3］［美］阿尔弗雷德·塞耶·马汉．海权论［M］．北京：同心出版社，2012.

［4］［美］兹比格纽·布热津斯基．大棋局：美国的首要地位及其地缘战略．上海：上海世纪出版集团，2007.

［5］［美］罗伯特·卡根．美国缔造的世界［M］．北京：社会科学文献出版社，2013.

［6］［美］约翰·奈斯比特，［奥］多丽丝·奈斯比特．大变革：南环经济带将如何重塑我们的世界．长春：吉林出版集团中华工商联合会出版社，2015.

［7］［美］亨利·基辛格．世界秩序［M］．北京：中信出版社，2015.

［8］［美］埃德蒙·费尔普斯．大繁荣［M］．北京：中信出版社，2013.

［9］金碚，张其仔等．全球产业演进与中国竞争优势［M］．北京：经济管理出版社，2014.

［10］金碚．大国筋骨——中国工业化 65 年历程与思考［M］．广州：南方出版传媒集团广东经济出版社，2015.

更高层次的对外经济开放

周天勇*

一国经济体，从对外经济关系交流的方面来看，如果资金、消费、利润、国民收入等漏损大于输入（如俄罗斯输出的石油等产品价格急剧下跌导致国民收入流入大幅减少），经济增长速度一定会下行；反之，会推动国民经济增长速度上行。在一个经济全球化深入和各国经济联系非常紧密到21世纪的世界中，任何一个国家的经济增长和波动，无不程度不同地与世界经济的变化相联。毫无疑问，中国作为一个占世界19%人口的大国，其人口相对收缩导致的经济增长下行，无疑将会对世界各国经济的增长，产生程度不同的影响。反过来说，中国在其人口相对收缩、工业化提早结束、经济增长下行压力较大情况下，如何调整和布局中国与世界之间经济关系的格局，对于21世纪前期中国保持一个理想的经济增长速度，实现其民族的复兴，至关重要。

一、形势的变化与对外开放的转折

由于上述国内外经济形势，包括国际政治关系形势的变化，中国对外经济开放，不得不适应新的形势，进行一个转折和调整。除此之外，这里我们还将进一步讨论对外经济开放未来经济实力的可能变化，以及下一步实施一些重要的思路和方向性的补充。

（一）基于国内经济形势变化的对外开放调整

我们先从国内经济形势的变化来看中国对外经济开放战略的被迫适应和

* 周天勇：中央党校国际战略研究院副院长，教授。

主动变化。第一，从劳动密集型产品快速向资本技术密集型产品出口转型。从国际贸易来看，由于经济主力人口收缩，劳动力从刘易斯无限供应到负增长，劳动力价格上升，并且老龄化也使产品的养老成本处于上升阶段，劳动密集型产品比其他国家和地区更快速失去了出口优势。制造业的出口迫切需要从劳动密集型产品，转向资本密集型装备出口，以及技术密集型产品，才能保持国际贸易竞争力。从这几年的变化来看，自2011年7月23日温州动车倾覆事故后，出口遭遇滑铁卢的中国自主集成创新的高铁，被重启和强力推动；我国自主知识产权的AP1000和华龙一号等第三代核电技术，也加快了走向世界的步伐；华为小米等手机终端产品，在国内正在强力替代外资苹果和三星等产品，在国际市场上也具有很强的竞争力，份额也快速扩张。2012年，中国高新技术产品出口5067.5亿美元，2015年增加到6552.1亿美元，三年时间增长了29.3%。

第二，中国工业发展从产业引进来到了产业向外梯度转移的时期。从19世纪下半叶开始，到21世纪的前10年多一点的时间中，全球工业产业布局，从英国向法国、德国和北美转移发端，后在第一次世界大战中欧洲产业向美国的再次转移；20世纪五六十年代第二次世界大战后美国产业向日本和德国转移；20世纪七八十年代，主要以日本为主的日欧美产业向韩国、中国台湾地区、新加坡和中国香港等地转移；而20世纪90年代到21世纪前10年，欧美日及亚洲新型工业化国家和地区的产业向中国大陆转移，形成了全球工业产业的五次大转移。从1992年允许外资在中国办工厂，到2012年的20年中，中国从一个第一劳动力就业比重60%、第二产业就业21.4%和农村人口比例73%的农业国家，发展到了第一产业就业33.6%、第二产业就业30.3%、城市人口比例52.6%和制造业增加值规模全球第二位的工业国家①。

从前面分析的劳动力无限供应结束和养老抚养率提高导致的成本上升，加上环境资源约束等对产品国际出口竞争力的影响来看，实际上到了一个中国东南沿海产业向中国国内中西部和东南亚、南亚、非洲等地转移的时候了。

---

① 据世界银行数据，2013年中国制造业增加值在世界排名第一，占比达到20.8%。其中，有220多种工业品产量居世界第一位，制造业净出口居世界第一位。

由于中国国内不同地区间劳动力流动，物价和工资水平的传导，东部和中西部之间的产业转移梯度小和补差时间快，中国产业的转移，在规模和持续时间上还是以向外为主。在 2009 年打火机等小五金、鞋业等小规模产业转移开始，2013 年起呈现出纺织服装、陶瓷家具、电子元器件及组装，以及到近来的重化工业类工厂关停和外迁。形成了全球第六次产业从中国向下一级的东南亚、南亚和非洲的梯度大转移。而不能转移的，只会因总消费需求的相对收缩而成为国内的过剩产能，并且因成本上升而无法生存。也就是说，国际竞争使然，我们不得不进行产业的大转移。我们的困难是：其他发达和新兴工业化国家，当年的产业转移，是企业和国际市场调节下的自主行为；而中国除了规模小和劳动特别密集的非国有企业，以及外资企业外，国有企业产业向外转移，遇到了无国际竞争经验、转移的体制障碍和“走出去”的内部人控制和先天的道德风险。如这些问题不能得到及时的解决，或者在边对外转移边积累经验来解决问题，可能要延误和错过产业转移宝贵的战略机遇期。

第三，我们也到了一个从商品“走出去”到资本走出去，以及资金与产业关联走出去的时候。一是从中国现有的经济实力来看，GDP 总量排世界第二位，而与欧美日等国家相比，目前中国经济的特点是居民和国民经济的储蓄率较高。经济总量大，储蓄率高，说明经济可用的投资资金规模就大。而由于总需求相对收缩，导致工业和房地产领域投资已经满溢，在新的产业投资领域没有放开、开拓和技术价格存在障碍门槛时，国内资金涨满和有向国外溢出的压力。二是国内许多炼钢、有色冶金、水泥、重化工、等生产线将闲置，装备制造工业也需求不足，建筑安装能力也会因国内市场饱和而过剩，将闲置的还较为先进的生产线迁移出去，装备制造业在全球开拓市场，使国内的建筑安装过剩能力在海外得到利用，需要有对外直接投资来进行配合。三是无论现有国内产业能的转移，还是高新技术产业走出去，均需要产业和资金的关联“走出去”。从中国产业走出去的区域来看，一些需要产业梯度转移的东南亚、南亚和非洲等地，本国经济实力有限，储蓄率低，投资能力较弱，急需要引进资金来进行项目投资。一些需要中国核电高铁等高新技术建设的国家和地区，发展中国家资金无疑短缺，而发达国家在 2008 年美国次贷危机和 2011 年欧洲主权债务危机后，本国资金积累和投资来源也遇到困难，需要外部资金进入与其核电高铁等建设项目配合推进。因此，中国处在产业需要向梯度转移、高新技术产业开拓国际市场，而国内储蓄率高和投资空间溢出的情况下，投资和项目配合是资金和产业关联走出去的较佳组合。

第四，由于国内重化工业阶段的提前结束，国内住宅汽车等需求增长的下降，需要从过去的获得资源而“走出去”，转变为到外拓展市场、转移产能和关联带动国内产业式地走出去。中国在进入21世纪后的10年多一点时间中，房地产、装备和汽车制造、重化工业等高速增长，对铁矿石、有色金属矿、石油、天然气，甚至是粮食等大宗产品的需求旺盛。于是在走出去的战略，目标是获得更多的资源，方式是大量投资和并购，内容很多是资源性的产业及土地，包括运输管道和港口等。而且很多是在国际大宗商品价格高位时进入的资金。然而，实事求是地讲，占世界18%多的中国人口生育率超低，经济主力人口相对收缩，中国重化工业阶段的提前结束，致使世界大宗资源性商品的需求萎缩，贸易量增长疲软，价格下跌。中国在这些方面的一些投资，也遭受了巨大的损失。也就是说，“走出去”为资源的战略也需要一个转型：即从获得国内重化工业发展的资源，转向将国内加工工业产品销售出去的市场；转向将国内原来加工进口的资源性的重化工业转移出去；转向投资和并购技术、品牌、加工制造能力，并与中国国内的制造能力形成内外有分工协作的产业链，带动中国的经济增长。

第五，中国到了一个服务业对外大开放和“走出去”的时候了。由于中国经济主力人口收缩，老龄化加剧，住宅汽车等物质消费需求增长下降，文化旅游健康医疗养老等服务消费需求上升，重化工业阶段的提前结束，服务业发展成为以后经济增长比重越来越大的来源。2015年第三产业增加值比重为50.5%。然而，从中国内外经济循环来看，一方面，技术、旅游、教育、健康、医疗、互联网等服务贸易方面，在市场上竞争不过外企，存在巨额的逆差；另一方面，中国在出口民族文化产品，吸引留学生来华留学，招徕国外游客到中国旅游，推广中医出国等项目上，处于弱势境地，没有出口拉动中国经济增长的能力。

在20世纪与21世纪之交，中国国内人们对民族产业是不是如有的学者讲的，加入WTO后会受到毁灭性打击，忧心忡忡。对外资可以进入的行业，有的行业进行了有限放开，有的行业没有放开，还有的行业甚至对国内民资都限制进入。进入21世纪后的10年高增长的实践说明，在WTO中彻底放开，但担心其全军覆没的制造业，却得到了前所未有的发展。半开放的银行等金融业，要不就是给国家造成大量的坏账，要不就是走出去后在国际上竞争力很弱。没有开放的文化教育医疗旅游等业，文化走出去困难，群众不爱看、不爱读，影视界韩流横扫中国；上学难，看病贵，毕业学不对路实用而就业难；除了环境污染和食品安全之外，还有门票价格高、服务质量差、境区欺诈太多等因素，导致国外游客数量下降，而出国旅游的游客却连年暴增。因此，如果说当年美国让中国加入TWO是其对华经济战略上的一大失误，那么中国当年没有彻底开放服务业，从现在的结果来看，则绝对是对外经济开放的一大战略性遗憾。

因而，无论是从对国际留学、教育、医疗健康消费外流的国内替代供给角度，还是增强这些方面服务贸易出口的国际竞争力方面来看，改革文化、旅游、教育、医疗、健康、养老、技术服务、工业咨询、中介服务等管理体制，放开对民资和外资的准入，以竞争降低中国服务业的价格，提高其质量和水平，关系到未来中国经济增长动力强弱之大局。

（二）国际形势变化与中国开放战略的调整

美国的全球战略，过去以反对极端宗教和极端恐怖主义威胁为主，重点在中东北非，到21世纪的第二个10年后，调整到了以遏制中国发展为主，外交、军事和经济的重点转移到了西太平洋区域，即亚太再平衡战略。因此，中国先要“知彼”，后是适应形势，谋划自己新的对外经济开放战略。

1. 中国对外开放的地缘政治和经济环境的变化

第一，中国经济开放战略向东受到美国的牵制。实际上，21世纪第二个10年，美国实施亚太再平衡战略后，中国地缘对外经济开放战略，东北的中日韩自由贸易区，受到了中日关系恶化、半岛韩核扩散、韩国部署“萨德”等的影响；东南则受到了阿基诺时期中菲关系及南海事态发酵，以及中、美、日在东南亚各国外交博弈的影响；民进党执政后，两岸经济关系也逐步趋冷。从拉丁美洲来看，墨西哥与美国的经济关系密切，是北美自由贸易区的成员国。墨西哥以南，与中国的贸易比重较小，特别是中国人口增长相对收缩，全球资源供求形势发生变化后，委内瑞拉的石油，巴西的铁矿，智利的铜矿等，甚至农产品出口，对中国经济发展的重要性下降。从地缘政治上来看，美国又将拉丁美洲看成是自己的“后花园”。而澳大利亚，政治上追随美国，是亚太再平衡中的重要军事成员，中国经济增长减速后，对其铁矿资源的依赖程度减少，加上其人口规模不大，与其经济关系的变化，对中国影响不大。反过来，其对中国留学生、移民投资、农产品进口的依赖程度较高。美国主导的环太平洋自由贸易区谈判及签约，也含有影响和压缩中国在环太平洋地区，特别在西太平洋地区对外经济开放空间的意图。

第二，在美中和美俄关系趋冷的当下，中俄关系环境的特征是联合和相让。俄罗斯与美欧因南奥塞梯、宙斯盾反导、叙利亚冲突、克里米亚并俄、纳卡冲突和中北欧一些国家入欧盟、入北约等问题关系紧张。尤其是俄美关系，陷于冰冻期。普京又有地缘政治经济上向东发展的战略，提出并实施欧亚联盟的设想，但美国太平洋西北的美日韩军事同盟，以及萨德反导系统，对普京的地缘欧亚向东战略，也是一个制约。

第三，中欧关系环境特征是欧洲务实，其以经济利益为重。欧亚大陆西边，欧洲联盟是一个许多国家的联合体，法德与英国在欧盟问题上还有矛盾，加之英国脱欧，但其本身与中国没有全球领导地位的冲突。其地缘政治关系战略上，他们主要向中东、北欧扩大，抑制俄罗斯向西扩张，防范的主要对象是俄罗斯。特别是2011年欧洲主权债务危机后，消化债务、稳定金融体系、增加出口、发展需要资金等，欧洲更基于现实主义的欧盟各国利益的角度，会与市场规模巨大、储蓄率较高的中国，建立和形成相互合作的政治和经济关系。

第四，中印关系环境特征存在历史纠葛，具有潜在竞争，有客观和巨大的经济合作需求和机会。中印之间历史上就存在领土争端，当年印度、苏联、越南、联合对中国形成三角制约格局。从近年其经济发展的情况来看，借助于英语教育、人口结构年轻、软件业发达、劳动力价格便宜等优势，GDP增长速度加快。两国虽然是数一数二的人口大国，是近邻，但是交通不便，2015年双边贸易量仅是中国进出口总额的1/26。从商务部的统计来看，2016

年第1季度，中国企业共对“一带一路”相关国家非金融类直接投资35.9亿美元，同比增长40.2%，占同期总额的9%，主要投向新加坡、印度、马来西亚、印度尼西亚等国家。印度将继中国之后，世界上最大的成长中的消费市场、制造业基地、直接投资吸收国。两国之间的经济发展在阶段上有差别，经济结构及分工与协作上有着程度较高的互补性和合作性。

第五，中亚、中东、非洲国家，它们是发展中国家和石油国家，经济发展上希望与中国合作，但许多国家政治社会和经济风险较高。从西向“一带一路”的路线看，陆上中亚斯坦五国苏联解体中分出来的，与其苏联分工单一的产业结构需要调整，俄美关系遇冷使俄罗斯对中国进入和通过中亚五国的经济战略也予以默认；与中国近邻的阿富汗需要推进和平和战后重建，伊朗摆脱欧美经济制裁后需要恢复和重振经济；巴基斯坦是中国政治和经济关系效密切的南亚国家；中东和北非在美国实施亚太再平衡战略后，需要外部其他力量对区内各国争端和稳定进行调停和施以影响，而实现叙利亚停火和平，剿灭ISIS、抑制极端宗教主义和极端恐怖主义势力，应对油价下跌、开展战后重建、恢复经济增长、调整单一的石油经济结构等，是从阿富汗到北非带状地区的各国的发展目标和重要工作。

2. 2013年以来中国对外经济开放战略的调整

基于上述对外经济开放区域形势变化和格局，2013年开始，中国对外经济开放战略进行了较大的调整。

第一，在地缘经济上，稳定东部的努力不变，同时与美国政治、军事和经济亚太再平衡战略相对应，中国也进行了对外经济开放西向的地缘布局重构战略，重点是陆上的中亚、南亚、中东、俄罗斯、非洲、欧洲，以及海上的东南亚、南亚、非洲到欧洲的经济开放战略，这成为国际经济新秩序地缘经济合作的一个组成部分。

第二，结合“一带一路”经济开放战略，成立中国发起的亚洲基础设施投资银行和丝路基金，同时人民币加入SDR，推进人民币国际化和增强中国对国际金融秩序组成和运行的影响力。在启动并实施“一带一路”经济开放开放战略的同时，中国也在做推进人民币国际化的进程，人民币进入SDR，是中国主权货币国际化的重要一步。人民币加入世界货币基金组织货币篮子，是中国经济总量和贸易在全球比重的提高、人民币跨境贸易结算规模扩大、离岸市场交易和双边货币互换快速发展、一些国家央行开始将人民币资产纳入外汇储备，这是人民币国际化的关键一步，使中国在国际金融体系中的作用越来越大。

第三，加快双边、多边自由贸易区的谈判、建设和完善，适应与WTO形成双边和多边自由贸易的国际经济新形势和新秩序。加速推进区域全面经济伙伴关系协定（RCEP），中日韩自由贸易区，以及亚太自贸区（FTAAP）的谈判进程。与主要贸易伙伴和大国的自贸区建设方向上，还需要重点突破中欧和中美自贸区，同时重视推动金砖国家自贸区。加快推动中美和中欧BIT谈判，考虑在谈判中增加贸易的内容，把BIT扩展到BITT，并最终谈及自贸区。在自贸区谈判上要突破贸易自由化和便利化的传统议题，向环境规则、投资规则、政府采购和电子商务等新规则领域扩展。①

第四，以国内自由贸易区建设和复制推广促进国内经济进一步向外开放，并倒逼国内有关行政和经济体制进行深入改革。一是通过国内建立贸易自由区式的开放，促进服务业体制的改革和开放。二是倒逼政府经济管理体制从审核制到备案制进行改革。三是政府体制从监管为主到服务为先、为重，监管公开透明、税收公平，促进贸易便利化，市场调节运转。

二、未来中国对外经济开放的优势和挑战

新的对外开放经济战略已经推进了三年多，期间国内外经济政治形势转折的艰难性更加清晰化了。我们需要重新审视中国对处经济开放的优势和弱势，以及目前和未来面临的挑战和风险。在此基础上，进一步厘清思路、充实战略、补足短板，推进对外经济开放的转型升级。

（一）对外经济开放的优势不容质疑

随着刘易斯拐点的到来，我国经济主力人口收缩，剩余劳动力无限供应

① 李春顶．中国的自贸区战略路线图［N］．东方早报，2015－11－03．

结束，劳动力成本、土地等价格上升，生态环境标准和要求提高，重工业提前结束，制造业全面过剩，投资和消费下行，我国传统对外经济开放的优势突然消失，这使我们毫无准备、措手不及。那么，是不是中国就没有对外经济开放的优势了呢？回答是否定的。

第一，中国拥有全球数一数二的经济、贸易、消费和投资规模，是全球最大的市场，这是我们开放型经济最坚实的基础。2015 年人均 GDP 水平 7600 美元，国内有 13.7 亿人口的世界最大的消费市场，这些是中国对外经济关系的基础。在世界经济联系越来越紧密的今天，不论贸易保护主义多么盛行，任何一个想在国际贸易和投资中谋取分工、协作、交易等过程中获得利益、促进自己经济发展的国家和地区，包括美国、日本和菲律宾等国，都不可能不与这样一个在全球数一数二、举足轻重的经济体合作。

第二，中国在“走出去”过程中，其工程建设安装等方面的能力、竞争实力，居全球第一位。从全球建筑安装市场来看，东南亚、南亚、非洲等地的发展中国家正在推进工业化和城市化进程，许多中东国家需要和平和战后重建，而发达国家要进行基础设施建设和制造业更新等拉动国民经济增长。而中国改革开放后，在工业化和城市推进的过程中，在交通能源等基础设施投资建设过程中，练就了一些大型和特大型的建筑安装企业，它们储备了一大批优秀工程师、技术人员和员工，装备也日益优良，在桥梁吊装、隧道掘进、构筑坝体、铺设道路、建筑房屋、架设电网、设备安装、填海造地等方面，形成了很强的工程施工能力。随着国内重化工阶段的结束，房地产行业产能过剩，以及基础设施建设的逐步饱和，中国有竞争力的建筑企业到了步入全球市场竞争的时候。

第三，到了产业、工程能力和投资配套“走出去”的时机，而且我国的经济规模和较高的储蓄率为这种配套可提供资金和金融基础。前面已述，全球到了中国产业向东南亚、南亚、非洲和中亚、中东第六次大转移的时候，这些地区正处于工业化发展阶段，需要钢铁、有色冶金、石油化工、装备制造等行业的生产能力。包括我国企业到欧美的投资并购，也是一种更高层次的产业区域和方式的选择。但是，发展中国家和地区缺乏技术、设备、熟练并有价格等竞争能力的建筑安装人力资源、装备资源和企业，而欧洲等一些国家，它们具有技术，但缺乏资金，心有而力不足，而中国人均 GDP 规模虽然还处于中等收入水平，但是由于拥有 13.7 亿人口，其累加规模较大。2015 年中国居民储蓄新增 4 万亿元，储蓄率在 38% 左右，与世界各国相比属于居民储蓄率水平较高的国家，在国内产业过剩的情况下，中国资本必然要输出，这使得中国产业向外转移，一些产能在外进行建设，国内可为资本输出提供股份、借贷、金融租赁等各种形式的资金保障。

第四，中国拥有规模最大和在一些领域中领先的技术创新人才。改革开放以来的教育和制造业发展培养了熟练的技工劳动力，有日益提高的、良好的制造业装备体系，研发新产品，提高制造业产品的性能和质量，有雄厚的基础。中国自主创新的制造业产品，如高铁、核电、人造卫星、手机终端等，近几年在全球市场上，竞争力日益增强。德勤有限公司携手美国竞争力委员会联合发布的《2016 全球制造业竞争力指数》称，2016 年中国制造业全球竞争力排名第一位。德勤指出，中国政府正在大力推动“中国制造 2025”与“互联网 +”的计划，同时落实相关举措，这些行动都将提升中国在价值链上的地位。中国现有政策的着力点在为企业提供资本进行技术开发、可持续发展与基础建设开发上，这些都为中国企业发展其自身竞争力提供了关键支持。①

第五，中华文明在中国对外开放中的优势及其与其他地区经济发展中的互补格局。中国与周边国家和地区，其文化在历史上有往来和交流，在经济交往上有着一定的东亚文化潜移默化的认同，这种文明的历史传承，在贸易、投资等方面，也起着增强信任和节约交易成本的作用。加上交通的便利，中国对韩国、日本和东盟，包括对中国台湾地区和香港地区的贸易和投资量，占其全球贸易和投资的比率很高。中国与周边国家和地区存在中华经济圈，不仅如此，世界各地都有华人经济，中国与欧美日、东盟和俄印等较大的国家和地区经济体，都保持着业已存在、程度不同和将日益增加的贸易、投资、旅游、留学和移民等联系和交流，与这些国家和地区存在梯度经济差别，更

① 记者董瑞强 .2016 年中国制造业竞争力仍居世界第一［EB/OL］. 经济观察网，http：//www.eeo.com.cn/2016/0408/284809.shtml，2016－04－08.

多的是互补的经济关系。

总之，我们要看到中国“走出去”的基础、优势和机遇，要心中有数，而不能因经济下行而失去信心。

（二）未来对外经济开放面临的挑战

然而，需要提醒的是，就开放经济中的国际比较而言，中国从经济发展的阶段，以及重化工业提早结束的情况来看，投资和产业到了“走出去”的阶段，而从时间上来讲，与欧美日等老牌发达国家和地区，我国虽然“走出去”的时机已到，实力也具备，却还是刚刚起步，经验不足，体制等准备也不足，还存在着许多弱势，面临着诸多的风险。

1. 体制缺乏国际竞争力：走没了和走丢了

在国际经济交流中，既有各个国家历史传承和目前形成的企业、政府、政府与市场关系等体制特征，也有适应国际市场经济运行的市场体制，对于每个国家国内运行的体制，在全球经济中都有一个适应和改造的问题。

一是从中国“走出去”的主体来看，国内的国有和国有控股企业、家族私人企业，其股权和治理结构不适应国家市场经济竞争的要求。竞争力最强的是股权和治理结构合理的现代跨国公司体制，其次是现代的东亚文化的家族（家庭股东和有职业经理人治理结构的）公司。而中国“走出去”的是国有或国有控股企业，或者是规模较大的治理结构还不完善的私人家族企业，更多的是规模较小的私人企业。国有和国有控股企业的缺陷是：对国内产业需要向国外转移的反应较慢，准备不足；“走出去”投资建设过程中和在外运营容易发生内部人控制问题，道德风险较高；“走出去”过程中，项目考察、投资决策、人员往来、资金进出等各个方面的审批程序复杂；在市场调查研究和远期预测分析不足，决策机制不健全，“走出去”有任务指向，甚至有私下非法或者隐性利益输送时，忽视风险、草率决策的情况也时有发生。而中国私人企业也存在攀关系行贿开道、忽视可行性研究、偏好高风险区域及项目、追逐短期利益等问题。

二是企业、行会和政府之间的关系体制，也存在着不适应国际市场经济竞争和合作要求的问题。与老牌和新兴发达国家相比，中国国内，一方面，国内企业“走出去”的非政府组织发育不足，“拉虎皮”、光收钱、不服务、质次价高的山寨协会和伪劣中介组织却多有泛滥；另一方面，现有的行业和友好协会等行政性色彩较浓，有的是维持会不发挥作用，有的是“二政府”，接手了一些政府部门取消的审批、认定等，有的甚至进行变相的收费加重了“走出去”企业的负担。在中国，第三方的对外经济研究机构，有的是刚刚起步，有的是政府行政和事业性质机构，许多政府机构的数据不能共享，取得数据较为困难，其他国家的统计、行业和学术网站也进不去，对外经济研究的条件也受到限制。

中国“走出去”的政府体制方面，政府能控制的企业，主要是国有和国有控股企业，一方面走出去的决策方面，其自主权没有发达市场经济国家现代跨国公司大；另一方面，由于可能存在程度不同的内部人控制问题及道德风险，政府又不能不管。这就形成“走出去”企业要根据横向的国际市场经济的各种信号，以及社会投资人的利益，进行决策的要求，又由于是国有和国有控股企业，还要受国内纵向政府各部门或多或少对决策的影响和干预，也即政府或多或少地要替代国际市场来调节企业的决策和行为。这在理论上是扭曲的，在实践上也会发生许多错位和失误。而对“走出去”的私营企业，走出去的便利化方面还有改进的空间，政府提供的各方面服务要比上述国家少一些，走出去的信息也不完整，司法方面监管不到位，安全保护措施也尚在建设之中。并且，在外的非政府性的行业和城市规划，与一些发达国家相比，也较为薄弱。

需要特别指出的是，我们相当比重制造业的所有制基础是国有和国有控股企业，我们的其他上述体制仍然需要向开放经济接轨的方向深化改革。在与国际市场的竞争和合作中，投资什么？怎么投资？怎么运营？是以全球市场经济信号为导向，并不以国内市场经济信号为导向，国内政府的各部门也不可能及时掌握瞬息万变的国际市场信息。决策自主权不充分的公司，在国际市场竞争中无法立足。而由于与在国内监管和追究便利条件的不同，在国际市场经济竞争和合作中，对“走出去”的企业，既要有效率又要有所制衡，体制上只能是采取更加现代的股权结构和公司治理结构来给予保证。否则，也会成为中国对外经济开放的掣肘。我们在以中国为开端的第六次世界产业梯度大转移中，迫切需要我们的企业“走出去”，但是，体制有可能使我们的急需“走出去”，面临着要么缓慢，要么走少了、走没了、走丢了的两难困境。

2. 中国价值观和传统文明在国际竞争中的困难

文明包括文化习俗、宗教、意识形态等，文明的主体是不同的民族和国家，当然也有包括多民族和多宗教的国家。在影响国家与国家之间的经济关系的因素中，既存在理想主义方面价值观等的同质或者分歧，也存在现实主义的经济利益方面的竞争和合作。在对外经济开放中，无论是“走出去”的企业，还是国家之间的经济合作，其摩擦多少、成本大小，除了国家市场利益的驱使和政府间外交政治斡旋的需要外，双边和多边之间文明认同程度，也是一个非常关键的因素。

文明差异小的国家之间，语言交流谈判的成本降低，同一民族的两个国家间有亲近感，不同的民族而有同样的宗教信仰会增强彼此合作的信任，有共同的文化习俗更便于交流和合作。不同文明，或者文明差异过大的国家，其经济交流和合作的困难要多一些，成本要高一些，风险要大一些。中国在对外经济开放的过程中，也需要克服文明冲突方面的多重障碍。

一是价值观方面交流和认同的困难。国际间贸易和投资，往往在投资者和企业，即有产者和政府之间展开。因而，在对外经济开放中，特别是投资和贸易中，不同的意识形态理念，存在根本性的文明的冲突。当然，我们要坚持我们的价值观，然而在对外经济开放中，常常会遇到合作方对过去革命和冷战等历史的不友好，或者自由贸易协定谈判中遇到意识形态和国家制度方面的歧视。

二是宗教文明认同方面存在的困难。中国也是宗教信仰自由，总体上是一个无神论的国家。宗教文明的认同与否，既是国家间交流的黏合剂，也可能成为彼此发生冲突的深层根源，经济对外开放领域中也不例外。在与其他国家利用宗教推动经济开放和交流的竞争方面，客观地讲，我们确实处于被动局面。

三是在经济开放中文化习俗的认同方面，我们也存在许多难题。中国本土的宗教——道教，其体系、影响和范围，与基督、伊斯兰、佛教三大宗教相比，还有很大差距，我们还是没有形成中国全国性和世界性的中华宗教文明。

明清的闭关锁国和国力的衰落，制约了儒家文化的进一步传播和发展，与持续传播交流的西方文明相比，曾经强有力影响了东亚和世界的中华文明，今天也处于竞争的不利境地。

综上所述，上述软实力的弱势，使中国在对外经济开放中，开展各种经济活动时，其意识形态、宗教和文化等文明的认同度和亲和力，受到了负面的影响。

3. 现代文明软实力方面积累及经验不足

国际间的现代文明软实力，主要是指对新闻舆论的运用和把控能力，非政府组织的运作能力，契约和法治方面的博弈能力，在外的社会责任感和形象塑造能力，企业和经营的本土化能力，突发和危机事件的应对能力等。无论是中国驻外的政府机构，还是“走出去”的企业，在这些方面，比先“走出去”的美国、欧盟、日本、韩国等国家和地区，还存在程度不同的差距。

新闻软实力方面，在投资国，中国少有企业和非政府组织去创办报纸、电视、电台，但其他国家在境外创办的各种传媒机构，往往有政府背景，竞争对手利用新闻舆论，扩散、扩大，甚至编造中国商人、商品和项目，包括中国文化的负面消息，但中国商家和投资者履行社会责任、商品质量好价格适中、与本地人民良好的关系、中国的经济发展成就等，被媒体视而不见，得不到宣传。中国在舆论竞争中，没有自己主导的媒体，主动权在对方，疲于应付。

在非政府组织软实力方面，与中国经济体存在国际竞争的许多发达国家，如美国、英国和日本等，特别重视所在国非政府组织的运作，利用它们争取民意，进行舆论传播、示威游行、院外游说等，对中国与合作者之间的一些合作、决策、竞标、经营环境等施加不利影响；而中国政府和企业，在组建动作对华友好的非政府组织，经验不足，基础薄弱。

在契约和法治软实力方面，中国企业往往存在对所在国当地的法律研究不充分，签约时对各条款考虑不缜密，对合同漏洞和法律风险的估计有时不足，出现纠纷后及时依法交涉和司法诉讼或者第三方仲裁等问题。一些企业，在获得准入、争取资源、征用土地、取得项目、投资建设等方面，也存在通过利益输送、各种行贿、攀附关系等方式进行公关的现象，当然，在一些特殊的法治不健全的国家中，这种方式也符合中国的国家利益。然而，其在新闻舆论、所在国民意、领导人是否变更等方面风险也很高。

在社会责任和形象软实力方面，中国一些游客乱扔垃圾，公众场合大声喧哗，乱闯红灯；一些企业销售假冒伪劣产品，乱采乱挖，砍伐森林，破坏生态等，这些现象对中国企业“走出去”，在一些国家和地区形成了负面影响，这使中国企业谈判、签约、民众支持等方面的效率下降，成本大大提高。

在“走出去”后本土化方面，由于组织管理能力、劳动技能熟练程度、工作勤奋意识等方面的客观原因，也有“肥水不流外人田”和“自己人好协调”的主观想法，在外贸易、投资、建设、经营等项目中，公司中高层人员中，当地人没有或者很少，雇佣的一般劳动力也较少或者为零，企业的生产经营与当地经济在供销、运输、延伸加工等方面没有联系。这在对外公关、企地及企民关系方面，存在不良影响。不同文明的差异和摩擦较大，融合性差，企业的效率也受到影响，常常造成较大的冲突成本。

突发事件和危机处理，是“走出去”公司基本的竞争软实力。但是，这方面虽然近年有所改善，仍存在许多问题。不少企业在“走出去”时，没有这方面的思想准备，公关和安全培训、应急预案和应对的能力较弱，对中国“走出去”人员生命和个人及企业财产等安全，还没有形成成熟和有效的平常及危机时的保护体系。比如，会计上没有经费列支科目，公司没有保安人员和装备，紧急时与在外政府有关机构的联系和处置没有制度化等。

因此，我们怎么在中国“走出去”硬实力较强、国际技术竞争力上升的格局下，提高中国文明软实力方面的竞争力，这是一个复杂，但又不得不面对和努力解决的难题。

三、平衡流出和流入与稳定国民经济增长

从经济增长速度的角度來看对外经济开放，非常重要的是，货物和服务贸易进出口、国际直接投资、货币资金、企业家和技术人才、制造产业、投

资利润诸方面，流入和转移进入中国的多，还是从中国流出和转移出去的多？如果综合起来，流入和转移进来的规模大于流出和转移出去的规模，就会成为国民经济增长的推动力；反之，如果对外漏损过多，就会是国民经济增长的负动力，变为经济下行的重要成因。

（一）出口与贸易升级战略

传统制造业为基础的出口导向型经济发展战略，已经终结。因此，在内需因经济主力人口收缩而下行时，还是需要谋划和实施与过去不同的新经济出口替代战略。一是升级出口产品替代。推进“工业 2025”战略的实施，推进智能制造，改造和提高装备水平，倡导工匠精神，提升国内产品的质量，推进个性化、定制化、小批量、分步式等制造和生产方式，使中国产品在国际市场上，能够升级换代，有技术、性能和质量等方面的竞争力。二是品牌和技术等知识产权促进出口替代。鼓励技术研发，并应用于中国制造，形成有中国自主知识产权的技术和品牌制造，在国际市场上得到认可。还要鼓励企业在外并购有技术含量的制造业企业，在外生产制造，避免贸易保护，并通过带动国内装备制造、原料、中间产品等采购，关联地带动国内产业出口。三是扩大中国自主知识产权的多交叉、高密集、高复合、高集成、高价值产品，如高铁、核电、航天、航空、特高压变电、导航等的出口。四是不仅技术和产品要“走出去”，而且，渠道也要“走出去”。形成自己的出口渠道，实现国家销售的替代。鼓励企业在国外建立自己的销售点、网络和渠道，并在防范风险的情况下，收购国外著名且运营较好的商业品牌和销售网络。五是建立自己的技术品牌销售体系。中国制造需要有自主知识产权和自主品牌，培育中国制造的全球知名品牌；各门类产品的生产和出口销售，应当建立自己的行业协会，形成出口价格协调机制，扼制多头竞争；建立全球批发、出口和总代理，甚至零售等上下游一体的商业网络，掌握销售的主动权，控制销售环节的利益漏损。

更进一步来看，发展供应链等外贸综合服务类企业，推动中国企业全方位升级。通过建立以供应链公司为主导的购买链来驱动价值链的形成，有利于整合国内市场，强化对国内销售渠道的主导权；可以通过渠道交换等手段进入国外销售市场，为生产制造企业开辟通往国外中高端市场的大通道，改变过度依赖国外多层次中间商的局面。发展中国企业自己的第三方供应链及相关专业化平台，显著提升全球资源整合能力，推动各类企业产业加快转型升级。

而从全球经济价值链来看，商务部学者王子先等提出，还需要实施更为广泛的贸易升级战略。①促进加工贸易转型升级，提高国内增值率。需要进一步调整加工贸易的方式结构，加快搭建和延长国内价值链。首先，提高加工贸易料件的本地化率，加快提升零部件、原材料在加工贸易中从上游生产企业向下游企业的传递速度和水平，提高加工贸易与国内原有产业的结合度。其次，参与加工贸易的企业加强自身优势的培育，使跨国公司将更多的设计、生产、流通和服务环节放在中国，优化母子公司之间的分工关系，促使加工贸易企业由单纯从事生产向综合服务、全球运营方向转型。②重视培育本土跨国公司，增强对全球价值链的参与度和控制力。出台相应的企业国际化战略实施的配套政策，以及“一带一路”发展战略，最大限度地吸收和利用全球高级生产要素，发展和延长国内价值链，并鼓励国内企业向低产业梯度的国家转移。除了给予财税、金融、贸易便利化政策支持之外，应在全球主要出口市场设立相应的贸易促进机构，为企业搭建国际贸易网络提供综合性服务平台和境外贸易合作区建设平台。③通过政策引导，推动外向型制造业转变战略，鼓励国有企业、民营企业嵌入全球价值链体系，积极与跨国公司开展深层次合作，增强接受技术外溢的学习能力。④发展生产性服务业，推动中国制造走向中国服务。加快生产性服务业的自主创新和人才开发，积极参与国际服务业的竞争。发展现代服务业，培育主导产业和优势行业。坚持改革创新，解决好制约服务业发展的体制性障碍。通过政策引导，鼓励生产性服务业与制造业分离，促进生产性服务业专业化、集聚化。改善产业配套条件，建设公共服务平台，促进兼并重组，引导生产性服务业的集群化发展，增强生产性服务业的国际竞争力。⑤发展服务贸易和外包，促进全球价值链重塑。充分发挥其作为综合性引擎和产业组织驱动器的作用，把服务外包置于中国产业开放式升级战略的核心位置，突出“离岸与在岸”与“接包与外包”并重的“大外包”战略，将“双向服务外包”作为我国参与全球价值链分解与重塑的重要渠道，加快服务外包业“走出去”的步伐，实现服务外包与培育本土专业化服务运营商的有机结合。⑥大力引导传统外贸企业强化服务功能，加快转型升级。首先，传统外贸企业必须树立价值链意识，强化服务功能，提高产品附加值，向全球价值链的两端延伸，打造“中国服务”品牌。其次，建设国际营销网络，提高外贸企业定价权和话语权。要大力鼓励供应链管理平台等现代流通形式的发展，使千千万万个没有国际定价权的中小外贸企业“抱团出海”，增强其在全球价值链的主动权和控制力。最后，还要支持有实力的龙头企业抓住机遇优化价值链布局，提升全球资源整合能力，充分利用国外市场的科技、知识、人才等高端创新资源，实现地位提升；积极培育本国的企业和知名品牌，进入价值链高端环节，提高参与全球价值链的治理水平。①

服务业实施“走出去”战略，努力推进中国服务企业的国际化经营。扩大中央对实施服务业“走出去”战略的支持力度；协调双边税收规定，避免重复征税；外交、商务、发改、科技、工信等部门，要为服务业相关企业“走出去”提供信息服务。鼓励文化产业“走出去”，制作国外消费者认可的，带有中国文化特色的图书、影视、动漫、音乐等产品；鼓励中国教育、医疗、旅游等“走出去”，到国外建校办学，销售中国药品和中医中药；鼓励中国金融业“走出去”，在国外设立银行、保险、投行、清算等机构，提供金融服务；鼓励设计、咨询、仲裁、培训、工程服务等服务业“走出去”，拓展中国海外服务业市场。

（二）调控投资和资金的流入与流出

投资和资金的流入与流出，严重影响着投资和消费，包括国民收入增长的快慢，我们需要从各个方面将投资和资金留住。

前文已述，中国作为已经融入全球经济的一个开放体，其资金、投资、产业、利润、国民收入等，漏出太多，而流入太少。其主要原因：一是不知道体制改革往何处去，预期不确定，感觉财产不安全，投资有风险，一些企

① 王子先，张斌，邓娜．基于全球价值链的外贸转型战略［J］．国际贸易，2014（12）．

业家移民，将资金转移到国外进行投资，将产业转移到其他国家，这虽然也是中国对外直接投资，但是国民收入不再回流；二是许多人转移资金到国外购房置业，这是中国经济增长速度减缓的一个重要原因。

因此，第一，需要改革和完善进出口统计体制，形成完整的货物和服务的统计体系，整体考虑出口增长速度和贸易平衡。协调发改委、商务、财政、人民银行、外交、统计、外汇管理、海关等各部门，紧急建立全面的直接投资、金融资金、外汇流入流出、货物进出口、服务进出口、国民收入总流出流入等的对外经济统计核算和预决算体系，对国民经济增长的负作用和正作用进行评估。

第二，稳定新闻宣传和舆论，稳定住企业家人才，防止大规模移民及资金过度外流，避免形成漏损性的国民经济增长下行。党中央应当高调发声，特别是通过在产权方面突破性的、实实在在的改革，使民众有财产安全感。为了国民经济稳定增长，学术界和新闻宣传要坚持党在社会主义初级阶段的各种所有制经济共同发展的基本经济制度，要保护民营企业产权，继续简政放权，减税清费，降低贷款利率，创造有利于实体经济发展的营商环境，使民营企业家安心、放心和有信心在国内投资和发展。2015 年 4 月 30 日，习近平总书记主持了政治局会议，会议重申依法保护民营企业产权的方针没有变。前文已述，2016 年 9 月初，中央全面深化改革领导小组第二十七次会议审议通过了《关于完善产权保护制度依法保护产权的意见》，强调有恒产者有恒心，经济主体财产权的有效保障和实现是经济社会持续健康发展的基础。必须加快完善产权保护制度，依法有效保护各种所有制经济组织和公民财产权，增强人民群众财产安全感，增强社会信心，形成良好预期，增强各类经济主体的创业创新动力，维护社会公平正义，保持经济社会持续健康发展和国家长治久安，这为扭转民营企业家移民和资金外流的局面，创造了有利的氛围。

第三，从留住外流投资和资金的角度来看，用改革的方式，切实推进前述的产权明晰、减少行政干预、政府减少事务、盘活要素资源存量、放开被管制领域、拓展经济增长新领域等一系列改革，使民间资本能投入其中，将向外过度流出的民间资金，以及过度外流的服务贸易和消费需求，更多地留下来，为国内所用。比如，旅游、教育、医疗、养老、健康等服务业下一步体制改革的关键在于放宽民资和外资准入的各个领域，降低准入条件，减少前置审批和许可同，引入竞争机制，培养多元化竞争主体。为国内服务业的发展创造良好的体制环境，促进服务产业市场化，给民营企业投资更广阔的领域，减少资金和消费漏损，推动国内的经济增长。

第四，从吸引外资继续流入的角度来看，充分利用《服务贸易总协定》，以及中国与其他国家和地区谈判和签订的双边和多边自由贸易协定中有关加大服务贸易开放的规定，包括与美国和欧洲正在谈判的投资协定，处理好对外开放与适度保护的关系，引进一些国外旅游酒店、高等和职业教育、医疗健康养老、技术服务、出版影视等行业的企业进入中国，冲击和倒逼国内体制转型和改革，并使中国服务业企业与一部分国外服务业企业融合发展，提高其竞争力。同时，放宽和扩大外资进入的新领域，稳定国外直接投资增长。

第五，严控不法资金外逃。贪腐资金通过各种渠道的外流，实质是一国财富的向外漏出，直接减少国内的积累、投资和消费。大规模的不法资金在一段时间内集中外逃，不可能不影响相应时期的经济景气。因此，加大反腐力度，完善制度建设，形成不想腐、不敢腐和不能腐的体制环境；加强护照、边检等方面的管理，堵住国门，防止贪腐人员外逃；强化资金流出监管，特别是打击地下钱庄、赌场、边境现金携带等非法活动；在逃必追，与有关国家紧密合作，加大对在逃贪腐人员和资金的国家通辑和跨国追逃力度。通过综合治理，把贪腐资金外流对国民经济的影响程度，降到最低。

（三）对外经济开放的国内改革和布局配合

从保持中国国民经济的国际竞争力，推动持久的经济增长方面来看，经济开放还需进一步扩大国内教育、旅游、医疗、养老和健康等服务业的开放，通过技术进步改变对外依赖型的能源结构，扩大国内淡水需求，以及完善国内单边自由贸易区的布局。

大学教育领域应适当向国外优质的教育资源开放。允许世界顶尖级大学和优秀的职业学校，到中国来创办分校，也允许其与国内大学和职业学校合作办学。引进尖端的教研师资，学习先进的教学研究方法和管理经验；使国内大学和职业学校存在适当的竞争，促其提高质量；使国内学生资源不流出国外，让更多的家庭教育投资在国内形成教育消费，改变目前教育行业存在国际贸易巨额逆差。同时，扩大中国教育向全球学生资源开放。中国 GDP、国际贸易和国际投资规模已经在全球数一数二，随着经济交往的越来越密切，汉语交流、文化文明、社会情况等对中国教育向世界的供给提出了需求。而从出国留学和来华留学的规模来看，教育贸易进出口有巨额差距。因此，需要在学校吸引留学生招考入学，以及招聘引进师资、专业设置、课程选择等方面，给学校以更多的自主权；在留学生进出境、留学签证、居住方式及居住管理、勤工俭学、毕业在华就业等方面，进一步放宽限制，出台鼓励政策，提高中国在全球教育市场的竞争力，实现教育服务贸易的平衡，实现教育服务贸易改变为顺差。

为了平衡国内出国医疗和养老的现状，应当允许建设高收入老人医养、康基地，提高服务水平，形成中国高端养老市场的竞争力，特别是吸引港澳台同胞和世界各地华侨回国颐养天年。

需要放宽和改革国外入境游客签证、出入境、入住要求、交通方式等方面的体制和规定。扩大进入中国旅游免签国家的数量，对游客延长在中国的境内时间；放开对入境游客住宿的限制，取消外国人定点住宿的规定；除非特别重要的军事安全地域，尽量减少对入境游客的区域限制；凭个人护照，对境外游客购物免税，免税区域从机场等地扩大到全国全部的零售商店。

中国应当启动和建设藏水入青、入疆、入蒙工程，加快东部海水淡化及综合利用的技术进步。形成国内淡水自我平衡的能力，掌握调控泾流出境的能力，使我们在未来淡水供给和防洪抗旱的国际关系中，处于主动位势。通过联通中国西部雅鲁藏布江、怒江、澜沧江、金沙江、香日德河、格尔木河、那仁郭勒河、铁木里克河和米兰河流域的各水系的资源，形成水网，调度和配置水资源。中国新大西线（藏水入疆、藏水入蒙）综合性基础工程，将使中国西部的沙漠变成绿洲、牧场和千里沃野，创造 1.2 亿个就业岗位，使中国 3200 万个贫困家庭脱贫，实现中国西部经济崛起，使中国 GDP 年增长率多提高 3%，消化钢铁、水泥等中国过剩产能的 95% 以上，这将是人类历史上最大规模的基础设施工程，同时形成防涝防旱、调剂余缺的工程，密切我国与印度和东盟等国家资源和经济方面的合作关系。①

2015 年中国进口油气当量 3.28 亿吨，均价 450 美元左右，油气对外依存度为 60% 以上，支出 1500 亿美元左右，占全面进口货物的 9% 左右。中国商务部预测，随着中国城镇化建设、区域经济等的发展，中国对于石油天然气的需求将持续增长，进口也将持续增长。“十三五”期间，中国油气需求预将达到 6 亿吨，其中进口将达 4 亿吨。中国石油天然气对外依存度将达到 67%。这样的结构，对中国在国际关系和地缘政治中的主动性极为不利，应当进行调整。

实际上，据调研，民间已经有一些颠覆性的能源技术，其实用性很好，成本也与石化能源相当，有的甚至比煤炭成本还低。有关部门应当寻找、组织、扶持、完善和发展全球和中国民间新能源方面的技术研发，使其完成中试和产品化，走向市场，实现产业化，新能源、储能和氢能等相结合，持续提升风能、太阳能、生物介质能、地热、第四代核能等新能源的消费比例，不断降低煤炭、石油、天然气等石化能源的消费比例，除了减少雾霾等污染和炭排放外，连续和大幅降低对外油气依赖率，保证了中国的能源安全，降低中国为保证能源安全生产和运输所发生的各种成本，实现中国自己的能源革命和结构调整，也重构了以能源为基础的地缘政治格局，形成对中国有利的合作博弈的地位。

形成和完善国内单边自由贸易区，形成适应于区位、各有分工和特点的开放新格局。上海自贸区主要功能是使体制与世界接轨，同时作为改革试点，大力发展服务业，特别是金融业的开放，形成全球金融中心。广东自贸区开放，功能是更加突出同香港、澳门的合作，特别是加强对香港、澳门服务业的开放和衔接，并且深圳等地要着力于全球和自主新技术的产业化。天津自贸区主要着眼京津冀的协同发展，服务于北方经济，促进环渤海经济带的产业结构调整，并且面向东北亚。福建自贸区的特点和任务在于促进两岸经贸活动自由化便利化，两岸经贸合作主要通过两岸经济协议谈判（ECFA）由

① 新大西线藏水入疆与中国西部水网发电引水水利枢纽工程项目技术经济分析与建议［EB/OL］. 投资咨询网，2015-04-10.

福建自贸区先行先试来继续推进。辽宁自贸区的任务是加快市场取向的体制机制改革、推动结构调整，形成提升东北老工业基地发展整体竞争力和对外开放水平的引擎。浙江主要是建设舟山自由贸易港区，推动大宗商品贸易自由化，提升大宗商品全球配置能力。河南自贸区的功能为建设贯通南北、连接东西的现代立体交通体系和现代物流体系，形成服务于“一带一路”建设的现代综合交通枢纽。湖北自贸区定位于中部地区有序承接产业转移、建设一批战略性新兴产业和高技术产业，吸引国外和国内技术落地和产业化，形成基地，实施中部崛起战略和推进长江经济带的建设。重庆自贸区定位于发挥大西南战略支点和连接点的重要作用，加大西部地区门户城市开放，深入实施西部大开发战略。四川自贸区功能为加大西部地区门户城市开放力度，建设内陆开放战略支撑带，形成内陆开放型经济地区，协同内陆与沿海、沿边、沿江联动开放。陕西省自贸区定位于发挥“一带一路”建设对西部大开发的带动作用、加大西部地区门户城市开放力度，形成内陆型改革开放新地区，探索内陆与“一带一路”沿线国家经济合作和人文交流新模式。各自贸区在各自区域经济发展、对外开放以及吸引外资方面形成全国合力，并根据不同的地区特点，探索更高层次的开放，深化改革路径，推动产业升级，特别是通过建设和扩大单边自由贸易区，深化服务业开放，进行资本流动等方面的开放及监管试验，倒逼国内负面清单等方面的体制改革，形成中国区域改革、开放和发展的新格局。

四、“一带一路”的思路与战略补充

如何适应新的国内外形势，确保中国在对外开放中的国家经济、政治利益，以促进经济增长为中心，为工业化提前结束后的产能转移服务，并推动人民币国际化，是“一带一路”战略的重要内容。

（一）“一带一路”国家调控和风险防范

在“一带一路”战略的实施中，需要遵循这样的一些原则：政府在国家经济利益最大化的基础上，也要考虑政治利益，引导国际市场主体通过对外投资、建设、出口、金融等行为实现发展；在国际市场上竞争的主体是企业，企业运作更重要的是按照国际市场经济规则、投资国法律、市场需求、生产成本、价格水平、经济趋势、风险和不确定性等。“走出去”的企业，特别是国有和国有控股企业，对外项目投资，一定要有真实的可行性研究报告，以及可靠的律师保护。

从对外经济开放的管理和调控来看，在顶层规划方面，宜粗不宜细，要有方向性和指导性，同时应当有产业合作导纲。一是产业转移和产业合作，相当重要；二是防止偏重基础设施部门，投资和建设单兵突进，形不成产业关联效应。国家各部委可以联合对国内过剩产能摸底，对资产、装备、管理力量、市场开拓、涉外能力等条件，形成一个内部的指导性的规划，作为“十三五”规划，以及“一带一路”战略的重要组成部分。

国家对外经济开放中，哪些是对外要提供的公共产品，哪些是准公共产品，哪些是商业性产品？哪些项目带有国际政治方面的战略意图，哪些是企业的营商领域，放由市场调节、企业投资、自主决策和自负盈亏？需要进行分类，公共和商业性不同的项目，由不同的资金渠道去解决；准公共的项目，采取财政补贴、贴息贷款等方式进行。国家要对中长期项目、财力与投入做出预算和安排，每年根据财力进行调整，防止资金的超国力支出。

国家有关部门对“走出去”的国有和国有控股企业，有资产保值增值的考核要求，对其经营绩效等情况进行排名和通报。国家要建立国外市场需求、价格水平、利率汇率、通货膨胀、发展阶段、政治社会风险、法律陷阱、营商环境排名、税收制度、重点风险国家和地区等方面的信息库，向“走出去”企业发布。

另外，微观上，“走出去”的企业，特别是国有和国有控股企业，对外项目投资一定要有真实的可行性研究报告，以及谈判签约的律师咨询。现代公司，无论是在国内还是在国外，进行项目投资时，按照规模的大小，委托第三方进行深入的可行性研究，提出供决策参考的报告，是必不可少的一个环节，他们将避免失败、规避风险的依据，视作是一个需要付出成本购买的重要服务性产品。中国国内许多大中型私营企业，对投资项目的可行性研究不够重视，特别是不将其作为需要支付成本的产品对待。法律服务方面也是，国外许多商业谈判都有律师参加，甚至由律师代理。但是，许多中国企业没有请律师参加商业谈判的习惯，许多投资协议和商业合同，企业家通过谈判自己就签约了。有时，协议和合同的漏洞给企业带来许多后患，有的代价惨重，有的甚至破产倒闭。中国大中型私营企业，包括国有和国有控股企业，对外项目投资方面，也有轻视可行性研究和法律咨询的问题。这是中国企业"走出去"观念和决策行为上的弊端，潜伏着巨大的风险。因此，国家有关部门，要整理和总结一些中国民营企业和国有及国有控股企业在外项目投资失败的案例，进行警示。对于民营企业，倡议其在"走出去"时，认真进行项目的可行性研究及法律咨询；对于国有和国有控股企业的在外投资项目，必须规定要聘请有水平的机构，进行投资可行性研究。一些特别重大的投资和并购项目，还要聘请两家咨询机构背靠背进行可行性研究，使投资决策时，对项目的市场需求、价格趋势、总投资（包括社会责任支出）成本、内部收益率、投资回收期、不确定性，市场、价格、企地关系、法律等风险，有个科学、客观和趋势性的分析，以避免有关部门确定项目时心中无数，避免企业依据不充分，盲目决策，避免项目建设成为烂尾工程。

（二）产能转移、平衡推进和国内关联

国家有关部委发布的《推动共建丝绸之路经济带和21世纪海上丝绸之路的愿景与行动》，提出了"政策勾通、设施联通、贸易畅通、资金融通和民心相通"。在国内需求不足和产能过剩时，中国一部分产业向外转移，是经济全球化及经济开放条件下，企业自救、求生和再发展一条非常重要的途径。这种产能向外转移消化的时间可能短在5年，长在10年之久。因此，部署国内企业产能转移，是适应中国经济发展特殊阶段的需要，应当加上"产业合作"这样重大的内容。

我们的不少产业，与许多"一带一路"国家的发展水平相比，是技术较为先进的，需要从体制、政策等方面，鼓励它们"走出去"，这样既去产能，又形成中国经济开放的力量。当然，中国也需要到欧美国家和地区进行项目和技术等的投资，以提升中国国内制造业水平，增强中国在国外一些高端制造产品的市场竞争力，包括也要向发展中国家转移一些技术水平较高的产业。

“一带一路”战略提出了设施互通，但是同时，需要与产业投资和建设相互协调。设施投资建设需要考虑产业、人口和城市等协同利用的可行性研究，在设施投资和建设的同时，也需要有产业发展和城市化推进相配合，这样才能使中国设施投资和建设的利益最大化。

基础设施建设，如公路、铁路、高速、高铁、城市地铁、油气管道、发电和输电网、港口、机场等的建设，应当具有综合开发意识。如将交通建设周边的土地划归中方，给予商业开发权，在站点城市可以开发居住和商业地产；在港口、机场和水陆交通枢纽地，可以建设临港产业加工园区，物流服务等产业园区。再如，在油气管道建设时，如果有油气资源，提出勘探设想，预留下游炼油化工等项目，规划石油化工产业园区，形成上下游一体化，拉长产业链，延升价值链。将“一带一路”建设与转移国内产业结合起来，同步规划，同步进行，“一带一路”建设意图与国内各行业进行信息和规划对接，双方共同在“走出去”谈判时，提出组合性的要求，使中央的“一带一路”战略实施，既有基础设施骨干，又有产业发展内容，这对于中国，还是所在国，都是合作双赢、利益共享的投资、开发和建设模式。

在“一带一路”战略实施中，国有企业与民营企业，大企业与中小企业之间要相互分工合作。国有企业，特别是大型企业，可以在基础设施，在重化工业生产能力投资建设中发挥作用；而民营企业，包括一部分从事轻工业制造的国有企业，中小企业，既可以在诸产业，如制造业、餐馆、酒店、加油站、超市等投资建设方面作为主力，也可以在国有企业与民营企业，大企业与小企业之间，形成产业配套合作的关系。

“一带一路”南北之间，也需要进行分工，并且关注重点区域。印度、东南亚、南亚和北非是人口较为稠密的地区，是市场具有成长性的区域。特别是对印度，需要采取政治平冷、宗教交流、经济热联的组合战略。中国在这一地区的目的，就是在共赢的基础上，获得市场经济利益。

北部“一带”可能人口密度较小，有的地区人口萎缩老化，经济成长性差；“一带”主要是为了取得国内经济发展的资源，形成这些国家与中国合作共赢的互补关系。比较成本、效益和风险，打通欧亚大陆陆上交通通道，进行一些适宜于陆上进行的货物运输，并且根据市场，结合本地产业的需要，形成能源、交通和产业的协同发展。

当然，“十三五”的双向经济开放，也包括东北亚、北美、拉丁美洲、澳大利亚等地，这是我国贸易比例最大，资金流向最多，投资并购较多的地区，仍然是中国经济开放的重点区域。需要进一步加快与世界各地区的国家双边和多边自由贸易区的谈判和建设，特别是与中美、中欧双边投资协定的谈判和签约。

（三）“走出去”的软实力、新方式和新体制

在实施“一带一路”走出去战略时，需要形成中国自身的文明软实力，并且要寻求“走出去”与国内经济联动的新方式。

首先，建设软实力。在经济开放中，融合交流，建设文化、宗教、民族、新闻舆论、本土化等中国对外开放的软实力。在国际经济交流中要务实，避免与经济合作无关的，可能影响经济合作顺利进行的不必要的表达；在国外开展经济交流时，要尊重其宗教与文化不要让其成为与中国经济合作的阻力和反对势力，建立与中国有同样宗教的所在国的宗教亲善和交流，发挥其推动双方经济合作方面的积极作用；打好国外民众感兴趣的中国优秀、传统、历史和乡土等文化牌，宣扬儒家文化，求同存异，使他们对中国文明有亲近感；与在外华人华侨、跨境民族（周边）等，讲同祖同根，血脉相承，包容和尊重其政治和宗教信仰，经济上向他们开放，成为他们生存和发展的后盾，使他们有祖国和亲戚国感觉，使他们成为中国经济开放中的促进力量；“走出去”的企业，以及华人华侨，积极参与当地新闻机构的建设，讲好中国故事，促进对华友好民间组织的发展和交流，塑造中国形象，加深双方友谊；中国企业和政府驻外机构，应当了解当地的宗教信仰和文化习俗，学习他们的语言，特别是“走出去”的企业应当与当地文化进行融合，打好中国经济“走出去”本土化这张牌。

强化对外经济开放中的契约、规则等意识，主动参与，甚至主导这些方面的话语权，习惯和形成双边和多边对话机制，也即在经济开放的同时，建设对中国有利的国际经济秩序。

其次，寻求新的“走出去”方式。企业投资和建设等“走出去”，要与进出口贸易、金融、总承包、设计、经营等服务和商业模式相结合，形成综合的多个方面的贸易、金融、技术、服务等效益。从总承包、技术供给、可研设计、建筑安装、投产到经营管理、运输销售、培训教育、维护修缮等全过程参与，进行全价值链融入。

“走出去”的企业要对国内产品和产业形成衔接和带动作用，形成与国内有关企业垂直和平行分工协作的产业链。对外直接投资和“走出去”办厂与进出口贸易、金融、总承包设计、装备、建筑安装、国内元器件等形成配套和带动关联。

中国的产业“走出去”、基础设施建设要与金融“走出去”以及资本输出相配套和组合。国内的民间资本，包括现有的银行、保险、担保、结算等金融机构也要“走出去”，在外设立金融机构，扩大跨境结算，并推进人民币国际化进程，包括深化和完善 SDR。

最后，对外经济开放与体制改革相结合，形成现代防控风险、有竞争力的开放经济新体制。一是通过经济开放，对“走出去”的国企进行现代跨国公司模式的体制改革。国有和国有控股企业，可以吸收所在国政府或公司的战略投资者入股，形成中国控股的多国、多方公司体制。这种体制的好处是：①形成合理的股权结构，形成有真正的监督方的治理结构，监管效果大大提高，监督成本大大下降。②在项目遇到政府审批等延缓、地方各方干扰、民众不明真相反对等情况时，其他国家参股公司的董事，利用他们的外交资源，进行协调和斡旋，比中国独资公司去周旋的力度要大得多，效果也要好得多。中石油在缅管道公司构建的四国六方公司体制，其实践就是一个很好的案例。这种中国国有和国有控股企业在外多国多方跨国公司式的混合所有制改革，对于中国国内的国有企业改革，也是一种很好的启示。二是形成企业在外投资和经营合作竞争的协调机制。当然，中国在境外的同行业企业，不能形成行业内同谋，不能影响国际市场的公平竞争。商务部、国资委、工商总局、全国工商联等成立中国在外企业市场竞争联席协调委员会；在中国国际经济贸易仲裁委员会、北京仲裁委员会等仲裁委下设专门的在外企业竞争行为纠纷仲裁厅；各产业行业协会建立在外企业专业分会，时时掌握企业在境外竞争的信息动态，向在外企业市场竞争联席协调会通报，也鼓励在外企业及时向仲裁委提起仲裁，仲裁机构快速予以仲裁；鼓励同行业企业，形成既竞争又合作的伙伴关系，对于一些竞争事宜，同行业企业间形成兄弟间内部对话、磋商和协调的机制。

国家特定优势：国际投资发展的补充解释*

裴长洪　郑　文**

一、引言

全球化条件下，国际投资发展极为活跃，国际投资形态发生新的变化，显著增强了国际间的金融联系、生产联系和贸易联系，跨国公司已成为世界经济一体化的主要推动力量，对全球政治与经济的影响不断加深。现有国际投资理论难以有力解释这一领域出现的各种新现象，表现出若干不足。

其一，现有国际投资理论以跨国公司为研究主体，符合国际投资发展的基本事实，但忽视了国家，尤其是投资母国在国际投资发展中日益增长的重大作用。

现有主流国际投资理论于20世纪六七十年代即已形成，主要有垄断优势理论（Hymer，1960）、产品周期理论（Raymond Vernon，1966）、内部化理论（Peter J. Buckley and Mark Casson，1976）、国际生产折中论（Dunning，1977），它们构成了国际投资理论的基本框架，其后的理论发展主要是在上述框架内的补充，未有实质性突破。这些理论从企业的微观角度来理解国际投资，反映了当时国际经济的特点，但已不适应国际投资发展现状：一方面，国家资本与私人资本相互融合、国家主权财富基金参与对外投资、国家参与全球生产要素的组合与配置，是当前国际投资领域的重要现象；另一方面，国与国之间不断签署投资协定，开展更多样的投资合作，对国际投资的规划、

---

* 本研究为国家社会科学基金重大招标课题“完善境外投资促进体系研究”（批准号09&ZD034）阶段性成果。本文的国家特定优势，指的是投资母国的国家特定优势；本文所指母国，是指经济意义上的对外投资国（地区），是经济实体，非政治意义上的国家实体。

** 裴长洪：中国社会科学院经济研究所所长，研究员，博士生导师。
郑　文：江西财经大学副教授。

管理日渐成为许多国家政府的重要工作内容。以上现象说明，国家在国际投资领域的作用明显增强，这已成为当代国际投资的基本特点。然而，Schumitz（2004）从发展经济学视角、Bair（2005，2008）从经济社会学视角、Mudambi（2008）从经济地理学视角、Levy（2008）从政治经济学视角、Ramamurti和 Singh（2009）、Narula（2009）从国际经济学视角展开了最新研究，探讨全球化时代国际投资发展的动力机制，其着眼点仍然置于企业层面。

现有文献在一定程度上研究了国际投资与国家的关系，但侧重于以发展中国家为研究对象，而且主要探究发展中国家如何改善投资环境吸引外资，外资能否在东道国产生技术溢出，外资对东道国就业的效应等。这表明，现有研究仍然主要把发展中国家定位为投资吸收国，这种学术倾向与发展中国家对外投资能力不断扩大的事实是不相适应的。事实上，20 世纪八九十年代以来，发展中国家对外投资就已进入上升通道，而且态势明显。因此，学术界理应把视角更多地转向发展中国家的对外投资，更多地把发展中国家作为投资母国来考查。①

只有少量文献关注于母国在对外投资中作用与地位，主要理论成果见于两缺口理论（Chenery，H. B. and Strout，A. M.，1966）与投资发展周期论（Dunning，1981）。这两个理论其实可导出相近的政策含义：两缺口理论认为发达国家由于资本富余应输出资本，发展中国家由于存在外汇缺口与储蓄缺口，则应引进外资；投资发展周期论认为人均国民生产总值高的国家，即发达国家应为资本净输出国，反之则应为资本净输入国。随着发展中国家涌现出成功的新兴市场经济体，发展中国家对外直接投资的出现，全球跨国投资出现南南相互投资、南北反向投资、发达国家相互投资以及资本主要流向发达国家、美国在成为最大的资本净输入国的同时又大举对外投资的新格局，这两个理论解释国际直接投资现象的局限性越来越明显了。

其二，现有理论把跨国公司自身形成的优势作为一国企业参与国际投资的核心原因，有其合理性，尽管学术界也注意到了企业优势的东道国来源，

① 1990—1999 年的十年，发达国家年均对外直接投资量为 3706. 6 亿美元，发展中国家为 459. 5 亿美元，两者比值为 8：1；2000 年至 2009 年，发达国家年均对外直接投资量为 9766. 4 亿美元，发展中国家为 1843. 6 亿美元，两者比值为 5. 3：1。

但尚未清晰认识到企业优势的母国来源。

国际生产折中论（Dunning，1977）对西方国际投资企业优势理论进行了迄今为止最为高度的概括，它把西方跨国公司的优势归纳为所有权优势、内部化优势与区位优势。至于发展中国家的企业优势，则主要被归纳为小规模技术优势（Louis T. Wells，1983）、技术地方化优势（Lall，1983）。如照搬这些理论，发展中国家企业因优势不足，将长期在对外投资领域居于配角地位，这与发展中国家对外投资迅猛发展的现状显然不符，这就引发出了一系列问题：发展中国家企业参与国际投资，究竟有没有优势？如果有，其优势何在，又源于何处？溯其根源，这部份理论最大的缺陷在于未认识到企业优势既源于自身与东道国，亦源自母国。以区位优势为例，现有国际投资理论尽管已注意到它对企业优势的积极效应，但只是把区位优势局限于东道国，未认识到它亦可源于投资母国，特别是源自区域经济一体化对区内企业竞争力的提升作用。此外，企业优势形成的母国来源尚有其他渠道，如现代经济体系中大量跨国企业经由母国产业组织、政策激励等方面的积极干预而增强国际竞争优势，母国行业优势、规模优势、母国国家形象、文化优势对本国企业优势的推动作用等。

其三，现有理论的不足还表现为对于服务业国际投资、国际直接投资与间接投资的融合等方面的发展未能做出有力回应。

自20世纪80年代末以来，国际投资的产业构成就发生了重要变化，服务业成为主要投资领域。理论界把这一现象主要解释为发达国家在服务业领域有着明显优势、世界各国的服务业私有化改革发挥了重要作用、经济自由化潮流带来的放松管制趋势等，而未意识到其深层次原因在于居主体地位的金融服务业的独特禀性：金融业是所有行业中财富效应最明显、赚钱速度最快、盈利能力最强、处于价值链顶端的行业，因此与初级产业受资源约束及制造业发展受实体经济约束不同，金融业最不易受约束，并且还有自我循环的能力；实体经济的发展速度与金融资本的膨胀速度只会越拉越大，金融业的扩张也只会越来越凌驾于实体经济之上，本轮金融危机只不过是这一趋势的一次调整，并不会改变这一趋势。

国际直接投资与间接投资原本泾渭分明，但自20世纪90年代以来，这两种资本流动形式呈现出日益接近、交叉和融合的趋势。一方面，无论在危机之前还是危机之后，跨国并购一直是国际直接投资的主要方式，表明直接投资越来越多地通过资本市场来进行，采用间接投资的活动方式；另一方面，大量的国际资本通过私募股权基金投资、风险投资方式控制了企业后，却经由资本市场的运作，通过出售股权、出售资产来进行盈利，不一定获取生产利润，这与传统的直接投资观念有很大区别。这些变化使现有国际直接投资与间接投资的区分越来越难，对现有理论提出了新的要求。

综上所述，现有理论对国际投资的若干重要变化未能给予充分关注和有力解释，有进一步完善的空间。本文认为，企业参与国际投资的优势除来源于企业实力的自我积聚和东道国区位优势外，亦来源于投资母国（见图1）。鉴于现有理论已经详细探讨了东道国区位优势，故对此不再赘述。本文对现有理论主要做出如下补充：母国是一国企业对外投资的基石，它在经济水平、社会发展等方面提供基础性条件；母国禀赋的差异，造就了各自的行业优势、规模优势、区位优势、组织优势及其他特定优势，形成企业竞争优势的外部来源，对本国企业参与对外投资具有显著意义。

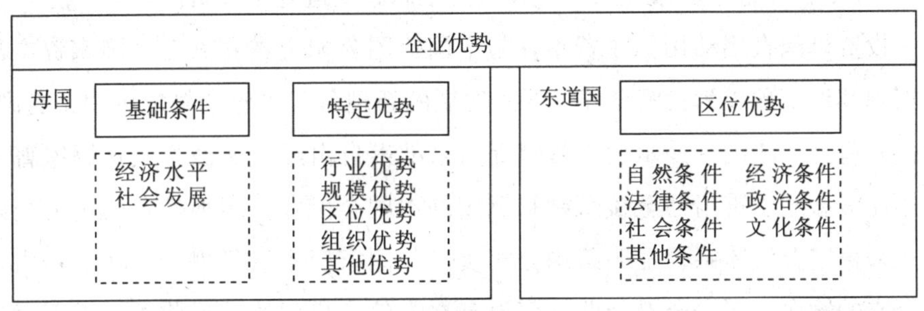

图1 国际投资的企业优势来源

二、对外投资与母国：基本考察

当前，国际投资规模特别巨大，不仅对资本输入国资本形成的作用加大，而且也对投资母国的影响不断加深。20 世纪后十年（1990—1999 年）至 21 世纪初十年（2000—2009 年）：从 FDI 流出存量的母国 GDP 占比（平均值）

来看，世界水平由13.6%增至28.3%，上升108.1%，即最近十年世界范围内以FDI形式外向流动的投资存量已占2009年全球GDP值的近1/3，这还不包括间接投资的流动量；其中发达经济体由15.5%增至33.5%，上升116.1%；发展中经济体由6.5%增至13.9%，上升113.8%；从FDI流出流量的母国固定资本形成占比（平均值）来看，世界水平由6.8%增至11.9%，上升75%；发达经济体由7.9%增至14.7%，上升86.1%；发展中经济体由3.3%增至5.4%，上升63.6%，表明对外投资在全球资本形成中的作用在加大，地位在上升。

对外投资，是全球化时代各国深化经济合作的需要，签署国际投资协定就是投资母国与东道国一起参与国际投资的重要表现形式。比如，母国政府出面与东道国政府谈判，订立投资保护协定、避免双重课税协定等，就是对本国跨国公司的重要支持。2009年，全球共缔结了211项新的国际投资协定，其中82项为双边投资条约、109项为避免双重征税条约、20项为其他国际投资协定，平均每周缔结大约四项新协定。截至2009年底，协定总数达到5939。在2009年确定的102项与外国投资相关的新的国家政策措施中，其中的71项都旨在进一步放宽对外国投资的限制和促进外国投资。

投资母国直接动用国家资本，与本国跨国公司资本相融合，国家资本从救援到其他干预成为投资全球化深入发展的新现象。本轮金融危机中，美国、德国、荷兰、法国、爱尔兰、英国等向来推崇自由经济的西方发达国家普遍采用注资参股、重组乃至接管濒临倒闭的本国金融业、房地产业跨国公司的方式来稳定金融体系，证明跨国公司资本与国家资本已经融为一体。经由国家资本的输血，不少金融企业不仅没有在本轮危机中垮掉或收缩，反而通过继续向全球扩张以摆脱危机。以美国花旗集团为例，2009年末共有分支机构796家，分布于75个国家，其GSI指数①不降反升，由2008年的72.9增至2009年的75.3，仍然居全球首位。

国家参与全球生产要素的组合与配置，是当前国际投资领域的另一种重要现象。这主要是因为，资本、资源、技术等生产要素的配给对于任何一个

① GSI指数：地理分布指数（Geographical Spread Index）。

国家实现可持续发展的意义越来越大。以资源要素为例，通过跨国公司在国际市场上配置资源，加强境外资源开发合作与综合利用，为国家获取重要资源提供相对稳定的来源，实现国民经济的长远发展已成为各国的共同做法。资源类投资多具有战略目的，这类投资往往并不特别关注价格和短期的投资收益，使该领域的争夺尤为激烈。西方大国对资源的争夺意识早、下手快，已经以对外投资方式控制了全球许多矿产，获得了大量收益；其对外投资许多是借助国家力量实现的，甚至不惜通过战争手段，如美国发动对伊拉克的战争，核心目标之一就是为了控制中东石油资源。

主权财富基金的勃兴，则是国家对本国资本要素的主动运用。自 1953 年以来，主权财富基金先后于 20 世纪 70 年代和 90 年代兴起两次发展浪潮。截至 2008 年，全球已有 36 个国家和地区设立了 56 个主权财富基金。2011 年初，全球主权财富基金总资产已达 3.98 万亿美元，正加大在私募股权、基础设施和房地产的投资，它们多为政府的专门机构管理，其目标既包括为本国资本保值增值，亦包括协助中央银行分流外汇储备，干预外汇市场，冲销市场过剩的流动性，执行货币政策的国家职能。

全球供应链发展所引发的比较优势动态变化，为国家参与国际投资提供了新的动力。当前国际分工已发生深刻变革，突出表现为全球供应链的形成。发达国家的核心企业已不再局限于利用本国的比较优势，而是通过构建全球供应链，把节点企业安排在不同国家。在这一模式下，任何一个国家的比较优势都可以被其利用；对发展中国家来说，劳动成本的优势或资源的优势不再是本国企业独享，而是要被供应链，尤其是供应链中的核心企业所分享。这种分工交换和利益分配方式已经与传统比较优势理论下的分工和利益分配有很大的差别，表明传统比较优势已由静态转为动态。一国企业在全球供应链中的地位，往往决定了该国在国际经济竞争中的地位。任何国家，特别是发展中国家要参与全球范围内的竞争，就必须推动本国企业在全球范围内寻找生存和发展的机会，占据全球供应链上的有利地位，才能增强本国的长期竞争优势。

发展中国家资本市场的缺陷，亦构成其企业对外投资的重要动力。当代国际直接投资越来越多地通过资本市场来进行，发达国家资本市场健全，它们的企业通过本国资本市场就可以参与全球供应链竞争，整合全球资源；而发展中国家通常因为资本市场发育晚、证券交易所的国际竞争力弱，证券交易成本相对高，产权市场发育不完全，政策、法规不健全，交易工具与机构、交易制度与管理制度国际化程度不足，使这些国家的企业在融入全球供应链，参与全球资源的争夺中往往只有经由发达国家资本市场，才更有效率、更能分散风险与取得收益。

三、对外投资的母国基础条件

跨国公司是一国对外投资的载体，任何一个公司在走出国门之前只是一个国内公司，母国这个大摇篮为一个公司从小到大，从弱到强，从国内公司到跨国公司的成长提供了必要的土壤、养分、扶持乃至保护，很难设想一个政治动荡、经济长期停滞、社会失谐、文盲占主体的国家能哺育出强大的跨国公司。环顾全球，当今拥有最多强大跨国公司的国家要么是当代的世界超级大国，要么是曾经的世界强国；相比之下，发展中国家的跨国公司则明显有较大差距（见表1）。这显然能够说明母国总体实力对于该国对外投资的重要意义。

表1　世界最大的100家非金融跨国公司国籍分布（2008年）　单位：家，%

国籍	数量	占比	国家和地区	数量	占比	国家和地区	数量	占比
美国	18	18	荷兰	2	2	卢森堡	1	1
英国	15	15	韩国	2	2	以色列	1	1
法国	15	15	意大利	2	2	爱尔兰	1	1
德国	13	13	中国	2	2	中国香港	1	1
日本	9	9	葡萄牙	1	1	芬兰	1	1
瑞士	5	5	挪威	1	1	澳大利亚	1	1
西班牙	4	4	墨西哥	1	1			
瑞典	3	3	马来西亚	1	1			

资料来源：UNCTAD网站。

因此，现有理论过分注重企业自身优势及东道国区位优势的传统应该得到纠正，母国对于本国企业对外投资的作用不应被漠视。我们以人均国民收入（PPP、现值国际元）、证券化率（上市公司市值/GDP）代表一国经济发展水平，以每百人宽带用户数、每千人病床数、高等教育生均支出/人均GDP、R&D/GDP代表一国社会发展水平，以对外直接投资/GDP代表一国对外直接投资水平。以上所有数据均取1996年到2007年共计12年的平均值进行比较，借以消除指标短期波动的干扰，考察上述指标对一国对外投资水平的长期影响（见表2）。

表2 母国综合发达程度与对外直接投资水平

指标	国家数	指标范围	指标值	对外直接投资/GDP（%）
人均国民收入（PPP、现值国际元）	5	30000～40000	35345	6.85
	21	20000～30000	26403	5.19
	14	10000～20000	14965	1.48
	32	1～10000	5607	0.56
证券化率（%）	1	300～400	352	17.41
	1	200～300	244	9.88
	10	100～200	131	5.13
	51	1～100	43.3	1.69
每百人宽带用户数	10	10～15	12.55	8.87
	11	5～10	7.98	3.5
	21	0.01～5	1.86	1.44
每千人病床数	3	8～10	8.74	4.42
	14	4～8	6.25	2.98
	4	1～4	2.92	1.61
高等教育生均支出/人均GDP（%）	7	40～70	51.4	6.19
	3	30～40	32.5	5.57
	13	20～30	25.5	2.95
	5	1～20	14.6	1.45
R&D/GDP（%）	8	2～4	2.6	6.59
	12	1～2	1.43	3.89
	21	0.01～1	0.54	1.22

注：所有数据均为1996年到2007年共计12年的平均值；指标范围的表示方法为（小～大，含小不含大；比如1～2，含1不含2）

资料来源：世界银行世界发展指标（WDI）数据库。

分析表明：以经济水平、社会发展为标志的母国综合发达程度直接决定了该国的对外投资水平，并表现出如下普遍规律：上述6大指标（人均国民收入、证券化率、每百人宽带用户数、每千人病床数、高等教育生均支出/人均GDP、R&D/GDP）与对外直接投资水平总体呈正相关；这些指标高的国家，其对外直接投资水平亦普遍高；这些指标低的国家，其对外直接投资水平亦普遍低（见图2）。

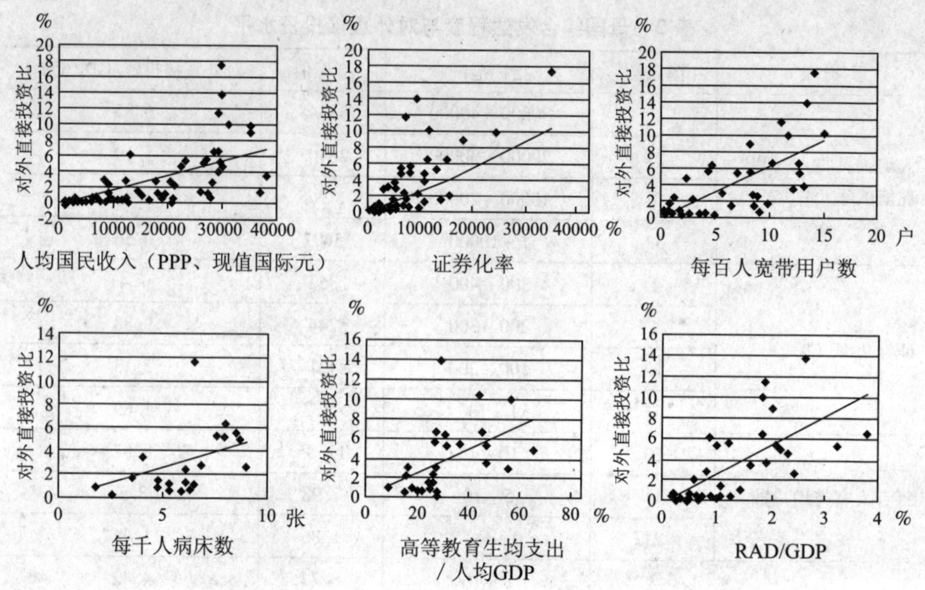

图2　母国的综合发展程度与对外直接投资水平

迄今为止，国际投资发展周期论是母国宏观角度动态解释一国对外直接投资水平的最有影响的理论，其基本观点是：随着一国人均国民收入的提高，该国对外投资的规模会扩大。我们延续其思路，展开了进一步的检验，结果表明：国际投资发展周期论的基本结论在一定程度上仍然是有效的，但我们同时发现采用购买力平价现值的人均国民收入（PPP、现值国际元）这一指标优于Dunning采用的人均国民收入（现值美元）。我们认为，购买力平价的长处在于避免了汇率波动对国民生产总值造成的失真问题，用于比较各国经济水平与对外投资关系的解释力因而更强。

国际金融全球化的一个主要趋势是国际直接投资与国际间接投资的彼此渗透，使国际直接投资日益通过证券化方式实现。母国证券化水平高，不仅有利于该国参与国际间接投资，更好地融入国际金融市场，它还是直接投资扩张的推手，有利于其国际直接投资规模的扩大。

社会发展是一国发展的终极目标，其社会发展程度最终体现在诸如研究开发、金融分析、医疗卫生、家庭服务、旅游娱乐、不动产服务等发展状况上。如果本国社会发展程度低，往往意味着本国产业结构、就业结构、消费结构尚不合理，表明其人力、物力、财力并未在本国得以充分调动和有效利用，此时国家资源主要用于国内尚嫌不足，资本如大量投向国外是不经济的。只有当该国社会发展的主要目标基本实现，本国国内资源已有效配置，此时国内资本去外部寻求成长空间才更符合国家整体发展战略。因此，社会发展程度与对外投资表现出明确的正向相关关系。其中教育支出、科研投入水平更是直接关乎本国企业竞争力，这两个指标向好自然有利于本国对外投资活动的展开、持续与收益获取。

四、对外投资的母国特定优势

母国除提供对外投资的基础条件外，不同国家因自身基础及条件的差异，还衍生出行业优势、规模优势、区位优势、组织优势及其他特定优势，构成企业优势的重要外部来源。

（一）母国行业优势

自从西方发达国家进入垄断资本主义时代起，国际竞争形态就已不再是过去那种单个企业之间原子式的竞争，母国的行业优势既是本国跨国公司优势形成之主要来源，亦是本国企业优势长久延续之重要支柱。母国的行业优势，既包括企业所处行业的优势，亦包括相关行业优势。

跨国公司发展史上，母国优势行业催生出强大的企业，这些企业进而发展成为强大的跨国公司，是一种较为普遍的现象。同行业的企业具有共同特性，往往使用相同的原材料，需要提供相同的服务内容，在技术、工艺方面具有相似性，具有类似的生产工具、生产流程、管理技术，这些构成企业发展的行业环境。同行业内的企业，虽然有竞争，但也有沟通和联合，推动行业内的专业化协作不断向纵深和广度发展。比如，不少制药企业以共同开发新药或相互授权方式，降低本身研发失败的风险；类似的现象在汽车、民航机、工业机器人、消费电子产品等行业也很常见。日本企业还常结成战略联盟以打开一些外国产业的缺口，然后迅速侵入，大肆发展。

一国在某一行业强大，对该国同行业企业发展带来诸多便利：该行业先进企业或多或少会有技术扩散和技术转移，本国同行业企业在该行业最新的行业信息的获取、模仿与跟进方面往往比国外同行更便利。为生存与发展，即使该行业最强的企业也只能开展更多的技术创新、管理变革等手段才能维持竞争优势，整个行业也因而活力十足，有利于造成弱者跟进、强者越强的局面。一国在某一行业强大，则在行业标准的制定上处于有利地位，一旦本国的行业标准被广泛应用乃至成为全球标准，也就相应控制了行业发展的制高点，对本国企业竞争力的提高、竞争优势的维持将具有极大的推动作用。随着知识经济时代的来临，世界范围内的技术标准竞争越来越激烈，谁能胜出，谁就能从中获得巨大的市场和经济利益。

如果一国优势行业的企业进行强强联合，行业优势就直接地转化为企业优势。美国杜邦公司、美国烟草公司、美国钢铁公司、美国冶炼公司、玉米产品公司、查默斯公司、阿纳康达制药公司这些至今对美国经济举足轻重并在国际经济舞台极为活跃的企业，都是在100多年前美国第一次并购浪潮中主要靠同业兼并扩张起来的巨型跨国公司。美国波音公司兼并麦道公司、美国惠普合并康柏、美国通用电气收购美国无线电公司、美国在线时代华纳公司收购美国电话电报公司有线电视子公司、日本八幡钢铁公司和富士钢铁公司合并成立日本制铁公司、日本东京三菱金融集团合并日本联合金融控股集团、德国大众收购奥迪等则是近年来的突出例证。

我们对100家最大的非金融类跨国公司（依据2008年海外资产）进行了归纳，对其中主要行业的分析表明，跨国公司海外投资实力与母国行业优势确实有较大的正向关联，表现出较强的国籍集中度。批发贸易业是日本的优势行业，因而全球海外资产最多的四家公司均为日本企业，它们分别是三菱商事、三井物产、住友商事、丸红商事。化学工业是德国传统优势行业，全球海外资产最多的两家化学行业公司巴斯夫、林德均出自德国；电子电气设备业，美国有通用电子、IBM、惠普三家公司，日本有索尼、日立两家公司，与各自国家的行业优势相对应；汽车制造业基本上是德国、日本、美国三强并立；制药业优势主要集中于美国、英国与瑞士三国；食品、饮料及烟草业则是美国、英国具有相当优势（见表3）。

表3 跨国公司与母国行业优势

（单位：亿美元，%）

行业	国籍	公司	总资产	海外资产	占比	TNI	行业	国籍	公司	总资产	海外资产	占比	TNI
批发贸易业	日本	三菱商事	1112.95	591.6	53	31	汽车制造业	日本	日产	1043.79	570.8	55	59
批发贸易业	日本	三井物产	852.62	486.53	57	65	汽车制造业	韩国	现代	820.72	283.59	35	36
批发贸易业	日本	住友商事	708.9	264.48	37	42	汽车制造业	瑞典	沃尔沃	474.72	375.82	79	82
批发贸易业	日本	丸红商事	479.85	250.49	52	35	汽车制造业	美国	福特	2229.77	1025.88	46	54
化学工业	德国	巴斯夫	707.86	430.2	61	56	汽车制造业	美国	通用汽车	910.47	405.32	45	49
化学工业	德国	林德	331.58	298.47	90	88	制药业	法国	赛诺菲安万特	1001.91	503.28	50	59
电子电气设备	芬兰	诺基亚	550.9	500.06	91	90	制药业	德国	拜耳公司	730.84	256.96	35	45
电子电气设备	德国	西门子	1351.02	1044.88	77	73	制药业	以色列	梯瓦制药	329.04	242.13	74	84
电子电气设备	日本	索尼	1224.62	571.16	47	62	制药业	瑞士	罗氏制药	715.32	609.27	85	80
电子电气设备	日本	日立	958.58	242.82	25	31	制药业	瑞士	诺华	782.99	435.05	56	68
电子电气设备	韩国	三星	837.38	287.65	34	54	制药业	英国	阿斯利康	467.84	369.73	79	85
电子电气设备	荷兰	菲里浦	459.86	326.75	71	79	制药业	英国	葛兰素史克	574.24	269.24	47	55
电子电气设备	美国	通用电子	7977.69	4012.9	50	52	制药业	美国	辉瑞制药	1111.48	491.51	44	54
电子电气设备	美国	IBM	1095.24	520.2	47	61	制药业	美国	强生	849.12	403.24	47	52
电子电气设备	美国	惠普	1133.31	482.58	43	59	食品、饮料及烟草	法国	保乐利加	351.59	322.37	92	89
汽车制造业	德国	大众	2337.08	1236.77	53	60	食品、饮料及烟草	荷兰	百威英博	1131.7	1062.47	94	88
汽车制造业	德国	戴姆勒	1840.21	879.27	48	55	食品、饮料及烟草	瑞士	雀巢	998.54	663.16	66	87
汽车制造业	德国	宝马	1406.9	632.01	45	50	食品、饮料及烟草	英国	南非米勒	316.19	251.39	80	74
汽车制造业	意大利	菲亚特	859.74	408.51	48	61	食品、饮料及烟草	英国	帝亚吉欧	299.65	242.64	81	73
汽车制造业	日本	丰田	2962.49	1695.69	57	53	食品、饮料及烟草	美国	卡夫食品	630.78	256.38	41	50
汽车制造业	日本	本田	1204.78	892.04	74	72	食品、饮料及烟草	美国	可口可乐	405.19	251.36	62	74

注：TNI，跨国化指数，计算方法为（国外资产/总资产 + 国外销售额/总销售额 + 国外雇员数/总雇员数）/3 × 100%。

资料来源：海外资产最大的100家非金融类公司（2008年），源自UNCTAD网站。

跨国公司的企业优势还发端于国内相关行业的优势，其原因是：各国生产体系、营销体系、服务体系之间的总体实力，对本国企业维持更为持久的竞争优势至为重要；企业的实力不仅取决于其自身的能力和策略，也取决于供货商和相关行业的能力和策略。比如，供货商往往提供上游产品和中间产品，具有国际竞争力的本国供货商能带动下游行业明确创新方向、加速创新流程；相关行业的经济活动有相当强的“外部经济效果”，相关行业往往依托相同的技术和供货，易于开展互相的信息交流和各种合作，会有技术外溢效果，因此会对本国相关企业具有明显的带动作用。根据有关分析，目前在国际分工比较发达的制造业中，产品在生产过程中停留的时间只占其全部循环过程的5%以下，而处在流通领域的时间要占95%以上；产品在制造过程中的增值部分不到产品价格的40%，60%以上的增值发生在服务领域。一个产品的生产加工链条中，设计、研发、售后服务、销售、法律咨询、广告等部门的作用越来越大，而具体的加工过程、工艺处理等的作用相对下降。服务业能否提供低成本、高效率的分销服务、金融服务以及会计、审计、法律服务等将直接影响生产制造业的竞争能力。因此，现代经济条件下，一国如果没有发达的服务业支撑，就很难产生具有优势的制造业企业。

在国际投资领域，德国在印刷机产业的强势地位，很大程度源自该国印刷业、造纸业、制版系统、印墨业及包装机械业的整体优势；日本机械工具业的优势离不开世界级的数控机床、电动机和其他零件；瑞典在滚珠轴承、切削工具行业中的竞争力源于它的特种钢行业，而特种钢行业的成功又离不开该国储量丰富的低磷铁矿及冶炼工艺；丹麦食品工业和酿造工业的专业人才和以卡尔斯堡研究中心为代表的发酵技术、生物技术方面的研发能力，是形成该国胰岛素、工业酵素和食品添加物等产业的优势来源；英国的化工和制药业的竞争实力，则与其密切联系国内相关大学和政府研究机构，并发展出英国其他产业少见的共同合作制度有关；瑞士雀巢资助日内瓦国际管理学院发展为欧洲数一数二的商学院，公司自身也由此在管理提升和人才培训方面获得好处。美国信息技术世界领先，软件业不断推出对硬件技术要求越来越高的实用软件，促使计算机厂商把计算机运算速度和内存容量一再提高，硬件的发展又为新一代更高级软件的开发提供了条件，构成动态的良性循环，微软与IBM、Intel、苹果公司以及无线电器材公司在业务上的密切关联就体现出这层关系。至于数家美国钢铁企业经由摩根财团重组而成美国钢铁公司、洛克菲勒联姻花旗银行则是实业界通过获得金融服务业的强力支持而提升优势的早期实例。

全球化条件下，世界各国融入国际分工的程度更深、领域更广，客观上促成行业优势在不同国家的分布。现代经济体系中行业门类极多，任何一个国家的生产资源、生产能力都是有限的，再发达的国家也不可能在所有领域占尽优势。从经济发展史来看，美欧等发达国家进入“服务经济”社会之前，制造业是这些发达国家对外投资的优势领域，发展中国家主要充当发达国家的原料产地与产品销售市场，在国际投资领域主要是资本流入国，少有资本输出。而当美欧等发达国家进入“服务经济”社会之后，其优势转向了高端服务业及高端制造业；发展中国家，尚处于工业化阶段，主要承接国际制造业及部分中低端服务业的转移，因而培育了这些国家的企业主要在中低端制造业及中低端服务业上的竞争优势。

美欧等发达国家于20世纪60年代率先进入“服务经济”社会，经济重心偏向服务业。目前发达国家和地区的服务业产值，在其国内生产总值中一般高达60%~80%，他们的国内市场已容纳不了服务生产的日益增长，服务业对外投资成为这些国家对外扩张的产业基础、动力所在、优势来源与发展方向。发达国家在服务业对外投资中的优势，不仅强化了发达国家与发展中国家之间传统的垂直分工，而且强化了它们之间在加工工序与生产服务上的分工。就总体而言，发展中国家充当发达国家的生产加工基地，而影响产品价值链的诸多重要的生产服务环节，如产品设计、新产品、新工艺开发和海外市场的拓展、原材料的采购供应、资金的筹集调度和财务控制等高附加价值的业务，都由发达国家掌握。不同的发达国家根据其服务业竞争优势的差别有着不同的对外投资倾向。日本的贸易和银行业的对外直接投资占其服务业对外投资的50%左右；欧洲国家则在银行、保险、出版、航空和其他运输业等领域有规模巨大的海外直接投资；美国在大部分服务业都处于优势地位，其海外投资中60%以上流向服务业，在会计、广告、零售、旅馆、快餐及饭店连锁店、市场调研、法律服务、证券和金融等许多服务行业中，都进行了大量的对外投资。

发展中国家承接国际产业转移所引致的以中低端制造业及中低端服务业为主、兼有少量高端制造业与高端服务业的竞争优势。自20世纪中后期以来，世界经济的一个重要现象是全球化带来的大规模国际产业转移，许多成熟产业从发达国家转移到发展中国家。这其中既有制造业，也有服务业，通过资金、技术、设备等的转移，发展中国家在国际分工的不同领域取得各自的专门优势，形成优势产业，并成为这些国家对外投资的基础。中国企业对外投资的优势主要在一些制造领域，如鸿海集团、中集集团、格兰氏、华为、中兴、海尔、联想、万向集团等企业。印度的产业优势主要在软件程序的编写与设计、法律咨询、保险精算、国际会计、实验室服务的中低端部分，其对外投资也集中于这些产业。巴西在航空领域有一定优势，是其对外投资的主要方向之一。韩国作为发展中国家中的佼佼者，在长期承接国际产业转移的过程中积累了相当优势，其部分领域已居于高端地位，其海外投资广泛分布于汽车、电子、通信、机械、化工、食品等行业。

不同国家在地理环境、气候、资源、民族心理及其他方面的国家特质，也是行业优势形成的重要条件。芬兰在破冰船这种专用船舶制造领域领先世界，显然离不开该国特有的地理与气候条件。瑞典在远距离高压传输设备产业中居世界先进水平，原因是该国的钢铁、造纸等能源密集型产业与发电厂所在地、人口密集的南部地区距离甚远，地理特色助长了瑞典在这个产业环节中的需求。在收割机行业，美国企业生产的综合收割机尽管最有竞争力，但它主要适于美国这种地域广阔的国家，德国克拉斯公司开发的体积较小、适合欧洲复杂地形工作的欧式综合收割机，同样在这一行业占有一席之地。日本资源贫乏，夏季炎热潮湿、住房狭小紧张，因此冷气机业发展初期，日本把研发重点放在省电、节约空间的回转式压缩机，在这一细分子行业取得优势。瑞士的民族性以保守出名，瑞士的银行、旅馆、化工等产业相当重视防火设备，这使瑞士成为全世界防火设施最普及的国家。于是与防火相关的器材，如自动灭火系统、各种性质的火警侦测器在这个国家得到了大力发展，生产电离子烟雾侦测器的赛柏拉斯公司就是这一行业的著名企业 。至于瑞士钟表业、法国葡萄酒业、德国医疗器材业、意大利皮革业与瓷砖业等行业的国际竞争优势，则渊源于这些行业在各自国家的悠久发展历史。

中国工程建筑行业能在国际上站稳脚跟，并以此为依托展开多元化投资，则表明国家所处特定发展阶段一样能够诱发竞争优势。国际经验表明，人均4000美元到15000美元是资本形成的高速增长阶段，中国正处于这一发展阶段。长期以来，中国基础设施不完善，因而与发达国家相比有更大的建筑需求，伴随资本形成的高速增长，自然易于在这一行业培育出竞争优势。30多年来，中国建设了大量铁路、公路、桥梁、港口、机场和城市水、电、气等供应设施；全世界千米以上大桥梁26座，世界上跨度最大的前十名有6座在中国，举世罕见。正是中国特定发展阶段为中国工程建筑企业提供的广阔发展平台，使中国这一行业在设计、设备、施工技术、管理等许多方面得以提升优势，进而走向海外，成长为具有强大国际竞争力的行业。根据ENR①排名，进入全球承包商225强的中国企业，从2001年的39家增加到2009年的50家，中国中铁股份有限公司、中国铁建股份有限公司、中国建筑工程总公司、中国交通建设股份有限公司、中国冶金科工集团都进入全球十大承包商之列。中国的工程承包企业在世界工程建设市场中已经从简单的劳务施工承包，转变为可以承包设计、技术管理和施工管理到交钥匙的总承包商，进而成长为伴随技术、设备和管理输出的投资型企业，不仅投资于施工项目的建筑材料和工程材料的生产经营，也投资于相关的生产经营领域及施工东道国所提供的其他优惠投资领域。

（二）母国规模优势

母国国家规模是一国企业优势的重要来源。就一般规律而言，大国具有市场、人力、资本、自然资源等众多规模优势，经济回旋余地大，抗风险能力强；大的发展中国家，还有多层次的技术体系，这些优势极易转变为对外投资优势，发展中国家的企业优势绝非局限于（Louis T. Wells，1983）所指出的小规模技术优势。

---

① ENR是Engineering News Record的英文缩写，即《工程新闻记录》，是美国麦格劳希尔传媒集团旗下的知名媒体。ENR全球承包商225强以及全球国际承包商225强排名目前是全世界工程领域的权威榜单。

规模经济有内部规模经济和外部规模经济之分。前者是指企业生产规模越大，产品的平均生产成本越低；后者是指企业所在地区或国家的行业生产规模越大，产品的平均生产成本越低。大国企业容易同时实现这两种规模优势。如果母国市场容量很小，盲目扩张企业规模，容易陷入规模不经济的误区。反之，如果母国经济规模大，国内市场需求量大，企业的规模经济一般可以在国内市场实现，在国内就能做大做强，形成竞争优势。铁路、通信、石油加工、黑色金属冶炼与压延工业、化学纤维工业、机械制造业和家用电器行业，规模经济效应尤其显著，某些行业甚至只有大国或国家联盟才有力量发展，如航空航天、大规模核能开发、大规模信息技术、大型生物产业等。据世界银行统计，2007 年全球最大 500 家企业，有 205 家集中在中国、美国、俄罗斯、巴西和印度，占全球数量的 41%，其产值为 97355.4 亿美元，占全球 GDP 的 17.91%，由此可见，大国的市场对本国企业实现规模发展及外向投资的支持作用是显而易见的。

中国对外投资的许多行业，其产品往往是国内贸易需求庞大的产品。如 20 世纪 80 年代末期的纱、布、收音机、收录机、组合音响、自行车、电话机、黑白电视机等产品；90 年代以来的彩电、冰箱、洗衣机等家电产品，还有计算器、服装、家具以及众多工业制品。这些产品都有庞大的国内贸易需求作为支撑，相关企业基本上都是通过国内贸易来锤炼竞争力，然后走出国门的，如中国的海尔、海信、长虹、TCL 等。印度 Bharti、Reliance、Tata 等通信企业的外向投资，其庞大的母国市场需求也是一个关键的支撑因素。2009 年初，印度 Bharti 进入斯里兰卡电信市场，成立子公司 BhartiAirtel Lanka，不到半年时间用户数便突破百万大关。2010 年初，Bharti 又收购孟加拉国 Warid 电信 70% 的股份，大举进入孟加拉国市场。

大国经济平稳性更强，能为本国企业抵御较强的国际冲击。当外部风险来临，大国市场比小国市场更具有承受外部冲击的能力。而小国市场却不具有这样的优势，因为其经济发展往往依赖于单一市场，如越南、泰国、马来西亚等国的经济发展比较依赖外部投资市场，韩国、新加坡等国的经济发展比较依赖出口市场，在外部危机来临时往往会遭受重创。2007 年全球范围内的一场金融危机，使许多小国经济动荡，但以中国为首的大国却表现出超强的稳定性。以中国为例，其国内消费2006年为8905亿美元，2007年为13661亿美元，同比仍增长了34.8%，国内市场为本国企业渡过难关发挥了中流砥柱作用。就整体而言，中国、美国、俄罗斯、巴西和印度五国2007年和2008年平均经济增长率分别为7.56%和5.36%，但高于2007年和2008年世界平均经济增长率3.8%和2.1%的水平，这些大国的企业虽然也受巨大冲击，但依靠国内市场仍保持较强的生存能力。相反，像冰岛、希腊等小国却深受其害，企业受到外来冲击而大量倒闭。

大国人力资源优势。无论是发展中大国，还是发达国家大国，都存在人力资本的异质性，即不同类型的人力资本。大国的经济社会发展往往是不平衡的，劳动力受教育的程度不同，既有较多的高技术人才，也有较多的适用技术人才，既有从事制造业的人才，也有从事现代服务业的人才，他们往往能够适用于不同的生产部门和劳动岗位。某些地区的高素质创新型人力资本比较丰富，有些地区的一般型人力资本比较充裕；有些部门拥有更多的高科技人才，有些部门拥有更多的通用技术人才。这种异质性的人力资本结构，能够为本国企业参与国际竞争提供充足而多样化的人才支持。目前积极展开海外投资活动的印度软件业，其成功就极大地受益于该国具有受教育程度高、工作勤奋、工资成本低、熟练使用英语的丰沛人才。

即使纯粹的人口数量也是重要的优势来源。人类基因资源被称为“人类最珍贵的财产”“人类最后的遗产”；人类基因产业是具有巨大成长空间的未来产业，发展空间广阔。这一产业需要完善的人类基因数据，而基因资源最全面、最丰富的国家非中国、印度这样的人口大国莫属。从20世纪90年代开始，德国、美国、丹麦、日本等一些国家的有关部门，以及一些大学、研究机构和企业怀着不同的目的，利用中国、印度对基因资源重要性认识不足的机会，打着科研合作的幌子对中国人、印度人的基因资源进行了巨大掠夺，获取了极大利益。因此，中国、印度这样的人口大国如能保护好本国人的基因资源并善加利用，就有可能在人类基因产业取得优势。

大国资本优势。大的发达国家，资本总量本来就大；大的发展中国家，虽然人均资本量可能不高，但资本总量却可能很大。因此，大国往往能够积累起巨额资金，呈现出资金积累的综合优势。大国可以发挥资金总量优势，集中资金支持重点地区和重点产业的发展。比如，中国在改革开放初期，为了使广东、上海、江苏、浙江、山东等沿海地区率先发展起来，国家对这个地区实行倾斜政策，资金投入很大，从而使经济迅速发展起来，中国最早的对外投资企业大都来自这一地区；20 世纪 90 年代，国家考虑到全局的协调发展，又集中大量资金用于支持东北的振兴、西部的开发和中部的崛起，提升了这些地区企业的国际竞争力。从产业支持来看，大国往往能集中较多的资金用于支持需要长期大规模资金投入的某些重要产业的发展，从而形成这些产业的发展优势，增强国际竞争力。此外，不少发展中大国，如中国因长期执行出口导向政策、俄罗斯因资源出口、印度因服务贸易出口等原因积累了庞大的外汇储备，自然易于满足本国企业对外投资的资金需求。

大国自然资源优势。大国往往具有种类繁多且储量丰富的自然资源，在资源开发行业易于形成优势。中国的稀土、煤、铁、石油、锑、钨、锡等矿产储量居世界前列，还有农牧、森林、水力、水产等多种资源；巴西拥有铁、锰、铝土、铀、妮、锂、铰、石墨、石棉等矿产资源，以及非常丰富的森林、水力资源；印度则拥有丰富的铁矿、煤、锰、云母、铁矾土、钛矿、铬铁矿、天然气、石油、钻石、石灰石资源。这些大国因而在各自的优势资源利用、开发、外向投资方面更易于撷取优势。例如，印度以拥有丰富的高品位铁矿石资源而闻名，造就了米塔尔钢铁公司、塔塔钢铁公司等大型钢铁企业。近年来，它们在海外投资方面动作频频，规模巨大，引起世界瞩目。米塔尔钢铁公司于 2004 年以 45 亿美元收购美国俄亥俄州国际钢铁公司，2005 年又以 45 亿美元收购乌克兰钢铁企业，成为世界最大的钢铁集团。塔塔钢铁公司则于 2007 年 2 月出资 113 亿美元成功收购欧洲第二大钢铁公司 Corus，一跃成为世界第六大钢铁公司。目前其制造中心分布于英国、荷兰、印度、新加坡、越南、泰国及中国等国，投资遍及全球几十个国家。

大的发展中国家，与规模经济相适应的还有多层次的技术体系，这也引致一定的竞争优势。发展中国家经济是二元的，既有现代产业部门又有传统产业部门，前者以先进的科学技术作为技术基础，具有技术密集型的特征；后者以传统的手工技术作为技术基础，具有劳动密集型的特征。技术的多层次性，使发展中大国在对外投资方面有独特的优势。以中国为例，中国某些已趋于成熟和稳定的大量中间技术与加工制造技术，如机电、纺织、食品加工等对于发展中国家具有相对优势，如上海自行车厂在加纳设立凤凰自行车加纳有限公司，在巴西建立合资企业都取得了较好的投资收益；中国航空航天工业、材料工业、生物工程的若干领域则因具有先进水平，即使同许多发达国家相比也具有相当竞争力。

（三）母国区位优势

现有国际投资理论在述及区位优势时，特指东道国区位优势，即可供投资的国家或地区对投资者来说在投资环境方面所具有的优势，主要是自然因素、经济因素、制度和政策因素方面吸引外来投资的条件，这种认识具有相当的局限性和片面性。显而易见的是，如果一国经济发展水平比周边国家普遍高，或者与周边国家交通便利且投资机会众多，在市场、供应、运输成本方面有适宜条件，则该国向周边国家投资比向其他地区投资成本要低，更易取得收益。因此有理由认为，投资母国的区位优势不仅存在，而且具有普遍意义。

经济一体化的蓬勃发展，赋予母国区位优势以更深刻和更丰富的内涵。当投资母国加入某种形式的区域经济共同体后，将会有利于区内国家和企业国际竞争力的增强，优势主要形成于以下方面：一体化带来的市场规模效应、产业集聚效应、科技竞争力的提高，货币合作带来的投资利益以及区内国家谈判地位的提高。从理论上来讲，经济一体化有特惠贸易协定、自由贸易区、关税同盟、共同市场、经济联盟、完全一体化 6 种主要形式，目前欧盟已达到经济联盟这一级别，此种形式的一体化对于区内企业国际竞争能力的增强尤有深厚影响。

市场一体化带来的区域规模经济效应。在封闭经济下，由于小国的市场规模限制，规模经济的效应难以获得发挥，但区域经济一体化削减或消除了区域成员国之间的贸易壁垒，降低或省去商品经过海关的申报、检查和等待的成本，减少了流通时间，降低了运输成本，促进了生产要素的流动。消费者可以因贸易壁垒的削减获得价格低廉的消费品，使成员国生产企业的产品市场范围扩大，对区内企业的发展壮大极为有利。当前，欧盟的直接投资流出额与流入额均已超过美国，居世界首位，欧盟巨大的经济规模功不可没。

市场一体化带来的产业集聚效应。随着统一大市场的建立，原本贸易保护严重的行业面对竞争，这种竞争迫使这些企业改进生产技术，削减生产成本，提高产品质量；为提高生产效率，各国产业结构会按照比较优势的方向进行专业化生产，产品的生产汇集于生产成本最低的地区，最终形成比较优势原则下的生产分工格局，实现要素在区域内的效率分配；区域内产业的重组使成员国在某种产品生产上形成一定的规模，形成产业集聚效应。Krugman（1991）认为：一个经济规模较大的区域，由于前向或后向联系，会出现一种自我持续的制造业集中现象。经济规模越大，集中越明显，运输成本越低，制造业在经济中所占的份额就越大；在厂商水平上的规模经济越明显，越有利于聚集。Waltz（1996）的研究表明，区域经济一体化会导致规模收益递增的产生和创新产品的区域性集中，区域经济增长源于产业部门的地理集中及由此产生的持续的生产率提高。以欧盟为例，欧盟各国本来就有各自的优势产业集群，如德国装备制造业集群、意大利普拉特纺织业集群、英国伦敦金融业集群、法国索菲亚·安蒂波里斯电子信息业集群，再加上欧盟对盟内产业集群的倾斜政策，使其原有产业集群优势得以进一步的提升。丹麦、瑞典和芬兰非常重视生命科学产业，在丹麦哥本哈根与瑞典马尔默之间的厄勒海峡区域，形成了著名的医药谷，已发展为全欧第三大医疗产业集群。

科技一体化带来的科技竞争力的提高。为了共同的科技目标和经济乃至社会利益，区内国家通过签订某种政府间条约或协定，拟定共同的科技行动准则和协调一致的科技政策，以至建立起各国政府一定授权的共同科技机构，实行长期而稳定的超国家科技调节，达成科技上的联盟。一是科技投入，包括科技人力资源、科技经费、科技基础设施等方面统筹规划，避免重复与浪费；二是科技产出，包括实际的知识创新成果，如科技论文论著、技术发明专利、科研方法与实验数据等；三是投入和产出之外的科技活动，包括基础研究、应用研究和实验开发以及科技成果的产业化过程的整合与协调。

欧盟在科技一体化层面起步最早，成效卓著。欧盟展开的主要研究与技术开发计划有：欧洲研究与技术开发框架计划（FP）、欧洲信息技术战略研究计划（ESPRIT）、欧洲先进通信技术研究与开发计划（RACE）、欧洲工业技术基础研究计划（BRITE）、创新与技术转移战略计划（SPRINT）、尤里卡计划（EUREKA）、电子欧洲行动计划（EE）、欧洲研究区计划（ERA）。其中，欧盟研究与技术开发框架计划（FP）是欧盟最重要、投资最多、领域最广、内容最丰富、市场目的最为明确的全欧性科研与技术开发计划。从1984年开始实施第一个框架计划，目前正进行第七个框架计划。在目前的框架计划中，欧盟针对世界上不同的国家采取了不同的政策，特别是对于其主要竞争对手如美国、日本、加拿大、澳大利亚和新西兰等发达国家参与欧盟框架计划项目都不予资助，这表明它所提供的优惠是针对非成员国竞争对手的，具有相当程度的排他性。这些研究计划搭建了若干重要的研发合作网络组织集群，如以法国国家科学研究中心为核心的地理和环境科学研究集群、均以空客公司（德国）和法国斯奈克玛发动机公司为双核心的航空航天研究集群、以菲亚特研究中心为核心的汽车和运输研究集群，汇集了欧洲相关领域的一流研究机构与企业，加强了欧盟内部公共科研和企业的科研合作，显著增强了欧盟跨国公司的竞争实力，催生出以空客公司为代表的有强大实力的跨国公司（见图3）。

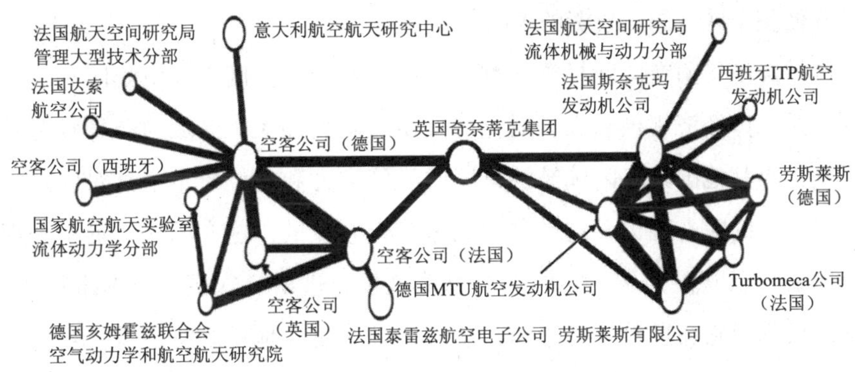

资料来源：欧盟航空航天研究合作网络，转引自马勇（2010）。

图3 欧盟航空航天研究集群

中国与东盟的区域合作同样结出了类似的硕果。中国科技部与新加坡经济发展局合作，在新加坡建立了“中国高新技术企业创业中心”，它为中国高新技术企业提供了发达的金融与信息环境，使这些企业有了一个进行国际化的起步平台；中国云南生物企业在政府引导下与菲律宾国际水稻研究所合作的“国际水稻分子育种合作计划”，通过相互交换育种材料，构建核心基因库和供体基因库，成功获取了具有遗传多样性的育种材料及新品种。

区域货币合作对区内企业竞争力的提升作用。它能提高区内货币流动性，降低区内企业对外投资的外汇风险，增强资本、商品的流动性，利于资源在货币区内的有效配置，节省直接和间接交易成本促进生产一体化。特别是当区域货币合作表现为欧元这样的货币一体化形式时，区内国家在国际投资中能获得更多好处。其机理在于：对外投资涉及多种生产要素的流动，引起多笔贸易活动的发生，从而导致多种货币之间的计价与结算业务，由于外汇市场的波动性，增加了投资企业的财务管理的难度；欧元作为国际货币，它既可以充当计价货币的职能，又可以作为结算货币，投资企业不必要因各种货币之间的兑换而采取风险防范措施，消除了相关价格的不确定性，大大地降低了投资的融资成本，控制和减少投资损失，同时还对区内企业抵御外来冲击提供了有力手段。至于欧洲中央银行，则作为管理主导利率、货币的储备和发行以及制定欧洲货币政策的超国家机构，担负着维护欧元稳定的责任，以及降低整个区域国际投资的风险。

区域经济集团在国际投资谈判中占据有利地位。区域经济集团一个重要特征就是总体经济规模较大，对世界经济影响力加大，区域的经济状况直接关系到世界其他国家。区域经济集团的经济实力和地位决定了其对国际经济关系有更大的左右能力，这是单独国家难以企及的，这在国际投资中表现得十分明显。以欧盟为例，它的生产总值规模，进出口规模，资本市场规模，投资规模都使它在世界经济和国际金融中处于主要地位。特别是在当代国际投资规则越来越强调对等和互惠的条件下，区域经济集团有利于集团内国家作为一致行为主体在国际投资谈判中居于主动地位，争取有利的谈判结果，其成果则由集团内成员共享。在 2007 年 12 月巴厘岛气候大会上，正是由于欧盟作为一个整体所表现出的强大力量，迫使美国不得不于会议最后一天做出妥协和让步，承诺履行其长期不愿意接受的可测量、可报告、可核实的温室气体减排责任，最终通过了“巴厘岛路线图”。

（四）母国组织优势

政府在对外投资中的组织优势主要表现为：一方面，政府对国内特定产业发展进行组织、扶持、规划与引导，提升企业竞争力，促成本国企业对外投资优势的形成；另一方面，构建专门的对外投资促进体系，提升本国企业对外投资实力。

1. 特定产业组织

母国政府为促进本国企业对外投资而进行有针对性的产业组织，形式多样。一方面，政府对国内特定产业的发展进行组织与扶持，间接提升本国企业国际竞争力，主要措施有：资助企业研究开发，制定政策支持技术创新，降低企业研究开发成本和风险，刺激企业加快技术进步；对国内市场进行适当保护或针对本国产品进行政府采购，充分帮助国内企业利用和占领国内市场，同时帮助国内企业扩大向国际市场出口，扩大市场规模，实现规模经济；优化产业布局，促进国内产业链的有效组织和产业积聚，推进产业重组，使产业资源向优势企业集中，加快产业集群的发育和成长，提高产业效率，降低产业风险和成本，使产业超常规发展，加速产业进步，逐步形成比较优势和竞争优势。另一方面，母国政府直接对外投资实施产业规划与引导，或者与东道国政府协商建立对外投资的特定产业园区，则是更为直接的促进对外投资的政府举措。

在特定产业组织方面，中国高速铁路产业的崛起就是一例成功典范。高速铁路本来是西方国家的“专利”，西方发达国家于20世纪50年代末即已开始研发及建设高速铁路，比中国早了30年。而仅仅20年的时间，中国就成为世界上高速铁路发展最快、系统技术最全、集成能力最强、运营里程最长、运营速度最高的国家，打造了举世闻名的中国高速铁路品牌。除巨大的市场需求推动外，另一个重要因素就是中国政府在高速铁路发展上强有力的组织推动。中国铁道部将全国铁路市场集中统一，作为技术引进的谈判砝码，最先进的道岔技术、最优质的无渣轨道技术、最稳定的高速列车技术不得不以最高的性价比主动涌向中国谈判者，既避免了企业分散谈判而相互抬价、恶性竞争，又保证了引进的是占据产业制高点的关键技术。技术引进后，又在科技部与铁道部的组织下，整合全国的科技资源，打破部门、行业、院校、企业的体制壁垒，“消化、吸收、再创新”，打造战略性产业的公共创新平台，既降低了创新的风险与成本，又加快了成果转化效率，使基础研发到产业化生产的时间大大缩短。由此，以中国中铁、中国铁建、隧道股份、中国南车、中国北车等为代表，覆盖工程机械、桥梁及隧道专用钢铁、水泥、电力、建筑材料、机车车辆等的相关企业迅速壮大，并大步走向海外。目前，中国高速铁路企业正与美国、俄罗斯、巴西、委内瑞拉等十几个国家就高速铁路建设展开形式多样的合资与合作。

在特定产业扶持方面，韩国做法灵活，具有鲜明特色。20 世纪 70 年代初，韩国政府执行“出口第一”的发展计划，政府为每家公司制定专门的出口目标，而这些公司享受的贷款、减税及其他政府优惠统统要与出口目标直接挂钩，甚至韩国人购买专为出口生产的商品也被视为非法行为，这些商品包括留声机、彩电、便携式电话等，电子产业在这种政策中获得极大利益，迅速腾飞。70 年代中期，韩国政府又在特定工业制造领域采取进口保护措施，重点扶持钢铁、汽车、电子、造船、冶金、重工机械等特定行业，75% 以上的制造业投资投向这些企业。正是政策的长期支持，三星于 1983 年率先开发出 64KDRAM 芯片，一跃而为世界先进企业；今天，三星已经成为 DRAM 芯片、闪存设备、光存储设备、液晶显示器的世界第一大生产商，并在国外大量投资。

政府直接就对外投资实施产业规划与引导，能更直接有效地促进本国企业的对外投资。随着科学技术进步和国际竞争的加强，为提高自身的竞争能力，发达资本主义国家普遍对本国企业对外投资进行规划引导：将一些劳动密集型、耗料、耗能、污染严重的传统产业、相对衰落的部门向发展中国家转移以延续这些产业的生命力，本国则集中力量发展高、精、尖新兴工业，开发和生产技术、知识密集、高附加值产品，实现产业结构的顺利升级。以日本为例，1969—1973 年、1978—1984 年是日本历史上两次对外直接投资的高潮期。这两次对外直接投资高潮的出现均发生在日本主导产业转换之际。在 20 世纪 70 年代初期，当资本密集型的钢铁、化工、机械等产业被政府确立为主导产业后，劳动密集型的纺织等轻纺工业以对外直接投资的形式转移到具有廉价且高素质劳动力的东亚地区，出现了制造业转移的第一个高潮。随后，由于受石油危机的影响，技术密集型的汽车、半导体等产业取代了资本密集的能源消耗型产业成为国家主导产业，化学产业被政府确立为主要的被转移对象，日本对外直接投资因而出现了第二个高潮。

母国政府出面，与东道国政府协商建立对外投资的特定产业园区，也是一种重要而有效的方式。新加坡政府高度重视并极力促成的以发展电子信息、精密机械、生物制药、新型材料等高新技术产业为主的苏州新加坡工业园区、无锡新加坡工业园区就是成功的范例。印度班加罗尔新加坡资讯科技园，越南平阳新加坡工业园区则是新加坡政府与印度、越南政府商洽的成果。中国政府在海外设立的俄罗斯乌苏里斯克经贸合作区、泰中罗勇工业园区、越南中国龙江经济贸易合作区则成为中国企业进军相关国家的桥头堡。

2. 投资促进体系

不少国家通过制定对外投资的国家战略、设立特定国家机构、采取政府担保、财税支持、金融支持等一系列手段实施专门的对外投资促进，各国手段不同，方式各异。

（1）对外投资的国家战略。在许多国家把大力吸引外资作为国家发展战略的同时，已有若干国家根据本国实际，提出了大力进行对外投资的国家战略，新加坡、日本就是典型的代表。新加坡政府 20 世纪末制定了《产业 21 计划》，明确提出：在没有腹地、缺乏自然资源、自身市场有限的情况下，应积极将自身融入世界经济，扩大在中国、东盟、印度等地理邻近国家的投资，增强自身经济发展后劲。日本政府则于 2005 年 4 月通过了《21 世纪展望》，首次明确提出“投资立国”战略。日本政府认为：随着日本国内老龄化、人口负增长问题的日趋严重和国民储蓄率的下降，进口增长将超过出口增长，贸易收支盈余将趋于减少甚至会出现贸易赤字；因此日本要充分运用先进技术，依托特有的经营资源，开展全球性投资活动，从贸易立国转向投资立国，并视之为关系到日本民族生存和发展的长期国策。

（2）对外投资的国家机构。发达国家普遍设有对外投资的专门促进、服务与管理机构，列入政府职能部门序列，如英国贸易投资署、加拿大投资局、法国财政部对外经济关系总司、德国联邦经济部、意大利对外贸易委员会、新加坡国际企业发展局、以色列投资促进中心等。发展中国家也设有不少相关机构，如越南计划投资部、泰国投资局、印度尼西亚投资协调局、巴西国家投资促进局。

（3）对外投资的政府担保。政府担保对企业来说具有特殊的重要意义。一方面，政府担保是企业风险管理的重要基石，并在一定程度上便于企业进行风险控制；另一方面，政府担保可使企业较容易地获得银行贷款，从而进一步筹措到境外投资项目所需要的资金。这方面德国较有代表性。德国联邦政府为本国企业境外投资提供了相当额度的联邦担保，截至2006年底，自联邦投资担保产生以来，德国企业共提出了7537项担保申请，申请金额达639亿欧元。同期，联邦共承担了4408项担保，占申请数的59%，担保金额为407亿欧元，占申请额的64%。

（4）对外投资的财税支持。主要的有税收抵免，即国外投资者在东道国已纳的税款，可以在母国纳税额中相抵扣减；税收减让，即凡纳税人在税源国已征了税，在母国可免征税收。以法国为例，海外子公司的股息免税是法国对外投资税收促进政策的特色。根据法国政府早在1965年就颁布了相关法律，规定任何一家法国公司在外国公司持有10%以上的资本，即视为母公司，其持股的公司则被视为子公司，国外子公司分配给母公司的股息不计人母公司应纳税的所得范围。免税法的采用有效地降低了对外投资的跨国企业的税务负担，增强了法国跨国公司的竞争力。

（5）对外投资的金融支持。主要发达国家政府对本国跨国公司，无论在东道国独资经营，或者与东道国合资经营，都通过有关机构为本国企业提供灵活、有效、多种形式的资金帮助。其具体做法有：政府出资和贷款，直接参与投资活动；政府设立特别基金，资助投资者在国外投资，如美国政府对其海外投资的基金资助，法国对工业的“第二种贷款”；设立由政府资助的金融开发公司，资助海外投资，在技术、资金融通及投资项目评估等方面给予资金支援，以帮助投资者在当地银行界的资金周转，改善与当地合作者的关系。

（五）其他特定优势

国家特定优势的内涵是丰富多样的，除以上四大优势外，母国形象优势、文化优势及国际规则的掌控力及对国际组织的影响力，在国际投资领域一样具有重要意义，同样能有效增进企业优势的提升。

其一，国家形象优势。国家形象是个人、组织和政府对他国的兼具客观性与主观性的总体认识与评价。在当今世界，国家形象不仅是国际政治博弈的重要变量，亦是国际经济博弈的重要因素，其经济功能在于：国家形象可以影响外国公众对该国生产的商品、所提供的服务、所进行的投资活动的态度，进而影响该国企业在国际投资领域是否能够处于有利地位。对于东道国政府、企业与居民而言，当它们考察一家跨国公司时，首先会联想到企业背后的国家形象，如可口可乐代表美国、诺基亚代表芬兰、大众代表德国、三星代表韩国。跨国公司是国家形象的延伸，良好的国家形象会对国外主体产生吸引力，造成“国家认同”，由此派生出“企业认同”，对该国企业的投资带来好处。

其二，母国文化方面的优势，在国际投资中具有强烈的现实意义和长远意义。就投资者而言，母国与东道国的历史、文化、语言、风俗、偏好、商业习惯等方面形成的心理距离会对直接投资的决策产生很大的影响，这些因素不仅会与市场消费者的特性有关，也会影响投资者企业的内部管理效率和公司在东道国经营的绩效。跨国公司一般倾向于去文化背景相差不大的“文化认同”国家或地区投资，如许多美国公司最先进入相邻的加拿大或墨西哥市场，美国与西欧各国相互投资。这主要是因为：第一，由于“文化认同”国和投资者母国的“社会意识”趋同，政府部门等办事机构的作风逻辑亦有所趋同。在“文化认同”国设立企业，有利于对办事流程、规则以及潜规则形成合理预期，投资者可以按照事先形成的办事逻辑开展企业经营，减少企业设立和经营过程中的交易成本。第二，“文化认同”有利于投资者形成对其企业产品的市场预期。由于文化相同，其市场需求与消费者偏好也有所接近，投资者可以参照母国做出对市场的判断。同时，在母国生产、销售较为成功的产品所涵盖的品牌和人文观念在“文化认同”国可以得到较好的延续。韩国文化产业在东亚国家的投资，与东亚人民对其表现的亲情伦理、人格取向的认同是分不开的。第三，如果母国和东道国语言相通，投资者在具体投资和管理中将获得较大的便利性。英国大量投资印度就与印度官方语言为英语有关。同样，西班牙投资拉丁美洲地区，语言的共性带来了企业管理，以及管理者生活上的便利。第四，在“有文化认同感的国家”投资有利于母公司的企业文化和公司价值观念的延续，日资企业所强调的集体主义和大家庭管理在东亚广为接受，而在欧美却难被认同。在没有“文化认同感”的国家，企业则需要根据东道国文化环境作出调整。

文化优势还表现为国家积极推动文化交流所引致的优势。以美国为例，历届政府均高度重视国际文化交流，富布赖特项目、“和平队”就承担了这样的使命。自1948年至20世纪90年代初期，美国政府财政资助的富布赖特文化交流项目年均使用的资金约2亿美元，其合作国家和地区多达140多个，参与人数约30万人，这在世界文化交流史上都是空前的。大批留学生回国后进入本国社会各行各业的精英阶层，把美国的思想方式、价值观念以及政治文化理念带回他们的世界，营造出外围的“美国情怀”，为美国的政策目标做出了重要贡献，被视为“对美国国家长远利益投资的一个典范”。难怪英国著名历史学家阿诺德·汤因比称该项目为“第二次世界大战以来，世界上最慷慨、最富有想象力的事务之一”。

文化优势的另一重要内容是文化产业优势。目前，全球互联网13台根服务器中的10台在美国，美国拥有12亿个IP地址，占已分配IP地址总量的25%以上；全球访问量最多的100个网站94%设在美国；在网络信息资源中，全球6000种语言中的绝大多数销声匿迹，英文信息约占90%。这使美国在网络信息传播与舆情引导方面居于主导地位，独具优势。此外，当今国际上最有影响力的电视、广播、报纸、杂志等也是美英主导的，如纽约时报、华尔街日报、“美国之音”“BBC”。它们掌握了全球传媒话语权，而且穿透力极强。近年来，它们散布的“中国威胁论”就很有市场，在很大程度上导致了中国企业投资尤尼科公司、3COM公司、ICQ公司、力拓公司、加拿大钾肥公司、3LEAF公司的失败。形成反差的是，由于文化产业的劣势，中国媒体的应对及表现就逊色得多，未能有效捍卫我国食品行业的声誉，这不可避免地给我国相关企业的对外投资带来负面影响。

其三，国际规则的掌控力及对国际组织的影响力。资本主义在发展过程中，“按照自己的面貌为自己创造出一个世界”，按照自身的利益进行全球性的扩张，形成一整套国际交往规则和国际经济规则。从根本上来说，这些规则是西方资本主义秩序的产物、国际话语权和国际影响力的体现，代表西方资本主义的利益。广大第三世界国家从未真正作为平等的一员，参与制定这些规则，然而它们却不得不接受和执行这些没有反映其根本利益的规则，处于明显的不利境地。美国凭借雄厚经济实力，尽力维护旧的国际经济秩序，竭力根据美国的利益来制定国际经济规则，使其他国家普遍接受“投资自由”的原则，接受美元作为国际结算和信贷的标准，从而使美国对外投资和兼并外国企业居于有利地位。

美国通过倡导创建 IMF、世界银行等各种国际经济组织，施加广泛的影响和控制力，力图使世界经济按照自己的轨道运转，为美国及西方发达国家的资本服务。在 1997 年亚洲金融危机期间，美国等西方国家主导的 IMF 对经济救援施以苛刻条件延迟对东南亚危机国家的救助，让美国投机资本全身而退，佐证了美国前贸易代表米基·凯特的评述——“IMF 是为美国利益服务的攻城槌”。同样被美国等西方发达国家主导的世界银行，一直鼓吹并敦促发展中国家融入国际经济大潮，扩大对世界贸易和投资的开放，却对发达国家贸易保护主义行为或者不置一词，或者稍加批评而不了了之。历史上，世界银行还反对第三世界发展技术产业，反对发展中国家推行进口替代战略，甚至反对巴西这样的新兴工业化大国发展重工业和计算机等技术含量高的产业。世界银行的这些做法具有强烈的倾向性，其深厚背景乃是西方发达国家在工业和科技方面的比较优势，这些倡议明显助力于西方发达国家企业在全球的扩张。

五、结语

在全球化时代，国际市场日益一体化，国际投资日益便利，国际经济的竞争主体、利益主体日益行业化、国家化、区域化、集团化，国家在国际投资中的作用较之过去明显加强。作为对现有理论的补充，本文把投资母国作为变量纳入国际投资视阈，指出母国不仅是本国企业参与国际投资提供必要的基础条件，亦是本国企业竞争优势的重要来源；母国的行业优势、规模优势、区位优势、组织优势这四大特定优势及国家形象优势、文化优势在内的其他特定优势对本国企业的发展壮大，扩大对外投资竞争优势具有显著影响。本文的现实意义在于：任何国家的企业，其自身优势都是相对的；发展中国家的企业、小国的企业如能发掘并结合本国国家优势，弥补自身不足，主动创造条件，就能增强发展实力，铸就国际竞争优势，并取得应有的收益。

主要参考文献

[1] Buckley P. and M. Casson. The Future of the Multinational Enterprise [M]. London: Macmillan, 1976: 69.

[2] Cantwell, John and Tolentino, Paz Estrella, Technological Accumulation and Third World Multinationals [M]. International Investment and Business Studies, No. 139, 1990.

[3] Dunning, J. H.. The Determinants of International Product [J]. Oxford Economics Papers, 1973 (25): 289 -336.

[4] Dunning, J. H.. The Electic Paradigm of International Production: A Restatement and Some Possible Extensions [M]. Journal of International Business Studies, 1988: 19.

[5] Hymer S. International Operations of National Firms: A Study of Direct Foreign Investment [M]. Doctoral Dissertation, Massachusetts Institute of Techonology, 1960.

[6] Kojima, Kiyoshi. Direct Foreign Investment [M]. London: Croon Helm, 1978.

[7] Lall, Sanjaya, Determinants of R&D In An LDC: The Indian Engineering Industry [M]. Economics Letters, 1983.

[8] Louis T. Well. Third World Multinationals: The Rise of Foreign Investment From Developing Countries. The MIT Press. 1983.. Luger, Michael I. and Sudhir Shetty, Determinants of Foreign Plant Start - Ups In The United States: Lessons For Policy - Makers In The Southeast [M]. Vander Built Journal of Transnational Law, 18, 1985: 223 -245.

[9] Ozawa, Terutomo. Cross - Investments Between Japan and The EC: Income Similarity, Echnological Congruity and Economies of Scope [M]. 1992.

[10] Raymond Vernon, International Investment and International Trade In The Product Cycle [M]. Quarterly Journal of Economics, May 1966: 190 - 207.

[11] 崔岩，臧新．日本对外直接投资与产业结构关系的实证分析 [J]. 南京财经大学学报，2006（2）.

[12] 杜奇华．国际投资 [M]. 高等教育出版社，2006.

[13] 杜焱．大国市场及其特定优势 [J]. 湖南商学院学报，2010（4）.

[14] 阚景阳．后危机时代冲销型主权财富基金发展分析 [J]. 西南金融，2011（1）.

[15] 顾国达，张正荣．文化认同在外商直接投资信号博弈中的作用分析 [J]. 浙江社会科学，2007（1）.

[16] 桂子凡．中小企业不妨国际化经营 [J]. 当代经济，2006（3）.

[17] 何平．试论西方发达国家中小企业存在和发展的社会经济原因 [J]. 皖西学院学报，2002（1）.

[18] 何予平，秦海菁．全球化中的技术垄断与技术扩散 [M]. 科学出版社，2009.

[19] 霍建国．中国外贸与国家竞争优势 [M]. 中国商务出版社，2004.

[20] 金壮龙．中国航天产业竞争力研究 [M]. 复旦大学博士论文，2003.

[21] 李彬，王君超．媒介二十五讲 [M]. 清华大学出版社，2004.

[22] 陆芳．跨国公司与欧盟经济一体化 [M]. 华中科技大学博士论文，2006.

[23] 迈克尔·波特．国家竞争优势 [M]. 华夏出版社，2002.

[24] 马勇．欧盟科技一体化研究 [D]. 华东科技师范大学博士论文，2010.

[25] 欧阳峣，刘智勇，生延超．大国综合优势论纲 [J]. 湖南商学院学报，2009（6）.

[26] 裴长洪，樊瑛．中国企业对外直接投资的国家特定优势 [J]. 中国工业经济，2010（7）.

［27］乔梁．规模经济论：企业并购中的规模经济研究［M］．北京：对外经济贸易大学出版社，2000.

［28］宋则行，樊亢．世界经济史［M］．经济科学出版社，1994.

［29］王宏．中小企业国际化实践及其理论的演进［J］．甘肃理论学刊，2008（6）．

［30］王跃生，陶涛．再论 FDI 的后发大国模式：基础、优势与条件［J］．国际经济评论，2010（6）．

［31］王正毅．国际政治经济学［M］．商务印书馆，2003.

［32］熊伟．利用大国综合优势推进我国对外投资［J］．经济纵横，2006（3）．

［33］于津平，张雨．欧洲一体化的基础与机制［M］．中国大百科全书出版社，2010.

［34］张顺洪，孟庆龙，毕健康．英美新殖民主义［M］．社会科学文献出版社，2007.

［35］张李节．大国优势与我国经济增长的潜力［J］．现代经济，2007（6）．

［36］张为付．国际直接投资（FDI）比较研究［M］．人民出版社，2008.

［37］赵刚，肖欢．国家软实力［M］．新世界出版社，2010.

［38］赵新平，刘清田．发展中大国产业竞争优势形成的特殊性研究［J］．经济评论，2007（3）．

［39］郑吉昌．服务经济论［M］．中国商务出版社，2005.

［40］郑文．对外投资与母国服务业水平［J］．财贸经济，2011（6）．

［41］中国国际贸易促进委员会．2008 中国企业走出去发展报告［M］．人民出版社，2008.

［42］钟昌标．大国国内市场体系与国际竞争力的关系［J］．杭州电子科技大学学报（社会科学版），2005（3）．

［43］周怀峰．大国产品国际竞争力：基于国内贸易的解释［J］．兰州商学院学报，2007（5）．

日本的海外投资与成熟债权大国

刘军红*

自2005年后半期，日本经常项目顺差中的“企业对外投资收益盈余”（“所得收支顺差”）首次超过“贸易顺差”，标志着日本“成熟债权大国”地位的形成。尽管在2007年美国次贷危机和2008年雷曼冲击的背景下，日本出口受挫，贸易顺差减少，但经常项目顺差仍不断累积，到2010年达峰值19.3万亿日元。此后，日本遭遇2011年大地震，制造业被迫向海外转移，出口锐减，同时，核电中止，发电用燃料进口陡增，贸易收支连年赤字，致使经常收支顺差到2014年降至2.6万亿日元，濒临赤字化边缘。但反映企业对外投资收益的“所得收支顺差”未减，仍支撑着经常收支顺差结构。特别是，2015年随着贸易收支好转，贸易赤字大幅减少，进入2016年开始出现连续的单月顺差，由此带动整体经常收支顺差快速恢复。

近期，据日本财务省发布2015年国际收支速报值显示，反映海外综合交易状况的经常收支顺差再次恢复到地震前的水平，达16.6万亿日元，约为2014年的6.3倍。这是2011年日本大地震后时隔5年的首次增长。而2016年上半年（1~6月），经常账顺差已达10.6万亿日元，为2007年以后9年来的最高水平，预计全年有望超过20万亿日元，在收支结构上凸显“成熟债权大国”的特征：一是在日元贬值的条件下，对外证券投资和直接投资收益全面扩张，呈现罕见的双收态势；二是在日本经济服务化的条件下，服务收支赤字呈现趋势性减少的倾向，同时，随着“国家观光战略”的展开，访日游客大幅增加，“旅行收支”出现53年来的首次顺差；三是对外直接投资9年来再现赤字，折射出日本

* 刘军红 中国现代国际关系研究院研究员，博士生导师。

企业对外直接投资、海外兼并重组活动再度活跃，企业活动全球化积极推进，产业布局全球化适时展开。在此，日本企业如何在多重危机下展开全球投资，并获得收益，关乎日本能否构筑“成熟债权大国”地位。为此，本文拟通过介绍日本企业在不同条件下如何展开多样性投资的具体做法，探寻其成熟债权大国的形成条件。

表1 2003 年和 2015 年经济指标比较

	2003 年	2015 年
经常收支（万亿日元）	16.1	16.6
贸易收支（万亿日元）	12.5	-0.6
服务收支（万亿日元）	-4.1	-1.6
第一次所得收支（万亿日元）	8.6	20.8
第二次所得收支（万亿日元）	-0.9	-1.9
名义 GDP（万亿日元）	498.9	499.1
实质 GDP（万亿日元）	486	528.6
完全失业率（%）	5.3	3.4
日元美元汇率（1 美元 = 日元）	115.94	121.09

一、金融危机下的金融抄底

2008 年，作为世界金融权力的中枢和国际货币体制的盟主，美国华尔街爆发金融海啸，不可避免地引起了全球金融结构性权力板块大漂移。一时间，国际金融界出现了罕见的“收购与反收购”“抄底与反抄底”的大较量。中国应在这场权力重组的大合唱中如何选定自己的位置，或者说，中国是否应该去华尔街抄底？这是值得我们仔细思考的问题。在这方面，日本的一些做法或可给我们带来些许的启示。

众所周知，20 世纪八九十年代日本曾经大张旗鼓地“收购美国”。当时，日本的财团可谓浩浩荡荡，所向披靡，一度将美国的产业象征洛克菲勒大厦、美国的文化象征哥伦比亚电影公司收入囊中，但结果不仅给自己带来了沉重的负担，更为美国秋后算账留下了报复的种子。最终，日本在日美金融较量中失败，事实上成为引发日本资产泡沫，并导致泡沫崩溃的前因，使日本经济陷入漫长的衰退黑洞期。

前事不忘，后事之师。或许正是借鉴了以往失败的教训，经历了20世纪90年代历史性洗礼，这一回，日本金融机构对华尔街的抄底收购并没有采用20世纪80年代“收购美国”的鲁莽行动模式；相反，将目标锁定在“非物质遗产”的“金融人力资源”上，即将那些经历了危机洗礼，既有交易经验，又有惨痛失败教训的金融人才，作为未来全球竞争的战略资源，进行人力战略投资。2008年9月15日，雷曼兄弟倒闭，此后仅10天，日本证券霸主——野村控股金融集团便将雷曼兄弟公司所属的除北美地区以外的全球事业总部一网打尽，收编金融精英近7000余人。而面对雷曼的欧洲、中东总部，野村仅仅花了2美元的象征价，就几乎全建制地整编“俘虏”了近2500人的世界顶级金融队伍。对于雷曼来说，其看重的是给弟兄们找到合理的归属，既可对往日的弟兄有个交代，又可节省一笔人事安置费，或可为日后东山再起留下血脉。而对野村而言，这简直是“天上掉馅饼”的好买卖。而在印度的雷曼IT总部和计算中心，野村不惜重金，出资2000亿日元，悉数留下这些既通晓金融原理，又精通IT战法的双料人才。而今，当“金融技术”成为全球金融市场的热词时，野村无疑已经阔步走在了时代的前列。

而作为复合型金融集团，三菱东京UFJ银行集团在这场金融征战上并不墨守成规，也不形而上学地跟在野村后边，而是看到了可长驱直入美国金融后方的战略阵地，不惜90亿美元收购了摩根士坦利，从而利用资本对资本的方式打进美国市场，抢占战略阵地，构筑参与全球竞争的“金融战略纵深”。

可以说，此次，日本金融机构的聪明，来源于对过去血的教训的总结，更来源于对美国金融资本模式的全面把握。这是日本金融行动不触动美国不良债权“奶酪”的根本动因。在日本看来，美国的不良债权与日本的不良债权有本质的区别。日本的银行不良债权背后存在真实的不动产抵押资产，只要经济复苏，作为抵押资产的不动产价值回升，不良债权自然消除。

小泉时代，包括老布什参股的投资基金在内的美国金融资本曾长驱直入东京，大肆蚕食日本“不良债权”，赚得大笔抄底利润。而如今，美国的不良债权多起因于“债权的证券化”以及“风险的证券化”。曾经具有的信用是建立在美国的金融垄断地位，乃至其他人对所谓的“金融技术、知识”的迷信之上。这种证券化的金融衍生商品在交易过程中，不断裂变，形成了富丽堂皇的美丽“画皮”。一旦风险暴露，信用扫地，便成为漫天飞舞的“纸钱”，一文不值了。聪明的日本人当然不会去收购这样的债权了。

二、尊重市场规律，娴熟运用基本投资方式，确保投资效率

金融危机后，中国企业对外投资问题似乎成为全球舆论的焦点，部分案例甚至染上了外交和国际政治色彩。但是，我们必须尊重的一个基本事实是，中国经济尚处于赶超阶段，同样，其主导的对外投资也处于发展的初级阶段，不仅需要在实践中摸索、磨合，更需要研究、借鉴发达国家对外投资的经验和教训。

从发达国家对外投资形态来看，主要表现为如下几种方式：

一是“比较优势的动态转移型”投资。此种投资方式主要表现为发达国家对发展中国家的直接投资，典型代表莫过于20世纪八九十年代的日本对中国的直接投资。从中日投资关系上来看，日本通过这种投资方式，将丧失比较优势的产业转移到中国，并利用中国的低劳动、低成本，焕发了“日本企业在全球市场上的比较优势”，重新获得了无可争议的价格竞争力。而从贸易关系上来看，鉴于这种产业转移型投资，多表现为日本的投资母公司将生产设备转移到中国市场，设立子公司，并将零部件、原材料等生产资料出口到在华子公司，就地组装、加工，然后将部分产品回购，或直接出口到欧美等其他市场。这样，不仅形成了中日产业垂直分工体系，同时，也形成了日本企业主导的企业和产业内贸易格局。如日本对华出口产品的90%为生产设备、零部件、原材料等生产资料，而纯粹的终端消费品出口仅占10%。

事实上，这种投资方式带来的另一个效果就是，实现了经由中国口岸的对美绕路出口模式，成功规避了“日美贸易摩擦”风险。而随着中国经济快速发展，产业聚集能力不断增强，中日间产业转移型投资也不断升级。尤其是自2003年中国有限放松部分境外企业并购境内企业的管制后，这种投资模式开始由传统的简单的设备转移，逐渐发展为入股、注资、并购，以及实业合作、合

营等新方式。中日投资关系，也开始由简单的加工出口型，走向技术含量高、合作范围广，乃至出现了“工程转移型”战略合作新动向。随之而来的，是在华日资企业主导的对外出口产品的技术含量日益提升。如2007年，“中国制造”的机电产品出口总量首次超过日本，日本企业不无自豪地说，这意味着日本制成品出口的成功。其背景就在于此。但问题是，中美贸易摩擦不断升级，日美贸易摩擦由此风平浪静，日美矛盾转化为中美矛盾。如何在投资转移中，规避矛盾转移，成为新时期的经济外交战略课题。

二是抢占市场型投资方式。以往，此种投资方式多发生于发达国家对发达国家的直接投资，很少发生于发达国家对发展中国家的投资。主要原因是，这是一种体现水平分工型的投资方式，也就是利用技术优势地位，抢占市场份额型投资方式。但随着近年来新兴市场经济体的快速发展，特别是中产阶层的迅速壮大，新兴市场也成为发达国家比拼“技术比较优势”的主战场。以技术创新为先导的直接投资，也开始在新兴市场快速发展。最典型的就是发达国家的汽车、电子产业对中国等新兴市场的投资。

与此相伴的则是营建技术创新环境型投资方式。尽管发达国家的技术创新“你追我赶，不分伯仲”，但鉴于各国基础研究水平、专利取得速度及其管理体制、科技人员数量及其质量，以及技术创新体制等依然存在现实差异，专向技术的创新程度仍有所不同。随着全球技术爆炸性进步，任何一个国家或一个民族试图单独主导一个时代的技术创新及其体系，似乎都不具有现实性。特别是这种投资方式存在现实的“技术风险”，如当前发达国家主导的技术创新，多表现为规模巨大的“工程性、系统性技术创新”，而不是简单的单项技术创新，投资风险自不必说，而其技术成果的产业化、可用性、时代超前性，以及市场的支撑性等风险都不可能是单个企业，即便是跨国企业所能单独承担的。因此，展开跨国技术合作，寻求技术创新环境型投资，在发达国家间迅速发展。如最近，面对新一代移动电话的时代性升级机遇，美国的相关战略性企业展开了全球性的技术大合作，使日本企业曾经欲单独主导“4G时代”的战略梦想陷入困境。这种市场竞争中的合作所带来的新风险，或许也值得日本企业重新思考全球竞争战略。

实际上，发达国家企业在展开这类投资时，通常选择跨国合作、多头合作，乃至与当地政府，或多国政府以及政府的多个部门进行合作的方式。其主要目的之一，就在于获得市场支撑，规避因缺乏市场而导致的技术投入落空风险。另外，这类技术创新型投资的背后，必不可少地要有巨型金融集团及其召集的“银团贷款”的支持，以分散过度融资风险，而从公共层面来看，也可避免集中融资导致坏账，引发金融系统风险。而事实上，中国企业对外投资中最常见的难题便是缺乏本土金融机构支持的跨国融资支持，即银团贷款支持。这与我们的金融制度改革和市场开放尚待到位有直接关系，尤其是人民币的汇兑制度改革仍在进行中，大型银行提供跨国金融支持的积极性不足。

三是资源占有型投资。作为经济大国，资源小国的日本，获取海外资源权益，布局资源阵地，蓄积战略利益源泉，无疑是确保其生存条件的要务，任何时候都不会放弃。自从2000年国际石油价格由每桶10美元跃升至20美元台阶后，发达国家便开始重新注重资源占有型投资。

纵观世界资源格局，不难发现，资源富藏区大多并不是经济最发达的地区，即资源在地理分布上的“偏在化现象”，由此也形成了资源贸易的天然属性。资源多数分布于经济次发达地区，如澳大利亚、加拿大等；或新兴市场区，如俄罗斯、巴西、中东等；或经济后发区，乃至最贫穷区，如中亚、非洲等。而在资源主产区中，除了澳大利亚和加拿大等经济次发达地区和中东等石油传统主产区之外，其他的资源主产区几乎普遍存在“市场尚待完善”的特点。这就决定了“资源投资”，或“资源占有型投资”将不可避免地面临其他投资所无法预见的多种风险。

这里的风险，既包括因市场不发达所带来的“市场规则不确定风险”，也包括导致市场不发达的政治、社会、民族、宗教等“非市场风险”，乃至因为资源争夺而引发的新的“国际政治风险”。由此，资源投资与其他投资具有完全不同的特征，可选择的方式也完全不同。在此，日本似乎格外引人注目，形成了一套顺应资源主产区市场环境的投资模式。

事实上，进入21世纪以后，日本展开的资源投资，并没有完全照搬欧美主导的“国际石油资本”的传统投资模式，而是针对国际关系格局的新变化，以及资源主产区的不同特征，采取了灵活多变的投资模式。值得关注并借鉴的是，日本的资源投资始终是在政府主导的“资源外交”框架内的投资行为，可以说初步形成了“官民一体”的投资模式，即政府的“资源外交”开道，综合商社主办，资源企业接管或主办型投资模式。

最近日本成功取得俄罗斯东西伯利亚地区的两个石油矿区的开采权益就是典型案例。首先，日本将对俄资源外交纳入日俄关系主体系，利用俄罗斯急于东向打开亚太出海口，扮演亚太大国角色的战略，通过首脑互访，主打“领土牌”“技术牌”和“亚太跳板牌”，要挟、合作、牵制并用，不仅成功取得了萨哈林油气“买断权”，而且拿下了关乎远东出海油气管道的东西伯利亚油气试探、开采权。其次，拿下权益后，政府直属的独立行政法人“石油天然气、矿物资源机构”先行投资，展开矿区调研、试勘探，一旦确认储量和产出量后，再转交给民间资源产业按市场方式集中开采。最后，在民间企业进入开采阶段前，政府主导的金融机构“国际协力银行”率先启动前期融资，并主导民间金融机构结成“贷款银团”，全面分散民间企业投资、融资风险。

这种三段式投资模式，几乎成为日本资源投资的定式。所不同的是，针对不同资源产区的内外形势，日本政府和企业会调整具体的投资方式。政府及其行政法人的作用在于担保政治风险，包括非市场因素导致的融资风险，而不是直接担保市场风险，更不会直接替代企业埋单。可以说政府提供的是“市场机会”，引导的是“战略投资方向”，而其风向标则是政府政策，即对内提升资源自给率，对外确保日本扮演“资源相对供给国”角色，掌控定价权，以提升日本的国际政治影响力。

不能忽视的是，日本资源投资的成功，与企业投资行为的自主性、现实性及其预防性有直接关系。在此，日本综合商社主导的资源投资堪称楷模。日本综合商社历经在国际市场几十年的摸爬滚打，以及多次经济转型过程中的起起伏伏，可以说“练就了一身好武艺”，不仅拥有庞大的市场调研队伍和国际上可数的战略研究机构，同时，构建了一批懂技术、懂市场、懂对手，也有朋友的专业“并购部队”。这支“专业部队”分布于全球资源阵地和金融市场，洞察信息、构建关系、策划方案，具有自主性、现实性和预防性，一旦出手，便能击中要害，确保成功。

值得一提的是其现实性和预防性。从近几年日本综合商社展开的成功并购案件中不难发现，其所主导的石油开采权益的并购，基本表现为小规模、广分散的特征，也就是并购规模通常为5%～7.5%的开采权益，而几乎没有采用一口吃掉的做法。这一做法的好处，一是可以用小规模的“持股权”，获得广泛的信息专供权，甚至包括被并购方的合作伙伴和竞争对手的信息，这是下一步攻防的前哨战；二是小规模“持股权”意味着可进可退，攻防两全，在确保安全下，一旦进攻便可控制多数，一旦退出，也不易引起震动；三是大批量、小规模持股，不仅可以有效分散风险，同时也符合“积少成多”“藏富于民”的基本逻辑，并可为下一步展开的“资源贸易”提供地理便利。

三、内外兼修，主动开辟投资渠道

当前，面对内外经济形势的新变化，“扩大内需”成为我国改变经济增长方式、缓解国际压力的重要途径之一，也成为决定企业投资的主要条件。他山之石，可以攻玉。日本经济快速复苏，呈现内需主导特征，如2004年日本进出口总额仅占实质GDP的20%左右，其中出口占12%多一点。那么日本又是通过怎样的途径，采取了哪些措施，实现了内需主导型复苏，并在经济转型过程中实现投资转移？其政策手法很多可为我所用，如重视民间投资、重视利润率、慎用财政政策、形成出口—投资—消费链条等。

在宏观经济运行中，内需主要包括两方面内容，一是民间企业设备投资，二是民间消费。日本经济的内需主导型复苏也基本得益于企业设备投资和民间消费的快速跟进。

实际上，此番（2002年至2007年底）日本经济的复苏始于2002年初。当时主要的拉动力同样是对外出口扩张。可以说日本经济的复苏也是在全球化大潮下，以出口为启动器的复苏。所不同的是，出口拉动迅速转化为民间企业设备投资，而企业收益的扩张又带动了民间消费及时跟进，从而实现了内需主导的景气全面扩张。

日本经济之所以能形成“出口、投资、消费的联动链条”，与其大规模的经济体制改革密不可分。自20世纪90年代初期，日本泡沫经济崩溃后，为消除泡沫沉渍，日本政府便提出经济改革。1996年桥本内阁拉开“六大改革”序幕，日本经济走向参与全球大竞争的方向。之后的历届政府都没有放弃改革大旗。如自2002年起，原来著名的银行、证券公司、保险公司一夜间销声匿迹，取而代之的是令人耳目一新的巨型金融集团。银行、证券、保险以及信托等行业全面实现了产业化经营。

改革后的日本企业通过积极引进外资，改变股本结构，成功实现了企业治理创新。“丰田生产方式”再度成为全球制造业企业的治理楷模。通过改革，日本企业全面摒弃了战后“日本经营模式”，一改单纯追求市场占有率，轻视利润率的传统做法。依据全球市场动向，形成了日本为龙头的新产业分工体系，确保了日本在生产设备、核心部件以及原材料等生产资料领域的龙头地位。这种新的垂直分工体系，为日本企业以对外投资，带动生产资料出口，从而带动国内设备投资增加，创造了良好前提。

对外投资以及出口收益的增加，又使企业获得了高额利润回报，使企业剩余资金膨胀，不仅为企业自主、及时展开设备投资提供了财源，也为企业将利润转移为股东红利以及工资提供了前提。如，2005年度中期，日本上市公司股东红利平均增加28%。与此同时，员工可支配现金收入也明显提高，为个人消费提供了丰富的财源，从而形成了“出口、投资与消费”的良性循环链条。

从政府方面来看，进入新世纪，为实现经济增长模式的根本转变，日本政府力推行政、财政体制改革，压缩公共投资，确保民间企业投资空间。值得关注的是，2001年日本政府将原有注重企业、社会管制的庞大“省厅体系”压缩为“1府12省”，全面放弃产业政策，突出政府服务功能，改变了政府在经济中的作用角色。行政体制的变革使日本的宏观经济政策更注重市场规律，政策的“作用着力点”不再直接面对企业，而是透过市场间接影响企业行为。例如，自2001年以后，日本几乎不再出台任何产业政策大纲，仅出台“产业发展蓝图”（远景规划），设定重点发展方向，编制覆盖全国的经济发展战略，如提出“E－Japan计划”，促进民间发展下一代战略技术等。特别是在对付通货紧缩过程中，日本政府没有搞所谓的“财政、金融组合政策”，而是针对全球化的新形势，压缩财政支出，同时，在金融政策上搞“超宽松”政策。日本政策当局认为，金融政策具有较宽的覆盖面，容易通过金融资本市场间接取得政策效果，且具有较深的作用持续性。相反，财政政策则过于集中个别领域，不利于产生广泛的关联效应，特别是对公共建筑事业的财政投资仅带动水泥、钢铁等产业扩张，不利于增强日本的全球竞争力。因此，自2001年以来，日本政策当局开始尝试一种财政金融“反向组合”的政策，即控制财政支出的同时，放松金融，搞量宽和零利率尝试（美国金融危机前便进行了该项尝试）。对此，时任美联储主席格林斯潘也曾从解决泡沫崩溃后遗症角度给予了高度赞赏。

由此可见，日本的内需主导型复苏的关键在于日本政府面对世界变化的现实，大胆给企业松绑，尝试适应全球化下开放经济新特点的“新型政策组合”，从而刺激了民间经济活力。显然，根据形势变化，改变政策方式，是日本取得内需主导型复苏的关键。

四、凝聚“市场意识”，推动经济转型

如何认识市场，并基于市场形成经济政策，使宏观经济政策产生“引水功效”，而不是以政府及其政策作为经济的主角，与日本企业的投资息息相关。

美国金融危机后，“市场万能论”遭到批判。但日本并没有完全否定市场，在积极扩张财政、实施雇用补贴的同时，积极利用市场机制，突出市场意识，将经济政策根植于市场，形成政策“引水功效”，以泵出源源不断的“深层活水”。

在日本政策制定者看来，科学的市场经济，并不是简单主张“凡事委托市场”，更不是“将所有的事情都交给市场”，而是主张把民间能做的，尽可能交给民间，按市场原理原则，展开竞争，用市场机制分散风险、降低成本，实现资源的最佳配置。当“市场失灵”时，政府及时介入，纠正偏差，以确保资源配置合理化。近期鸠山政府就在讨论引进民间资本进入基础设施建设，促进民间资本形成社会资本。

科学转型重在把握三个平衡。与此同时，日本政策制定者注重金融体系建设，认为金融危机虽暴露了“美国金融资本主义”的破绽，但并没有改变市场原理的科学性。面对“经济转型”，更需要准确把握“自由”与“干预”的平衡，有效协调“市场机制”与“政府主导”的关系。当时的麻生政府提出了“亚洲所得倍增计划”，积极利用亚洲市场克服危机；民主党执政后也在“经济增长战略”中强调亚洲市场的意义，提出“亚洲开放立国论”。目前，新兴市场

国家拥有27亿人口的大市场，中产阶层迅速崛起。而对新兴市场的开拓，并不意味着对传统市场的放弃，尤其是“潜在市场”转变为“现实市场”是一个长期的过程。

开辟新市场，主导内需扩张的战略，离不开民族生产力的形成与蓄积。在全球化时代，技术飞速发展，技术创新体系日趋全球化，技术产业的形成更趋全球化、工程化，任何国家、民族，都无法单独主导一个时代的技术体系。因此，科学的经济转型，客观要求积极把握三个平衡：世界市场与内需市场的平衡、开辟新市场与维护旧市场的平衡、自主创新与吸引外资共同创新的平衡。

五、创新企业全球竞争方式

美国金融危机后，日元持续升值，独步走高，2010年8月，“日元美元汇率”更是逼近1995年以来的最高区域，成为世界上为数不多的强势货币。但日本的跨国企业收益反而增加，对日元升值的“抵抗力”明显增强，折射出日本产业结构和企业经营结构已发生了根本改变。预示着日本跨国企业抢占国际货币多极化体系战略前沿的脚步声越来越清晰。

从传统上来看，目前各界关于日本经济通常有三大常识性的定论：一是战后日本靠“贸易立国”，出口占GDP的比重较高，即出口依存度高于其他发达国家；二是日本对美国市场依赖深重，日美摩擦几十年，“日元美元汇率”成为衡量日元币值的核心指标；三是日元国际化战略失败，日本出口仍多以美元计价，日元升值，则企业收益恶化。

但现实是，这三大定论已经几乎同时被颠覆。尤其是金融危机后，日本经济中的常识性认识正在发生颠覆性的变化。

首先，现实中，日本经济的出口依存度（纯出口占GDP比）仅为13%，远低于韩国的50%、德国的41%，仅高于美国的11%。在发达国家中，日本的出口依存度居倒数第二位。显然，部分日本企业的“出口竞争力”被误解为日本经济的“出口依存度”。

其次，“日元美元汇率”的指标地位已被颠覆。在现实交易中，日本企业的直接竞争对手是韩国企业，因此更关心韩元汇率的变化，即当韩元升值时，日本企业出口竞争力提升，而当韩元贬值时，日本企业的日子难过。反映在股市上，“日经股指”也呈现了与韩元汇率联动的迹象。

最后，在日本企业对世界出口方面，美元计价比例只占50%，日元计价比例已高达41%，尤其是对亚洲的出口中，日元计价比例早在2002年就已超过美元，只是在大宗商品的进口中更多以美元结算而已。从近年财务省的“法人企业统计”来看，日元对美元升值期，恰是大型制造业企业收益增幅高涨期。日本大和综合研究所推算，2010年制造业上市企业的汇率损益平衡点已高达“1美元兑67日元”，尤其是造纸、石油、煤炭行业的日元升值抵抗力更强。

货币结构变化推动经营方式调整。日本经济的“定论”转变为“误解”，与日本经济的增长结构和国际货币结构，以及日本企业经营方式的变化有直接联系。1952年IMF认可1美元兑360日元固定汇率后，日元、美元的联动关系在相当长的时间内确实曾是日本经济增长的核心支柱；而1985年广场协议，日元被迫升值，“日元美元汇率”更堪称关乎日本政府和企业核心利益的战略指标。“日元恐高症”也由此成为日本朝野的通病。

但1999年欧元诞生、面向21世纪的日元国际化战略启动，国际货币格局开始发生真实变化，多种货币组合与平衡不仅成为日本政府平衡外汇的政策手段，也成为日本企业提高“日元升值抵抗力”的新方式。在日元呈现趋势性升值的背景下，日本企业开始利用国际货币结构变化，着眼“三大货币圈”，加快对外投资与合作，展开全球性产业布局，平衡汇率风险。

金融危机后，日本企业更是抓住世界经济重心转向新兴市场国的机遇，展开“就地生产，就地销售与现地货币结算”的新战略，进一步化解了“日元美元汇率”波动的负面影响。而随着东盟自贸区建设加速，区内各国相继废除关税，日本企业及时借用其内在的“比较优势”，展开“邻国战略”，平衡汇率风险。例如，日本企业在泰国生产的产品，在印度尼西亚有竞争力时，便出口给印度尼西亚，而不拘于在泰国销售。而东芝等旗舰型企业甚至开始尝试转向事实上的“进口商”，即利用“外包法”，展开美元计价的全球采购和现地采购，再以日元计价方式“逆向进口”，在日本销售，巧用日元美元汇率变化，确保汇差双向受益。

多极货币的足音悄然紧促。金融危机后，日本企业加快了全球化步伐，瞄准全球近40亿人口的“底边人群”，从生产、研发、销售，乃至债权债务关系上进行全面的战略调整。跨国企业的最高财务官（CFO）被赋予了新权限，直接设计“货币组合”，实施“成本调整型货币篮子”，指导采购经理展开跨区采购，调整汇率成本。同时，跨国企业开始尝试利用不同货币分散融资上的汇率风险，即在有预期收益的国家，以本币借款，再用日后的收益，以本币还款，回避融资货币转换，从而分散债权债务上的汇差风险。日本企业的最高经营者、最高财务官俨然成为政府汇率政策的前沿执行者。这是日本企业摆脱“日元恐高症”的根本良方。

事实上，早在金融危机前，作为“美元体制的捍卫者”，美联储在计算其“实质实效汇率”时，已经根据贸易占比结构的变化，大幅提升了包括墨西哥比索，乃至中国人民币的比例。而作为世界央行的央行，国际清算银行（BIS）的“实质实效汇率”货币篮子中，人民币的份额达23%，也已经超过了美元，成为最大的占比。

随着新兴市场国经济的崛起，世界经济的增长结构发生巨大变化，日本跨国企业的货币选择表现了集体多样化倾向。例如，索尼公司在进行汇率操作时，将亚洲、中东欧等近30个国家的货币纳入组合。尽管在外汇交易中和外汇储备中，美元仍占绝对优势，但从企业层面来看，跨国企业的货币选择空间越来越大，仅仅关注美元汇率的动向，已无法把握企业收益和竞争力的变化。而其基础条件是，日本加快了金融、资本和外汇市场的扩容建设和地区市场间合作，形成了有利于企业自主选择的市场环境。

六、官民一体，瞄准亚洲基础设施

金融危机后，日本产品、投资对亚洲的转移，已经超出了传统的对亚洲依存意义，逐渐升级为对亚洲产业和分工体系的渗透与控制，加大对亚洲基础设施投入，积极主导“亚洲综合开发计划”，成为其全球竞争的阵地战。

日本依托亚洲，取得了积极的经济复苏，为日本经济全面转型，赢得了宝贵的时间，也占据了有利的地势和发展空间。2009年底，日本政府仿照池田勇人的“所得倍增计划”，推出“新经济增长战略”，明确将亚洲纳入其中，提出

“亚洲开放立国论”，将“亚洲市场”视为日本经济“第三次崛起”的基地。根据日本政府的解释，以往，“日本的亚洲观”仅仅是将亚洲市场作为扩大出口的“外需市场”；而“新经济增长战略”则将亚洲看作日本经济发展和转型的“动力车间”，是真实的“内需市场”。

加大对亚洲投入。自1997年东亚金融危机后，日本便开始加大对亚洲的投入，提出了“回归亚洲，构建全球竞争根据地”的战略。尤其，1999年WTO西雅图会议搁浅、2001年多哈回合受阻，日本的通商战略便从第二次世界大战后的“多边主义”，转向了注重两国间和地区间的“双边主义”和“地区主义”。

其主要方式是：第一，积极推动“经济伙伴关系协定”（FTA/EPA）谈判，构建地区自由贸易区，主导东亚地区经济体系整合。截至2008年底，日本已先后与东盟及其主要国家，以及区外的墨西哥等签署了十余组EPA，完成了第一步战略规划。

第二，积极推动地区范围内的多种功能合作。如早在1997年9月，日本便提出了单独出资1000亿美元，构建“亚洲货币基金”构想，在遭遇美国的打压后，2000年又主导东亚搭建了地区货币互换（清迈倡议）框架。截至今日，在日本的推动下，该框架的资金总额已扩大到1200亿美元，初步具备了摆脱IMF控制、足以单独完成地区金融救助的规模。在此之外，金融危机后，日本又对东盟设立了10万亿日元的金融危机应对框架、提供200亿美元的ODA、再动用贸易保险、贸易信贷各约200亿美元，在东盟地区铺垫了“日元的公共存在”基础。事实上，这也引起了美国的高度警觉，担心直接挑战美元的亚洲根基。

第三，加大投入，积极推动地区贸易数据和技术标准的日本化。在构建自由贸易区的同时，日本利用“经济伙伴关系协定”（EPA），不仅巧妙地将其弱势产业，如农业等避开了谈判，而且将技术、产业标准、金融交易规则、会计准则等强项摆到了谈判桌上，借此推动了地区政策法律制度的相互兼容（日本化）。在整合地区贸易数据上，日本利用政府和企业早在2002年联合开发完成的“无线扫描技术”（金属板、大容量、无线系统的二位条形码体系，即IC tag体系），主导地区贸易口岸的“无纸化”，掌控亚洲贸易数据，并利用亚洲的庞大市场支撑，争取该项技术的国际标准。

第四，利用日本亚行第一出资人的地位，依托亚行，主导地区经济整合的基本方向。如单独出资100亿日元，构建“东亚东盟经济研究中心”（ERIA），以主导地区合作的制度设计，掌控各国经济发展数据，监视各国经济发展状况，提出整改建议等。事实上，日本公开将其称为“东亚版OECD”。为了从名义上到实质上全面控制ERIA，日本大量派驻精英学者，引进高端技术统计、计算模型等。

正是以这样的ERIA为核心，联合亚洲开发银行和东盟秘书处，历时一年，共同设计了“亚洲综合开发”草案。该草案提出，以2020年为目标，以“东盟+中日韩+澳新印”等为范围，建设包括交通、通信等基础设施等在内的650个大项目，总事业费用将达2000亿美元。其目的是推动以东盟、印度为核心的“东亚国际产业分工体系”构建。

在资金安排上，该方案计划其中的1100亿~1300亿美元资金，将由中日等区内主要国家与亚行协调筹措，其余的700亿~900亿美元，则由当地各国政府和包括外资在内的民间企业共同设立融资平台解决。该计划完成后，将在以东盟为中心的广泛地区内形成涵盖10亿人口的大市场，到2020年，实现区内生产总值倍增。

日本“亚洲观”的改变。2009年5月，日本自民党政府提出的“经济增长战略”，也将重点放在了亚洲，目标也是瞄准亚洲的基础设施建设。所不同的是，当前的日本“新经济增长战略”有更深层的战略考虑，堪称日本“亚洲观”的改变。

一是推动地区整合战略向纵深转段。2010年1月1日，东亚地区已经有五组FAT生效，相当于五个“地区合作轴”全面启动。而早在2009年底，日本全面完成了与东盟的地区整合战略，率先迎来了“战略转段”机遇。下一阶段的战略目标是，将“10+3”向包括澳大利亚、新西兰和印度的“10+6”方向扩展。问题是，自奥巴马上台以来，美国高调回归东盟，积极参与东亚地区整合进程，试图通过积极介入，瓦解东亚独立的经济圈。日本需要借助基础设施建设，推动地区整合战略纵深发展，确保地区整合战略的优势。

二是通过基础设施建设，占据有利地势，控制商机，获取巨额投资机会。据日本总务省初步估算，仅亚洲的智能电网建设，即可为日本创造98万亿日元的商机。而根据日本新经济增长战略，亚洲的基础设施建设至少可为日本提供200余万人的就业机会。

实际上，金融危机后，日本经济是依托亚洲才得以恢复的。截至2009年9月，日本对亚洲的出口占比已高达57%，刷新了可比的1979年以来的最高纪录。而2008年底，日本对亚洲的直接投资收益率高达12%，约为同期对欧美投资的2倍。

安倍政府上台后，进一步将对亚洲基础设施出口倍增作为国家战略，并将对海上亚洲的基础设施投资提升到地缘政治层面，从构建海上安全战略枢纽和战略通道的角度重点施策，并强调国际竞争。为此，日本政府不仅动用政府开发援助资金，而且积极依托亚开行，搞官民一体化基础设施基金，争取项目，抢占地缘政治竞争制高点。随着亚洲的基础设施建设浪潮到来，日本产品在亚洲的份额将进一步提升。金融危机后，日本产品、投资对亚洲的转移，已经超出了传统的对亚洲依存的意义，逐渐升级为对亚洲产业和分工体系的渗透与控制。因此，使海上亚洲的基础设施建设项目合作难度加大，合作环境更加复杂。地区合作追求的是地区和平发展、利益共赢，为此，只有建设公平、平等的合作发展格局，才有可能实现地区互利互惠的可持续发展。

亚投行折射美日的世界认知腐朽化*

刘军红**

对于中国首倡的“亚洲基础设施投资银行”，五洲四海热烈响应，积极追随，呈现“蝴蝶效应”。特别是一向传统矜持、不愿轻易丢去绅士范儿的英国，华丽转身，率先“突破”美国的“禁令”，走在“倒戈”第一线，不仅引起德、法、意急促跟进，跑步争取“意向创始会员国”，更让以盟主自居的美国措手不及，惊慌失色，痛感“兄弟不可靠”，而安倍则只能关起门来指责财务省和外务省情报不准了。

美国自然要坚守霸主面子，无论如何不能屈尊下就，日本也要誓死效忠，没有美国的指令断然不敢贸然见异思迁。但美日的纠结已跃然纸上，而其深层反映的是对急剧变化的世界认知不足，堪称世界观的腐朽化。

一、“中国主张”顺应世界发展潮流

中国首倡亚投行，意在引领地区互联互通，共同完善发展环境，这是世界经济中心东移的自然反映。从发展经济学的角度来看，基础设施的建设与完善是形成地区相互联系、构建人财物及信息交互流通、支持地区经济共同发展的基础条件。“冷战”结束后，随着亚洲各经济体相继走向市场经济道路，地区产业、贸易和投资大发展，推动亚洲成为世界性的生产基地和贸易集散中心。

另外，地区道路、电力、电信等基础设施相对滞后，未能与经济发展同步成长，致使地区基础设施远未实现体系化、数字化和环保化，成为阻碍地区经

---

* 本文转自《战略与管理》2015 年第 4 期。

** 刘军红：中国现代国际关系研究院研究员，博士生导师。

济升级、走向发达阶段的“瓶颈”。例如，东盟地区港口扩建未能与贸易发展同步、互联互通不畅、吞吐能力受限、港口货物积压“常态化”，这些都制约着地区贸易的进一步发展。同时，鉴于亚洲的地理、地貌环境特殊，如海上东盟国家多呈岛屿散布、陆海相间特点，电力、电信和交通体系未能完善；而内陆地区，如巴基斯坦、阿富汗及中亚各国山脉纵横、沟壑林立、地势险要，更制约了现代基础设施的建设。特别是亚洲地区多为发展中国家，资金不足、融资不畅，也是制约地区互联互通的重要原因。

据亚洲开发银行估计，2010—2020 年的 10 年里，亚洲地区要完善基础设施建设，需要 8 万亿美元的资金，平均每年 8000 亿美元。如此巨额的资金，仅靠各国自身努力是非常困难的，客观需要地区各国相互融通、互助合作，共同突破发展“瓶颈”。正是基于地区共同发展动机，2013 年中国国家主席习近平在印度尼西亚参加 APEC 会议期间倡议设立地区基础设施投资银行，互助统筹，共同促进地区基础设施的互联互通。

亚洲开发金融体制的滞后，迫使发展中国家走自主融资道路。20 世纪 60 年代，在美日主导下建立了“亚洲开发银行”体制，支持地区经济发展。在这个体制中，美日共同扮演主要出资人角色，保持着相同的出资比例（15.65%），其他各方相应出资，成员国也随着时代的变化不断增加。截至目前，其成员包括亚太区内 48 个，区外 19 个，总计 67 个国家和地区。而美日依旧维持 15.65% 的第一出资国的地位。特别是自 1966 年亚行成立以来，日本连续垄断 9 任行长位置，亚行领导体制扭曲，经营方式僵化，滞后于亚洲经济发展的现实。

尽管亚洲各发展中国家不断要求增资，扩大对亚洲地区基础设施建设的支持力度，但在美日控制下，亚行始终未能扩大融资规模。在 2015 年 5 月的亚行年会期间，日本主导亚行提出将由区内发达国家为主要出资方的“亚洲开发基金”直接转化为亚行自有资本，变相扩大自有资本规模，增加融资额度，但实则是仅增加了“基金出资国”，即发达国家在亚行的自有资本比例，无法扩大发展中国家的比例。这个方案没有照顾到发展中国家的利益诉求。这也是促成广大发展中国家走集体互助道路的体制动因。

域外大国与域内大国的矛盾，推动了亚洲开发金融领域的竞争。英德意虽然都是在 1966 年亚行设立之初便加入的原始会员国（法国 1970 年加入），但在出资比例上明显不如域内发达国家，且其域外的身份，也决定了其在亚行体制内的发言力不强，因此域外主要国家事实上被边缘化，未发挥应有的作用。尤其是欧债危机后，欧系银行多数退守欧洲区内，在与大项目相关的“银团贷款”领域丢失了亚洲阵地。而日本的银行集团乘势“收复失地”，重新挤入亚洲“银团贷款”的世界前五行列。日欧金融矛盾突出。

而基础设施建设涉及道路体系（高铁及其信号系统）、电力体系（核电）、电信体系（无线体系），以及由此产生的地区产业聚集与分工体系、物流流通体系和庞大的融资体系，经济关联广泛，影响深远，是全球资本趋之若鹜的投资领域。欧洲大国积极加入亚投行体系，既有利于建立健全符合国际标准和市场规则的融资体系和治理方式，也有利于日后“亚投行债券”和“融资框架”获得较高的市场评级，还必将促进形成市场化竞争机制。这既折射西方金融阵营内在矛盾外露，更反映各方对亚洲经济发展及其对世界格局改变上的新认识。与时俱进，则会作出符合时代的选择，也必将在时代进步中获得有力的竞争地位。亚洲开发金融领域的竞争机制，也必将给地区基础设施建设及经济发展带来新生机。

二、美日例外折射其世界认知腐朽

2016 年 4 月 15 日，经现有意向创始成员国同意，瑞典、以色列、南非、阿塞拜疆、冰岛、葡萄牙、波兰正式成为亚投行意向创始成员国，至此，亚投行意向创始成员 57 国已全部确定。今后，其他国家仍可加入亚投行，但只能作为普通成员国。显然，这份名单中少了美日两个最大的发达国家，其背后折射着怎样的世界认知呢？美日真能淡定于外吗？

实际上，围绕中国主导建设亚投行，美日一直表现得很异样。大致原因无外乎在于其对世界的认知过于陈旧，如此，也必将形成战略误判。

首先，美日认为中国主导的亚投行将对美日主导的亚洲开发银行构成挑战，而对亚洲发展缺乏正确认识。1966 年在日本倡议，美国支持下，美日共同主导建立了“亚洲开发银行”，且并列成为最大出资国，迄今，其成员已达 67 个国家和地区。在组织机制上，日本始终占据着派驻行长的地位，美国事实上充当着幕后“总监事”角色，如此，亚行体制事实上是美日共主体制。在宗旨上，正如亚行现任总裁中尾武彦在《日本经济新闻》撰文“亚洲发展的八个条件”中指出的，亚行的设立意图是促进亚洲大洋洲经济发展，解决贫困、教育、减灾等发展问题。但亚行现在年投融资确认额仅 131 亿美元，投融资余额累计 843 亿美元，诚然，其中借款前三位的国家分别为印度（27.9%）、中国（17.4%）和菲律宾（9.3%），不可否认，对亚洲经济发展起到了积极的促进作用。特别是，为了促进最贫困地区发展，亚行还设立了超长期、对超贫困国家提供支持的“亚洲开发基金”，其主要出资方为日本（37.9%）、美国（14.2%）和澳大利亚（7.6%），对亚洲最贫困地区走上发展道路有积极的贡献。也正因如此，美日认为中国另起炉灶，主导亚投行是对亚行的挑战。但显然，美日忽视了亚洲的现实，即亚洲基础设施建设滞后成为阻碍经济发展的“瓶颈”。而亚行的融资能力受到体制和历史的局限性制约，每年能支持的项目极为有限，无法满足地区发展的需要。尤其是亚洲国家众多，山水相连，互联互通不可避免地会出现“边境”或“项目”间的“三不管地段”，如何解决这些“断链”和“脱节”问题，需要一个具有广泛覆盖性的、专业的公共金融机构通过实施公共融资，解决地区的“外部经济问题”。

而事实上，这也是借鉴了美国“国家基础设施银行”思路，重点解决地区基础设施建设上的“外部经济”课题的设想。由此来看，亚投行的设立，是对亚行体制的补充，而不是挑战，充其量在融资项目运行上会形成竞争机制，在竞争中实现融资效率化。显然美日忽略了两者之间的竞争型互补性。

其次，美国认为中国主导国际金融机构是对美元体制的挑战，其依据是在布雷顿森林体制下，国际货币基金组织、世界银行，乃至亚行等国际金融机构共同构成了“国际货币体制”的支柱，而其主导权在美国，美国也正是利用对其控制权，才掌握了国际货币体制的主导权，甚至美元霸权。显然，这种思想反映了当今美国部分人，特别是议会对 1971 年布雷顿森林体制崩溃的本质认识不足，依然沉浸在“黄金美元汇兑制”的知识中，而没有看到世界的发展，以及国际货币体制的发展，甚至对美元也缺乏与时俱进的认识。这也是美国议会对 IMF 改革案束之高阁，久拖不决的动因所在。

从理论上来看，“国际货币体制”由三个基本制度构成，即“汇率的决定机制”“国际流动性的供给机制”和“国际收支平衡调整机制”。

在布雷顿森林体制中与之相对应的制度：一是以“黄金美元汇兑本位制”为基准的“固定汇率制”；二是国际流动性的供给，主要是靠美国进口释放美钞的国际流动性；三是关于国际收支失衡的调整，美国基于战后当初自己是最大的经常收支顺差国地位，而英国等是赤字方的现实条件，在国际收支失衡调整上主张“赤字方责任论”，即赤字方通过紧缩政策，减少进口，扩大出口实现收支平衡。这构成了布雷顿森林体制的基本构图。

事实上，1971 年尼克松发表声明，宣告黄金与美元脱钩，标志着布雷顿森林体制中的以黄金美元为基准的固定汇率制终结。而汇率制度是国际货币体制的核心支柱。这标志着布雷顿森林体制已经终结。而依据布雷顿森林协定建立的国际货币基金组织（IMF）和世界银行，不过是其辅助机构，并不是构成国际货币体制的制度，无法发挥制度功能。即便是国际货币基金组织中的特别提款权（SDR），也因其规模太小，不足以发挥国际流动性供给的制度功能，不具备国际货币体制的另一重要制度，即国际流动性供给机制的完整属性。事实上，1971 年以后，纽约金融市场扮演了美元国际流动性供给的角色，形成了以市场为依托的国际流动性供给制度，这是美元体制的基础，由此，国际货币体制已经从布雷顿森林体制发展为美元体制。其汇率机制则因 1973 年西方主要国家执行自由浮动汇率制也发生了根本性的改变。而国际收支失衡的调整机制自然也发生了本质性的变化，美国不再主张“赤字方责任论”而是强调“顺差方责任论”，调整手段也转化为汇率波动，即逼迫顺差方货币升值。这个美元主导下的国际货币体制也被称为市场化的国际货币体制，也因没有任何政府间协定规定的体制，而被称为无体制的体制，但其本质是美元体制。显然，无论是 IMF，还是世界银行都不具备国际货币体制的制度属性。如此，即便亚投行与 IMF、世行、亚行同等发挥作用，也并不具备挑战现行国际货币体制的功能。而对于国际货币体制如此深层结构和制度的蜕变，美国议会似乎表现的一无所知，仍固守着陈旧的知识。显然，关于亚投行，美国部分人因知识不足而“想多了”。

最后，美日都有人担心亚投行的设立，将促进“本地储蓄转化为本地投资”，进而对流向美日的资金形成“断流”，威胁其“资金循环体系”。特别是，鉴于以纽约为中心、以美元为表现的“世界资金循环圈”，是支持美元霸权的资金基础，而亚洲则是世界资金源头之一，亚投行主导的“资金断流”或“截流”必将威胁美元、日元地位。尤其美日认为不能忽视的是，美国金融危机后，美日都在大搞量宽，中央银行吃进巨额国债，迟早要吐出，需要亚洲以丰富的资金接盘。亚投行支持亚洲搞基础设施建设，必将促进亚洲储蓄直接用于亚洲基础设施建设，“接盘”美日国债的资金必然减少，威胁其“退出战略”，也必将侵蚀其“亚洲红利”。但显然，美日当权者或智囊没有跟上时代的脚步，还在用旧脑筋看新世界，没有看到亚洲的发展。且不说亚洲基础设施建设将开启巨量的潜在需求，对包括美日的世界经济构成支撑，事实上，冷战结束后，亚洲经济大发展，亚洲储蓄丰厚，足以支撑世界资金循环。据亚行统计，2014 年亚洲（不包括日本）发行的以本地货币计价的债券（包括国债和企业债）已超过 8 万亿美元。这意味着亚洲地区消化了 8 万亿美元的储蓄，而现实中这并未引起美日资金短缺，更谈不上“资金断流”或“截流”。相反，亚洲资金依旧大量流入美日股市、债市，支撑其高扬的行情。另外，1997 年东亚货币危机后，亚洲各国外汇储备增加，本地公共、民间资金充裕，这是冷战后亚洲走入市场经济，融入世界经济体系的结果。对此，美日保守势力置若罔闻，视而不见，显然没有与时俱进。

由此可见，美日在亚投行问题上表现的“例外”，折射出其对世界、亚洲发展的认知不足，战略误判，如此，其战略决策也必将是错误的，若不修正，被世界淘汰的命运也是可以预见的。

三、美日仍要独占“亚洲红利”

事实上，冷战结束后，亚洲复兴，给美国带来了巨额的“亚洲美元”，给日本也带来了巨额“亚洲红利”，为美国维护美元地位，为日本推进地区纵向整合提供了机遇。

21 世纪以来，东亚历经“危机与制度创新”，再次成为世界经济最活跃的地带。世界银行曾发表报告盛赞“东亚复兴”。但与 20 世纪 90 年代相比，东亚复兴衍生了两个新矛盾。一是尽管 2000 年 5 月东盟与中日韩签订了货币互换协定（清迈倡议），亚洲金融合作先于地区经济合作日益深化，但至今并未建立起有效的资金运用体系，亚洲资金仍只能回流于美国寻找商机；二是21世纪进入第二个10年，作为世界级发达经济强国，日本虽极力主导东亚秩序，搞日元圈战略，但在汇兑政策上，日元与东亚货币背道而驰，进入历史性贬值期，使东亚货币体系找不到“定海针”。这两大矛盾使东亚复兴演变为美国的“亚洲红利”。“亚洲美元”投资无门。

随着亚洲摆脱危机，经济复兴，贸易扩张，“亚洲美元”势如潮涌。而在石油等大宗商品价格潮起潮落下，大规模的“石油美元”“资源美元”挤入东亚；同时，在美日零利率、超量宽下，纽约和东京又放出巨额的“日元、美元套利资金”。世界短期资本流入东亚，东亚外汇储备急剧膨胀，表现海量的“亚洲美元”。

20世纪五六十年代，随着冷战的到来以及美国的“利息锁国政策”，在欧洲，曾出现强大势力的“欧洲美元”，形成了“欧洲美元债券市场”，演变为左右世界金融秩序的重要力量。而今，东亚虽形成了巨额“亚洲美元”，但东亚地区缺乏当年欧洲的债券市场和融资渠道，难以形成本地的金融能量。“亚洲美元”投资无门，只能大规模回归美日市场，成为世界性难题。

利用金融危机，美日捞取“亚洲红利”。如果说“欧洲美元”的形成，来源于意识形态的政治诱因，那么“亚洲美元”的膨胀，则产生于全球化释放的“劳动红利”。事实上，20世纪80年代末、90年代初，美苏冷战结束，全球市场统一，东亚步入市场经济轨道。以往被意识形态隔绝、封闭的劳动市场大解放，低成本劳动大军吸引海外资本潮涌东亚。东亚成为世界的加工厂，产品直销日欧美，遂成“投资出口导向型”经济增长模式。

1997年亚洲金融危机后，以国际货币基金组织（IMF）为主的援助计划进一步强化了这种“投资出口导向模式”，东亚的劳动成本再次成为美国的红利。第一，1997年8月到12月，在IMF主导、日美配合下，泰国、印尼和韩国总共接受外来援助1077亿美元。而IMF主导的援助对东亚各国提出了苛刻的经济体制和宏观政策改革条件，即要求受援国必须紧缩金融，收缩财政，使东亚被迫暂停“消费主导型经济增长路线”；第二，IMF要求受援国走贸易、资本自由化道路，开放金融资本市场，并按美国标准改革企业治理模式，导致美国资本抢先回归东亚，占据地区低成本优势，形成投资新潮流；第三，在东亚接受 IMF 主导的援助之时，恰值美国 IT 泡沫鼎盛期，美国的消费市场又成为东亚廉价产品的吸收器。由此，美国率先获得了东亚“劳动红利”。“亚洲美元”支撑了“强势美元”。

在东亚经济复兴过程中，东亚的低成本产品，经“美国主导的自由贸易体制”，大规模输往美国市场，产生了“进口物价平抑国内通胀”的效果，使美国得以在石油涨价、不动产热浪滚滚的形势下，仍能维护物价稳而不升，经济持续繁荣。这可谓美国的“东亚红利”。

在美国强大的科技创新体制和灵活而博大的金融体系下，东亚“劳动红利”衍生的“亚洲美元”全面回流美国市场，又经美国金融资本操作，投资于全球最有利的地区，从而形成了以纽约为中心、以美元为表现的世界资金循环圈，成为美国维护经济动态均衡的关键支撑。

而“亚洲美元”的回流，因大多投资于美日的国债和股票，直接给纽约和东京带来了低成本效应，提高了资金使用效率。其结果导致美日长期利率持续低迷，为企业展开长期项目投资和跨国兼并，维护其对外整合和干涉能力，提供了宽松的金融条件。

在此背景下，始终谋求挑战美元地位的日本，为与东亚各国竞争美国市场，不得不暂时放弃“强势日元战略”，借助欧元，顺势展开历史性货币大贬值政策。其结果客观上支撑了“美元的相对强势地位”。

由此，金融危机后，东亚的复兴，不仅给美日带来了巨额的“劳动红利”和“亚洲美元”，更为美国阻止日元圈，维护美元地位赢得了历史性机遇期。

四、日本瞄准亚洲基础设施建设

金融危机后，日本产品、投资对亚洲的转移，已经超出了传统的对亚洲依存意义，逐渐升级为对亚洲产业和分工体系的渗透与控制。

美国金融危机后，日本依托亚洲，取得了积极的经济复苏，为日本经济全面转型，赢得了宝贵的时间，也占据了有利的地势和发展空间。2009 年底，日本政府仿照池田勇人的“所得倍增计划”，推出“新经济增长战略”，明确将亚洲纳入其中，提出“亚洲开放立国论”，将“亚洲市场”视为日本经济“第三次崛起”的基地。此后，继民主党政权将亚洲基础设施倍增纳入“经济增长战略”后，安倍政权进一步提出到2020年将对亚洲基础设施出口增至三倍的战略，全面吞噬亚洲内需。以往，“日本的亚洲观”仅是将亚洲市场作为扩大出口的“外需市场”，而今，则将亚洲看作日本经济复兴的“动力车间”，是真实的“内需市场”。

自1997年东亚金融危机后，日本便开始加大对亚洲的投入，提出了“回归亚洲，构建全球竞争根据地”的战略。尤其是，1999年WTO西雅图会议搁浅、2001年多哈回合受阻，日本的通商战略从第二次世界大战后的“多边主义”，转向了注重两国间和地区间的“双边主义”和“地区主义”。其主要方式是：第一，积极推动“经济伙伴关系协定”（FTA/EPA）谈判，构建地区自由贸易区，主导东亚地区经济体系整合。截至2008年底，日本已先后与东盟及其主要国家，以及区外的墨西哥等签署了十余组EPA，完成了第一步战略规划。第二，积极推动地区范围内的多种功能合作。如早在1997年9月，日本便提出了单独出资1000亿美元，构建“亚洲货币基金”构想，在遭遇美国的打压后，2000年又主导东亚搭建了地区货币互换（清迈倡议）框架。截至今天，在日本推动下，该框架的资金总额已扩大到2400亿美元，具备了摆脱IMF控制、单独完成地区金融救助的规模。此外，美国金融危机后，日本又对东盟设立了10万亿日元的金融危机应对框架、提供200亿美元的ODA、再动用贸易保险、贸易信贷各约200亿美元，在东盟地区铺垫了“日元的公共存在”基础。事实上，这也引起了美国的高度警觉，担心其直接挑战美元的亚洲根基。第三，加大投入，积极推动地区贸易数据和技术标准的日本化。在构建自由贸易区的同时，日本利用“经济伙伴关系协定”（EPA），巧妙地将其弱势产业，如农业等避开了谈判，将技术、产业标准、金融交易规则、会计准则等强项摆到谈判桌，推动地区政策法律制度的相互兼容（日本化）。在整合地区贸易数据上，日本利用政府和企业早在2002年联合开发完成的“无线扫描技术”（金属板、大容量、无线系统的二位条形码体系，即IC tag体系），主导地区贸易口岸的“无纸化”，掌控亚洲贸易数据，利用亚洲庞大市场，争取该项技术的国际标准。第四，利用日本是亚行第一出资人地位，主导地区经济整合。如单独出资 100 亿日元，构建“东亚东盟经济研究中心”（ERIA），以主导地区合作的制度设计，掌控各国经济发展数据，监视各国经济发展状况，提出整改建议等。事实上，日本公开将其称为“东亚版 OECD”。为了从名义上到实质上全面控制 ERIA，日本大量派驻精英学者，引进高端技术统计、计算模型等。2010 年，ERIA 联合亚洲开发银行和东盟秘书处，共同设计“亚洲综合开发”草案，提出以 2020 年为目标，以“东盟 + 中日韩 + 澳新印”为范围，建设包括交通、通信等基础设施等在内的 650 个大项目，总费用达 2000 亿美元，推动东盟一体化，并以东盟、印度为中心重建“地区产业分工体系”。在资金安排上，该方案计划其中的 1100 亿 ~ 1300 亿美元资金，将由中日等区内主要国家与亚行协调筹措，其余的 700 亿 ~ 900 亿美元，则由当地各国政府和包括外资在内的民间企业共同设立融资平台解决。该计划完成后，将在以东盟为中心的广泛地区内形成涵盖 10 亿人口的大市场，到 2020 年，实现区内生产总值倍增。

然而，日本“亚洲观”也在改变。美国金融危机后，日本历届政府都将日本经济复兴的重点放在亚洲，瞄准亚洲的基础设施建设，加大战略投入，甚至安倍政权打着“积极的和平主义”旗号，将其与对外开发援助大纲的修订、安全保障法制的建设、日美防卫指针修订及集体自卫权、海上控制权、武器出口权相联系，突出“日本战略复兴”，应对因中国经济赶超而引起的日本对亚洲第一地位的失守，堪称其“亚洲观”的改变。

一是推动地区整合战略向纵深转段。2010 年 1 月 1 日，东亚地区已经有五组 FAT 生效，相当于五个“地区合作轴”全面启动。而早在 2008 年底，日本全面完成了与东盟的地区整合战略，率先迎来了“战略转段”机遇。新的战略目标是，将“10 + 3”向包括澳大利亚、新西兰和印度的“10 + 6”方向扩展，推进 RCEP 整合，构建地区战略依托，在战略上应对美国主导的 TPP。自奥巴马上台以来，美国高调回归东盟，积极参与东亚地区整合进程，试图通过积极介入，瓦解东亚独立的经济圈。日本认为需要借助基础设施建设，推动地区整合战略纵深发展，确保地区整合战略的优势。

二是通过基础设施建设，占据有利地势，控制商机，获取巨额投资机会。据日本总务省初步估算，仅亚洲的智能电网建设，即可为日本创造 98 万亿日元的商机。而根据日本新经济增长战略，亚洲的基础设施建设至少可为日本提供200余万人的就业机会。实际上，危机后，日本经济是依托亚洲才得以恢复的。今后，随着亚洲的基础设施建设浪潮到来，日本产品在亚洲的份额将进一步提升。金融危机后，日本产品、投资对亚洲的转移，已经超出了传统的对亚洲依存意义，逐渐升级为对亚洲产业和分工体系的渗透与控制。

五、结语

地区合作追求的是地区和平发展、利益共赢，为此，只有建设公平、平等的合作发展格局，才有可能实现地区互利互惠的可持续发展。显然，亚投行的设立，“一带一路”战略的展开，不仅将有利于开启亚洲广泛而巨大的潜在需求，更将有利于推进地区共同构建符合地区乃至世界的“发展秩序”。这是中国在APEC北京峰会上倡导以互联互通、平等合作、互利共赢为宗旨的“亚太区域一体化”而得到广泛响应的历史动因所在。

第二篇

对外直接投资风险与挑战

我国对外直接投资面临的风险和挑战

毕吉耀　李大伟*

一、近年来我国对外直接投资迅速发展

自 21 世纪以来，随着我国经济的飞速发展、对外开放水平的持续提升和企业国际化能力的持续提高，我国对外直接投资呈现迅速发展态势。据商务部统计，我国对外直接投资存量由 2006 年的 906.3 亿美元迅速增长到 2014 年的 8826.4 亿美元，年均增速高达 33%；对外直接投资流量则由 2006 年的 211.6 亿美元迅速增长到 2014 年的 1231.2 亿美元，年均增速高达 25%。联合国贸署公布的《世界投资报告（2015）》显示，2014 年我国对外直接投资规模已经超过德国和日本，仅次于美国，居世界第二位（不考虑中国香港地区、维尔京群岛等自由港）。

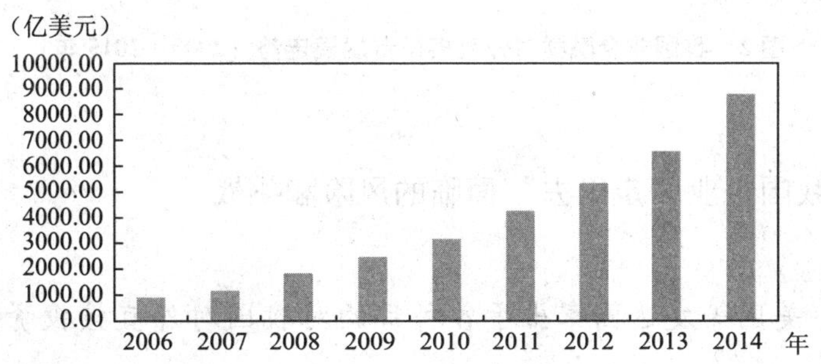

资料来源：商务部。

图 1　我国对外直接投资存量（2006—2014 年）

* 毕吉耀：中国宏观经济研究院研究员。
李大伟：中国宏观经济研究院副研究员。

自2013年以来，我国积极实施“一带一路”战略，并加快推进国际产能和装备制造合作，推动我国对外直接投资，特别是对“一带一路”沿线国家投资高速增长。2015年，我国非金融类对外直接投资规模为1180.2亿美元，同比增长14.7%；其中对“一带一路”沿线国家非金融类直接投资规模为148.2亿美元，同比增长18.2%；与国际产能合作关系密切的制造业对外直接投资规模为143.3亿美元，同比增长105.9%。2016年第1季度，我国非金融类对外直接投资高达400.9亿美元，同比增长55.4%；其中对“一带一路”沿线国家非金融类直接投资规模为35.9亿美元，同比增长40.2%；与国际产能合作关系密切的制造业对外直接投资规模为54亿美元，同比增长125.9%。

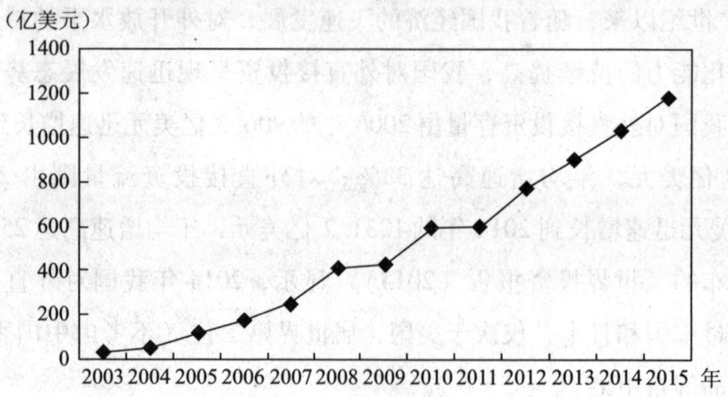

资料来源：商务部。

图2　我国非金融类对外直接投资规模走势（2003—2015年）

二、我国企业“走出去”面临的风险和挑战

（一）美国等发达国家出于各种目的对我国对外直接投资实施诸多干扰

美国、日本等发达国家出于维护全球霸权、巩固已有利的地缘政治格局以及维护自身经济利益等方面的考虑，综合运用外交、宣传、经济等多种手段，对我国对外直接投资采取多方面的干扰，显著加大了我国对外直接投资的风险。具体而言，一是以维护“国家安全”为由，对来自我国的投资项目

进行严格审查并做出不利于我国的裁决。如2010年华为收购美国三叶系统公司时，美国外国投资委员会以华为和中国军方有密切联系为由，认为该收购项目可能存在“窃取美国国家机密信息”和“对美国发动网络攻击”的风险，要求华为剥离所收购项目的所有资产，最终迫使华为放弃收购。二是通过在第三国国内的“代理人”或亲美、亲日势力，干扰我国和第三国实施重大投资合作项目。如2012年以来我国和缅甸、泰国之间的诸多重大合作项目屡遭搁浅的背后和缅甸政府内部亲美、亲日人士的“运作”不无关系，见案例1。三是在媒体上大肆宣传我国企业未能有效履行环保、文化保护、扶贫等社会责任，甚至称我国在推行“新殖民主义”。如《纽约时报》《华尔街日报》等美国知名媒体就多次对我国和巴西、厄瓜多尔、苏里南等南美国家的资源开发投资提出质疑，称这类投资合作“背后有政治目的”“严重破坏热带雨林环境”“难以使合作方受益”等。四是在经济上采取多种直接间接手段支持本国企业和我国开展激烈竞争。如近期我国和日本在东南亚各国高铁基础设施建设进程中国的竞争已经超出了市场竞争范畴，日方依托日本国际协力机构（JICA）等官方机构，不断降低贷款利率，对我国和印尼、泰国等东南亚经济体开展国际产能合作产生了明显的消极影响，见案例2。

案例1：中缅合作变局背后的美国阴影

近年来，中缅合作状况面临诸多波折，在政治上，执政党和缅甸北部民族地方武装之间的激烈交火多次波及我国边境地区，两国关系一度紧张；在经济上，相当一部分工程承包和对外投资合作项目进展缓慢，密松水电站等项目甚至被缅方中央政府暂停。

缅甸局势的变化和美国对缅政策的调整有重大关系。在军政府下台后，美国一方面希望改善美缅关系，放松对缅制裁，扩大对缅官方援助规模，并积极在缅甸政府内部寻求支持者；另一方面通过各种非政府组织和民间机构，积极宣传美式政治理念、生活理念和文化理念。美缅关系的改善，使缅甸政府在和我国合作中有了更多的“筹码”，加剧了缅甸和我国在我国边境少数民族关系密切的佤邦等民地武装等问题上的矛盾，强化了缅甸民众对中方企业一些合作方式的不认同感，对中缅合作的负面影响非常明显。

从地缘政治的视角来看，一旦缅甸彻底倒向我国，我国在印度洋的地缘影响力将大幅提升，“第一岛链”的封锁意义也将大幅度减弱。因此，虽然美国从未承认对缅政策调整有遏制我国的意图，反而声称美国“支持”缅甸的民主化和现代化进程，但这种幕后的角力是显而易见的。

案例2：中日在高铁领域的激烈竞争

高铁“走出去”是推进我国企业开展国际产能合作的重点工作之一。其中，印度尼西亚雅万高铁作为我国高铁“走出去”的拳头项目，党中央、国务院以及社会各界均高度重视并给与大力支持。

日本和印度尼西亚有着长期合作基础。作为日本主要对外援助机构的日本国际协力机构（JICA）出于增强日本和印度尼西亚政治关系、巩固日本在印度尼西亚的经济存在等因素出发，为日方承建雅万高铁项目提供了大力支持。在JICA的支持下，日方不断压低竞标条件，如将总工程费压低至49亿美元，并称其中75%可提供0.1%的低息贷款，并努力缩短工期，迫使中方一直降低竞标条件。

最后，在中方的不懈努力下，雅万高铁项目得以竞标成功，但最终的谈判条件下，作为项目主要融资方，开发银行称其贷款利率已经高于融资成本，可谓“亏钱做项目”，而40年的还款期限也明显偏长。此外，受该项目的示范效应影响，印度尼西亚乃至东南亚其他国家的相关铁路项目也“狮子大开口”，要求我国提供更为优惠的条件，对我国进一步拓展高铁市场存在巨大消极影响。

（二）相当一部分东道国整体投资环境较为恶劣，严重影响我国投资收益

我国对外直接投资中相当一部分投向发展中国家，这些国家往往经济发展水平较低、市场经济体系不完善、国内政局频繁动荡，政策朝令夕改，部分国家甚至处于地缘政治冲突的热点地区，投资环境极为恶劣，严重加大了

我国对外直接投资的难度。一是东道国国内局势剧烈动荡和地缘政治冲突加剧可能让我国企业“血本无归”。近年来，利比亚、埃及等国国内局势均一度剧烈动荡，甚至爆发流血冲突。这种政治局势的严重动荡导致绝大部分中资企业被迫关闭，前期投资基本血本无归。二是部分国家政策朝令夕改严重损害我国投资者利益。近期，津巴布韦出台了“外资本土化”和“钻石矿国有化”两项政策，对包括部分中资企业在内的外资企业采取了强制国有化措施，严重损害了中资企业利益，引起了国内强烈反响，具体见案例3。三是相当一部分发展中国家国内腐败严重，政府办事效率低下，严重干扰了中资企业正常生产经营活动的开展。在印度、俄罗斯、非洲等地开展业务的多家中资企业反映，东道国虽然在政策上整体对我国投资持欢迎态度，在具体操作中官僚主义十分严重，批复一个文件往往要1～2个月甚至更长时间，且具体办事人员存在或明或暗的索贿行为，严重制约了业务的开展。

案例3：津巴布韦政策变化严重损害中国投资者利益

近期，津巴布韦连续出台了“外资本土化”和“钻石矿国有化”两项政策，前者要求所有外资企业在3月31日前向津政府提交“本土化实施计划”，保证企业股权的51%以上归津本国公民所有，后者则要求将东部马郎吉地区的六家主要钻石开采企业（包括两家中津合资企业）的所有权强制整合到津巴布韦联合钻石公司这一国有企业。受这些政策影响，两家中津合资的钻石开采企业已被勒令停产，其他领域的中资企业也可能会受到很大冲击。

长期以来，由于受到发达国家的制裁，津巴布韦和西方发达国家之间的经贸合作陷入停滞，中国和南非是其主要的贸易伙伴和外资来源地，也是其重要的援助资金来源。分析家普遍认为，津巴布韦政府实施国有化政策的目的在于增加财政收入，为穆加贝总统稳定执政提供良好支持。但这种政策完全违背WTO对国际投资的保护规则，也严重损害了中津的良好合作基础，对津巴布韦未来经济发展的负面作用远大于正面作用。

（三）我国企业对外直接投资仍然面临较大的融资困难

一是企业海外融资仍然面临诸多困难。我国对外直接投资的主体位于境外，存在大量的海外融资需求。受企业自身发展水平、东道国金融体系发展状况、信用体系国际化水平偏低等因素制约，大部分企业很难在国际金融市场进行融资。而我国金融机构开展国际化经营尚处起步阶段，很难对企业在海外融资提供充分支持。

二是人民币国际化水平偏低严重制约我国企业融资。作为中国企业，运用人民币对外直接投资具有无可比拟的优越性和便利性。目前，美元在国际货币体系中处于主导地位，仍是全球的主要结算货币。我国企业即便在发展中国家投资，在当地开展业务也多数运用美元结算。而人民币国际化水平相对偏低，在国际市场流通的便利性远低于美元，在我国企业海外投资中的使用频率不高。

三是现行融资模式有待进一步创新。当前国内银行贷款仍然是我国企业对外直接投资的主要渠道。受制于银行风险控制等客观约束，我国企业对外直接投资多采取“内保外贷”模式，即以企业国内的资产进行担保，所贷资金用于境外。多数企业反映，如投资规模大，或开展区域性多点布局，往往会因缺乏国内担保资源而不能获得资金支持，从而丧失发展机遇。

四是政策性资金支持难以形成合力。目前，在中央层面、省级层面均有大量的支持企业“走出去”的资金。但这些资金彼此不相统属，更多以“撒胡椒面”式的方式予以支持，导致政策效果大打折扣。例如，江苏省政府就拥有外经贸发展基金、省级商务发展资金、省级战略性新兴产业发展专项资金、省级工业和信息产业专项资金等，但每个基金的支持额度都很小，对对外直接投资的支持作用有限。

（四）企业自身的国际化经营能力较弱

一是对外直接投资模式有待完善。当前我国企业，特别是国有企业开展对外直接投资，特别是重大合作项目往往采取“上层路线”模式。很多发展中国家国内政治生态和利益纠葛十分复杂，高级官员、甚至最高领袖并不具备足够权威，存在巨大反对力量，仅仅和这些高层人士合作并不足以支持项目开展，有时甚至适得其反，参见案例4。而在项目实施中，相当一部分征地、拆迁、建设等涉及当地民众利益的工作由东道国政府负责。在“上层路线”模式下，一旦时局有变，当地政府既有动机、也有能力把矛盾和问题转嫁到我国企业头上，导致我国企业和东道国反对党、普通民众的关系受到负面影响。更为严重的是，我国部分企业采取灰色方式推进项目，这种行为短期内虽有助于项目落地，但既恶化了当地营商环境，也损毁了中国投资形象，从长远来看“弊大于利”。

二是对东道国法律体系、文化风俗、社会习惯的适应性较差。受制于语言差异、人才缺乏等因素，大多数我国企业对于东道国，特别是发展中国家的国情了解程度不够，在对外直接投资中往往出现违反当地社会通行规则的行为。例如，一些国家虽然人均GDP很低，但劳工保护、环境保护、文化保护的要求要高于我国。如果我国企业“想当然”地认为可以随意砍伐森林、要求工人加班，则可能会引发诸多社会矛盾。如我国当年在赞比亚煤矿发生的劳资纠纷事件就是典型案例。该事件固然是孤立事件，但反映出少数中资企业参考国内煤矿的劳工工资标准和生产率制定当地劳工的工资收入，也未提供足够的防护器具，严重违反了当地劳工保护相关法律政策，最终既导致企业被迫关停，也损害了国家形象。

案例4：中交建集团斯里兰卡港口项目遭遇波折

斯里兰卡前总统拉贾帕克萨在位时，较为注重和我国开展全方位合作，以促进其国内经济发展和制衡印度对斯里兰卡的影响力。当初拉贾希望借助斯里兰卡在印度洋航线的重要中转港地位发展转口贸易，因此希望和我国在港口基础设施领域加强合作。我国考虑到斯里兰卡在我国海上战略支点中的重要地位，对这一合作表示积极，最终商定由中交建集团在斯里兰卡投资建设港口城项目。但在斯国内政局变动、拉贾总统下台后，项目遭遇波折。

科伦坡港口城项目客观上有利于斯里兰卡的经济发展，也符合我国的国家战略利益，无疑是应予以强力推动的。但在具体合作过程中，中交建集团忽视了很多风险。首先，中交建集团过于注重和拉贾总统及其家人的合作，忽视了搞好与其他社会阶层和党派的关系。从调研中了解到，拉贾总统当初曾对斯国内的反政府组织实施军事镇压，导致斯国内少数民族泰米尔族对其长期持反对态度，其过度强势作风使其在施政中和执政党内其他人士及反对党的矛盾日益加剧。因此，最终拉贾总统遭到自由党、统一国民党和泰米尔人三大斯国内政治势力的一致反对被迫下台后，中交建集团项目进展受到的阻碍明显加大。其次，外媒报道，拉贾及其家人腐败严重，和中交建集团的合作中可能存在利益输送行为，这一行为成为了新政府指责中交建集团的口实。最后，外媒报道，中交建集团当初推动的港口城项目涉及数十平方公里的填海造地行为，也涉及大量的当地人口迁移，但相关项目既未经过议会批准，也未进行环境影响评估，在民间的反对力量较大。

目前，在中斯两国政府的坦诚交流下，该项目已经复工。但斯方新政府也多次表示愿意和我国加强合作，但希望合作更加透明、更加符合法律程序，论证更加严密。从这一案例可以看出，即便是一个“双赢”的项目，若推进方式选择不当，也可能在短期内遭遇重大波折。

三、对策建议

（一）建立健全投资风险防范机制

一是加强风险的预判预研。应高度重视、认真研究、科学评估境外投资所面临的各种风险，深化对主要投资国利用外资政策研究，建立包括外交部门、商务部门、民间组织、行业协会、企业在内的多层次、多渠道投资信息收集机制，为国内企业提供准确的投资信息。

二是积极稳妥地应对各方干扰。对于东道国政府在合作中出现违背国际通行规则的行为，我国政府应积极出面应对，倡导和坚守公平合理透明的双边合作准则，在道义上占据制高点。对于双方合作中产生的一些争议和误解，应在加强沟通的同时，欢迎和接受国际组织参与调解和监督。对于域内外国家遵循市场规则的正当商业竞争，应减少政府干预，切忌反应过度。对于地缘政治、霸权主义等干扰，应予以坚决反对并向国际社会披露，争取更多友方力量支持。

三是采用国际仲裁等通行手段维护我国权益。我国应努力掌握并应用这一制度体系保护我国企业的海外权益，并在亚投行等新型多边开发机构框架下，建立更符合我国与广大新兴经济体实际情况和利益诉求的国际仲裁新机制。

四是加大对海外企业的监管力度。有必要建立健全海外企业的监管审查制度，与东道国共同约束我国企业遵守国际通行规则和东道国、我国的相关法律法规。比如，境外出资管理制度、离岸公司管理制度、全面预算管理制度、重大事项管理制度和报告制度，境外企业考核指标制度等。

（二）积极推动合作模式创新

一是在宏观层面针对不同类型项目提供不同的政府支持策略。我国对外直接投资并不完全是商业性项目，很多投资项目实际上服务于重大的地缘战略。因此，应在中央政府层面，制定一个“短小精悍”的项目清单，其内容主要涵盖类似中巴陆海联运通道等确实对我国具有重大战略利益的大型或超大型项目。首先，这类项目数量不能太多，每个项目均需要经过严格的科学评估审查，确保其真正具有战略意义。对于该清单中的项目，中央政府应合理确定实施先后顺序、统筹各方力量全力推进，不必要求企业按照商业模式进行运作。其次，对于不在清单中但具有一定准公共品性质的项目，可由实体经济企业与具有开发性和政策性金融机构共同推进。这类项目并不具有较大的战略意义，中央政府不需强力推动，具体运作模式由国内企业和东道国协商。最后，对于大多数的商业性项目，由企业自行基于具体市场环境决定合作模式，政府负责创造环境，提供便利。

二是鼓励企业采取新型投资模式。在明确各类主体职责、划分不同项目种类前提下，需要发挥和调动各方主动性、积极性，摆脱传统的绿地、并购等投资模式的约束，不断创新合作模式加以推进。我国企业已经创建了多种新型合作模式，如泰达集团在埃及苏伊士开发区的“商业地产园区模式”、我国和马来西亚的“两国双园”模式等，都可以在具体项目中推广。此外，还可以积极推广重大战略性项目跨国合作推进模式，从合作各方的战略利益出发，由两国或多国政府共同组成领导小组，统筹各国力量共同推进重大项目、重大工程建设，企业更多作为具体项目的承接方，较少参与最高层面决策。

三是充分发挥对外援助对“走出去”的支持作用。建议提高援助主动性，在对受援国国情深入了解基础上，主动设计、实施一批目标明确、特色鲜明、预期成效显著的项目。同时，尝试实施援助型与“走出去”结合模式，由企业进行海外直接投资，政府实施一些援助型项目，用于环保、基建、民生等领域，通过二者有机结合实现综合效益。

（三）加强融资机制建设

一是更多发挥人民币作用。建议积极推进人民币国际化，包括扩大人民币在跨境贸易和投资中的使用，扩大与沿线国家本币互换规模，加快人民币跨境支付系统建设，支持人民币离岸市场发展。支持沿线国家政府或中央银行在境内发行人民币主权债券，支持沿线国家金融机构或实体企业在境内银行间市场发行人民币债券。充分利用利用香港、新加坡等地的人民币存量和金融市场优势，支持国内企业发展境外人民币债券用于“一带一路”建设；在亚投行设立人民币形式的“中国特别基金”，实施人民币“黑字还流”计划，等等。

二是整合政策性支持资金。建议在国家层面推动各种政策性资金整合，统筹发挥效力。发挥好政策性金融作用，扩大进出口银行“两优”贷款规模，通过完善制度、编制规划等方法优化“两优”贷款投向。充分发挥好中国—东盟海上合作基金、亚洲区域合作专项资金、上海合作组织发展基金、中阿共同投资基金作用，吸引沿线国家社会资本参与“一带一路”建设。

三是充分引导各类商业资本和境外资本参与。鼓励开发性金融机构加强融资模式和金融产品创新，完善审批、监管、信贷制度。加大与国际开发性金融机构合作力度，研究重大项目在国际市场融资的机制安排。在加大出口信用保险、海外投资和再保险的支持力度基础上，鼓励保险机构设立“一带一路”建设相关险种，探索更为有效的海外直接投资担保机制。

我国对外直接投资高速增长的背景、潜在风险与防范

桑百川*

近年来，我国对外直接投资大幅度增长，从2008年的521.5亿美元增长到2015年的1180.2亿美元（不含金融类投资），稳居世界第三对外投资国，仅落后于美国、日本。其中，2015年制造业对外直接投资增长105.9%。① 联合国贸家发展会议发布的2016年《世界投资报告》显示，2015年中国对外直接投资达到1280亿美元，已成为发展中经济体中的主要对外投资国，并参与了大量跨境并购交易。2016年中国对外投资增长势头更加迅猛，1月至7月中国企业对外投资增长60%以上，达到1028亿美元，已经接近2015年全年的水平。在举国上下为对外直接投资高速增长而欢欣鼓舞，认为中国终于从吸收外资大国变为对外投资大国，从资本净流入国变为资本净流出国，从全球资本利用中国市场和资源转变为中国资本大举利用全球市场、全球资源，凸显出中国作为经济大国向经济强国转变的强劲势头之际，我们必须意识到其背后潜在的宏观经济风险，并加以防范。

一、我国对外投资高速增长的特殊经济背景

根据邓宁1981年提出的投资发展周期理论（Theory of Investment Development），一国的对外直接投资与其发展水平有密切的关系，在人均GNP达到一定水平后，该国的直接投资流出量和流入量将与GNP同步增长，其净投资流出量曲线是U字形。我国近年来对外直接投资高速增长，也符合邓宁的投

* 桑百川：对外经济贸易大学国际经济研究院院长，教授。

① 国家统计局.2015年国民经济和社会发展统计公报.2016-02-29.

资发展周期理论，其似乎是GDP增长的产物，具有必然性。但必须看到，我国对外直接投资高速增长是在特定的经济背景下实现的。这种背景与发达国家对外投资扩张既有相似性，也存在特殊性。

（一）经济下行压力增大

在资本主义市场经济运行中，生产无限扩大的趋势与有支付能力的需求相对不足的矛盾加剧，必然导致社会总供给相对过剩，国内投资的平均利润率下降。为了获得更高的利润率，一方面，企业在激烈的市场竞争中不断谋求技术创新，以降低成本提高利润率；另一方面，又会在全球寻找更有利的投资场所，通过资本输出获得更高的利润率。由此，资本输出或对外投资具有了更重要的意义。邓宁的投资发展周期理论也验证了一国在人均GNP达到一定规模后，所有权优势、内部化优势和区位优势积累起来，对外投资规模扩大，将由资本净输入国转化为资本净输出国。①

随着我国经济持续高速增长，人均收入水平提高，生产要素价格全面上涨，过剩经济时代到来，国内市场竞争日益激烈，社会平均利润率水平也趋于下降。尤其是2008年金融危机后国内外经济环境剧烈变动，我国经济运行中多重经济矛盾交织，相互作用，经济下行压力明显增大，GDP增长率从2009年的9.2%下降到2015年的6.9%，创15年新低。② 在国内经济下行、许多制造业行业产能严重过剩的背景下，为了寻求更高的利润率，大批企业纷纷转移生产能力，出现对外直接投资高速增长。

（二）传统制造业大而不强

与英美日不同的是，我国是在未成为制造业强国和贸易强国的条件下，出现了出口订单和产业外移，对外直接投资高速增长。

英美日等发达国家海外直接投资高速扩张，皆是在成为世界制造业强国的条件下出现的。英国在经历第一次工业革命后，成为全球第一工业强国，其利用全球制造业强国的优势地位，大举在海外投资设厂，成为日不落帝国；

① Dunning J. H. . The investment development cycle revisited［J］. Weltwirtschaftliches Archiv, 1986, 122（4）: 667－676.

② 国家统计局 . 2015年国民经济和社会发展统计公报 . 2016－02－29.

美国在第二次工业革命后取代英国成为世界头号工业强国，企业利用技术领先、资本雄厚的优势，在全球投资扩张，形成美国大批跨国公司主导的全球价值链体系；日本则在经历了第二次世界大战后20年的高速增长后，成长为继英美等国后的另一个世界工业强国，20世纪70年代中后期开始把价值链低端的生产环节和产能大举外移，走上海外投资扩张之路。

而我国在工业化加速发展中，制造业产能规模不断扩大，已有220多种产品产值规模居全球第一位，与此同时，我国制造业的国际化程度不断提高，许多产品不仅满足国内市场需求，而且为世界市场提供供给，满足着世界需求，中国产品行销世界230多个国家和地区①，成为名副其实的货物贸易第一大国。但是，我国制造业大而不强，掌握关键技术、知识产权、销售渠道和著名品牌的出口商品比重低；低端的劳动密集型出口产品比重高，产品质量不稳定，外部可替代性强，当成本和价格上升则出现出口订单转移，被其他国家替代；大多数产品被锁定在价值链低端，产品附加值低，能够整合全球资源、主导全球价值链的全球公司凤毛麟角；出口企业在国际市场自相残杀，无法掌握国际定价权。

（三）工业化进程远未结束

我国对外直接投资的高速增长，是在全国总体上、尤其是广大内地并未完成工业化的条件下出现的。

英美日等发达国家的海外投资高速扩张，都是在完成了国内的工业化进程之后发生的。19世纪中叶，英国完成了工业革命，工业化水平达到了历史上的最新高度，同时也成为世界金融中心，随后英国工业资本大举对海外投资。美国在20世纪初完成了工业革命，1913年工业产值相当于英、德、日、法四国的总和，此后美国制造业企业开始选择扩大海外投资，美国国内经济也逐渐从制造业为主转向服务经济为主。日本在20世纪70年代完成工业化，制造业开始大举向亚洲“四小龙”、中国大陆等地转移，海外投资高速扩张。

我国在改革开放后抓住全球制造业产业大转移的契机，大量承接来自于

① 根据中国海关统计数据整理。

日本等东亚国家和地区以及美欧国家转移出来的制造业产能，发展加工贸易，加速了工业化进程，以制造业为主的第二次产业在国民经济中的占比不断上升，并壮大为国民经济主体。2008 年金融危机后第二次产业的比重持续下降，到 2015 年，第二次产业的比重下降到 40.5%，第三次产业比重超过半数，上升到 50.5%。① 从表面上来看，产业结构的变化似乎预示着我国已经完成工业化，但事实上国民经济离完成工业化还有相当大的距离。我国存在着典型的区域二元经济结构，沿海发达地区与广大内地的发展差距巨大，工业化的区域进程并不平衡，全国总体的产业结构数据并不能反映出不同地区的工业化差距，当沿海地区已经从工业化加速发展时期进入到后工业化时期，或者沿海一些发达地区已经完成工业化，但中西部地区正处于工业化加速发展时期或工业化起步时期。

（四）面临中等收入陷阱

我国对外直接投资的高速增长，是在面临中等收入陷阱和谋求跨越中等收入陷阱的过程中出现的。

20 世纪 70 年代，拉美等一些发展中国家在经历快速增长后进入中等收入国家行列，但此后经济停滞，并引发社会不满、国家政治失序，落入中等收入陷阱。② 2015 年我国人均 GDP 超过 8000 美元，属于中上等收入国家，也面临许多矛盾和困难。我国经济的困难说到底是进入中上等收入国家行列后所出现的问题③，即在劳工等要素成本上升、消费结构升级要求供给结构变迁的条件下，原来具有国际比较优势的产业国际竞争力下降，对外贸易增速下滑，供给结构调整和转型升级中人力资本和物质资本的积累能力不足，经济下行压力增大。如何跨越中等收入陷阱，成为我国面临的突出问题。

（五）全球价值链面临重构

我国对外直接投资高速增长是在全球价值链重构过程中发生的。

---

① 国家统计局. 2015 年国民经济和社会发展统计公报 [J]. 2016-02-29.

② 张晓晶. 跨越中等收入陷阱：国际经验与中国出路. 国际经济评论，2015（6）：27-32.

③ [美] 印德尔米特·吉尔，霍米·卡拉斯. 东亚复兴：关于经济增长的观点 [M]. 中信出版社，2008.

当今国际分工形成了以产品内分工为主的国际分工体系。产品内分工、产品内贸易的发展形成了全球价值链分工体系。2008 年国际金融危机爆发以来，全球价值链正在加速重构。金融危机后世界经济复苏乏力，跨国公司在全球需求紧缩中面临更加激烈竞争，为降低生产成本，诱发其在全球范围内重新寻找价值洼地，重构全球价值链；世界各国调整产业政策，欧美等发达国家提出重振制造业战略，修正制造业过度外包而引起的实体经济空心化等问题，重组产业链的全球空间布局，新兴经济体则大力推动产业转型升级，谋求向价值链上游攀升，推动着全球价值链重构；发达国家谋求改变国际经贸规则《跨太平洋战略经济伙伴关系协定》(TPP)、《跨大西洋贸易与投资伙伴协定》(TTIP)、《国际服务贸易协定》(TISA)都致力于建立高水平的贸易、投资自由化规则体系①，为跨国公司重构全球价值链开辟道路。在全球价值链重构过程中，跨国公司一方面将劳动密集型价值环节向我国周边国家转移，另一方面又将高端制造业或制造业的高端生产环节回流到发达国家。

二、中国对外直接投资高速增长的潜在宏观经济风险

考虑到我国对外直接投资高速增长的特殊背景，对外直接投资的高速增长可能引致进一步加大经济下行压力、冲击工业化进程、制约人民币国际化、诱发产业空心化等宏观经济风险。

（一）加大经济下行压力

我国海外投资高速扩张是在经济下行压力增大条件下发生的。因其伴生国内投资、出口放缓，反过来又会进一步加剧经济下行。

虽然对外直接投资与国内投资不是简单的替代关系，对外投资甚至可能促进国内投资。但对外投资对国内投资的替代效应与促进效应的大小主要取决于国内投资环境和内外企业的关联性。在国内经济下行、产能过剩环境下，海外企业扩张诱发的出口需求主要在于消化库存，而非激发国内投资和产能

① State News Service, The Trans – Pacific Partnership Trade Ministers Report to Leaders, Released by the U. S. Trade Representative and Endorsed by TPP Leaders, November 12, 2011.

扩大。因此，对外投资产生的国内投资促进效应偏低，在我国对外直接投资高速增长的同时，制造业投资外移，企业在国内的投资欲望和投资能力下降，反倒加剧了国内固定资产投资增速放缓，在财政扩张政策力度减弱时，全社会固定资产投资增长率从2009年的30.1%下降到2015年的10.0%，创16年新低。① 国内投资增速放慢，进一步降低了经济增长数据。

同样，对外直接投资与出口之间也不是简单的替代关系，对外投资既可能促进出口，也可能替代出口，这取决于对外投资的条件和发展阶段。② 我国在经济下行过程中对外直接投资高速增长，产能外移，加剧企业进出口增速放慢，2012年后进出口增速降到个位数，2015年进出口额更是下降了8%，出口下降2.8%（按美元统计）。③ 出口增速放慢，对经济增长的贡献率下降，加大了经济下行压力。

技术进步是经济增长的内在动力，在因素投入增速放缓的同时，如果技术进步、全要素生产率提高，仍然可以实现较快的增长。在对外直接投资高速增长中，虽然可能产生技术逆向溢出，拉动国内的经济技术进步，④ 但由于我国尚未成为制造业强国，对外直接投资的逆向技术溢出只在少数企业中发生，多数的对外直接投资难以有效产生技术逆向溢出效应，反而由于国内领先企业对外转移投资、高端制造业外商投资回流发达国家，会制约国内的技术进步速度，从而延缓经济增长脚步。

（二）工业化进程经受考验

对外直接投资尤其是制造业对外投资高速扩张，国内承接全球制造业转移的能力下降，外商投资撤离与回流，加工贸易向周边国家转移，离岸外包业务收缩，产业和贸易订单外移，嵌入全球制造业分工体系的路径遇到挑战，存在脱离全球生产分工体系、被边缘化的风险，中国作为世界工厂的地位在

① 根据《中国统计年鉴》整理。

② 刘新英．浅析中国对外直接投资与出口的关系［J］．对外经贸实务，2007（3）：65－68.

③ 国家统计局．2015年国民经济和社会发展统计公报［J］．2016－02－29.

④ 白洁．对外直接投资的逆向技术溢出效应——对中国全要素生产率影响的经验检验［J］．世界经济研究，2009（8）：65－67；DRIFFIELD Nigel，LOVE James H. 2007. Linking FDI motivation and host economy productivity effects：conceptual and empirical analysis［J］. Journal of International Business Studies. 38（3）：460－473.

一定程度上被削弱①，冲进我国工业化的进程。

在对外直接投资高速增长中，虽然许多跨国公司仍然看好中国高端制造业的发展机会，增加在中国高端制造业领域的投资，但内资企业部分高端制造业和高端制造业生产环节外流，跨国公司在价值链重构中部分高端生产环节撤离或回流，也会弱化内外资企业间的技术传递，对我国的技术溢出效应缩小，不利于国内企业在与跨国公司合作、竞争中提升技术研发水平，培育国际品牌，向价值链高端攀升，不利于从贸易大国向贸易强国、从制造业大国向制造业强国转化，延缓工业化水平提高。

（三）人民币国际化承压增大

随着对外直接投资高速增长，我国金融和资本项目顺差转化为逆差，自1994年以来的经常项目与金融资本项目的“双顺差”终结，使人民币国际化进程遇到挑战。

大量研究本币国际化与对外投资增长关系的文献莫衷一是，有的认为是本币的国际化推动了对外投资的增长，也有的认为对外投资扩张促进了本币的国际化②。但可以肯定的一点是本国经济发展和经济实力增强才是货币国际化的基础，英镑成为世界货币，是以英国最早完成工业化并发展为世界经济第一强国为基础的，美元替代英镑成为世界货币，是以美国在第二次工业革命中取得成功，成为世界经济霸主为基础的，日元、欧元在世界货币中占有一席之地，也不例外，同样是以其雄厚的经济实力为基础的。而英镑被美元打败，世界货币的地位削弱，与英国世界经济地位的衰落高度相关。如果对外投资扩张是以本币投资，则会扩大本币在国际上的使用范围，推动本币国际化；如果是以现存的世界货币如美元投资的，则对推动本币国际化关系不大。

我国对外直接投资高速增长，不仅存在加剧经济下行的风险，冲击人民币国际化的基础，而且主要是以美元作为投资工具的，对外直接投资对于人

① 张向晨．美国重振制造业战略动向及影响［J］．国际经济评论，2012（4）：24－29.

② Tavlas G. S.，Ozeki Y.．The Japanese Yen as an International Currency［J］．International Monetary Fund，1991.

民币国际化的贡献较小。在对外投资高速增长中，“双顺差”终结，大规模的对外直接投资动用大量外汇，使外汇储备规模迅速下降，意味着人民币升值预期将发生改变，各国持有人民币资产、用人民币进行贸易结算的欲愿减退，人民币替代美元充当世界货币的进程变得更加艰难，与中国总体的长期战略和利益相左。

（四）产业空心化

产业空心化是一国在经济国际化发展过程中，企业根据生产成本的比较优势，在全球范围内寻求生产资源最佳配置的过程中，在全球范围内寻求最佳生产基地，加快产业特别是制造业向海外转移，造成国内制造业衰退、就业减少、产业衰退、税源转移，进而影响经济的增长与发展的现象。

对外直接投资主要通过四条途径影响国内生产和就业：第一，海外企业增加国内生产设备、零部件需求，产生出口诱发效应；第二，海外企业生产的产品替代国内生产的出口商品，减少国内出口，从而产生出口替代效应；第三，海外企业生产的产品返销投资国，产生再进口效应；第四，由于生产向海外转移，在国内生产时需要进口的原材料及其结构将发生变化，从而产生进口转换效应。① 对外直接投资是否引发产业空心化，关键在于上述四种效果作用的综合结果。如果对外直接投资的出口诱发效应大于其他三种效应，并不会引起国内产业空心化，反而会增加国内出口生产，创造就业机会；反之，则会造成对国内出口产业的部分替代，产生产业空心化现象。

一般而言，产业空心化的产生与企业国际化发展的阶段密切相关。在国际化发展的早期，海外直接投资主要是建立当地法人以及出口产品的当地销售网络，对国内出口生产有促进作用。待企业国际化发展进入当地生产阶段，特别是生产经营、开发全面国际化阶段时，其海外生产的外部性就会逐渐显现，容易产生产业空心化现象。

从世界经济发展史上来看，英美日等发达国家在对外投资高速扩张中都不同程度地出现了产业空心化现象（见附录），只有德国是个例外。在经历了

① 罗丽英，黄娜．我国对外直接投资对国内就业影响的实证分析［J］．上海经济研究，2008（8）：86－91.

产业空心化，以及由此带来的种种经济困局后，目前，许多发达国家都开始高度重视制造业，谋求重振制造业。中国能否在对外直接投资高速增长中避免产业空心化，的确是个值得重视的问题。

三、防范对外投资高速增长下潜在宏观经济风险的对策

针对我国对外直接投资高速增长的特定背景和条件，防范对外投资高速增长中的潜在宏观经济风险，需要采取以下策略：

第一，实行“质量立国”战略，缓解制造业外移和经济下行压力。劳动者素质提升和人力资本积累是“质量立国”的基础①。通过加大教育体制改革力度，增加职业教育投入，鼓励社会、企业、外资建立职业教育机构，完善全社会的职业教育和技术培训体系，建立技术工人职称晋升机制，提升人力资本积累速度，以人力资本积累推动制造业在本国内部不断升级。在实施“质量立国”战略中，着力树立“工匠精神”②，通过提升制造业产品质量品质，增加产品附加值，增强国际竞争力，实现从工业大国向现代工业强国的转变。如果产品品质有效提升，其可替代性则会降低，可以减少其他国家对我国制造业产品出口的替代和贸易订单转移，缓解投资和产业外移压力，巩固世界制造中心的地位，保持经济稳定运行。

第二，培育出口竞争新优势，从世界制造中心发展为世界创造中心。出口属于流通活动，是由生产决定的。要培育出口新优势，核心是从生产入手，通过生产企业和生产性服务的技术进步、生产要素质量改进和效率提升，生产创造出高品质的产品，增强出口产品的竞争力，最终扩大出口规模，增加出口效率。因此，与传统的出口竞争优势不同，竞争新优势要以全方位提升生产要素效率为核心，以技术创新为依托，以提升产品质量为基础，以体制改革和政策优化为动力，以主动参与国际经贸规则制定为保障，形成系统性

---

① 张振助，张珏，陆璟．教育和人力资源是立国之本——美、日、韩追赶先进国家的历史经验[J]．教育发展研究，2003（2）：5－18.

② Foege A.. The tinkerers: The amateurs, DIYers, and inventors who make America great [M]. Basic Books, 2013.

优势，在巩固世界制造中心和贸易大国地位的基础上，着力于提高外贸效益，实现由“贸易大国”向“贸易强国”的转变，从世界工厂升级为世界创造中心，跨越“中等收入陷阱”。

第三，引导传统制造业向中西部地区转移。传统产业和加工贸易向中西部地区转移，可以起到“一石三鸟”的效果：一是发挥沿海经济发达地区的先行优势，弥补内地工业化过程中的资本、技术和研发、企业治理、营销渠道等“瓶颈”，推动内地的工业化进程；二是为沿海发达地区产业转型升级腾出空间，实现沿海与内地产业的梯度转移和升级，避免产业空心化；三是为内地剩余劳动力找到在非农产业就业的机会，缓解就业压力，避免因社会失业率攀升而引发社会失序的政治风险。财政、税务、金融、交通运输、通信、电力等政府部门应通力合作，形成推动沿海传统产业内移的社会合力和社会氛围，鼓励内地承接沿海产业转移；继续改善内地的交通、物流、电信、电力等基础设施，控制内地的房地产等要素成本过快上涨；促进内地中心经济区的产业集群，降低企业转移成本。

第四，提升企业在全球价值链中的地位，建立我国企业主导的全球价值链。基于全球价值链发展和重构的现实，我国经济结构转型升级的重点已经不再局限于实现工业化，以及从制造业大国向服务业大国转化，而在于向价值链的高端延伸，提升我国制造业在全球价值链中的竞争力，在巩固中国制造大国地位的同时，谋求中国设计、中国创造、中国营销和服务。在海外投资扩张的同时，充分利用全球资源，推动生产性服务业发展，在设计、研发、制造、营销、服务等全球价值链的各环节与国际先进企业合作竞争，在开放中合作创新，建立中国企业主导的全球价值链。① 只有我国经济平稳运行并不断提升主导全球价值链的能力，才能稳步推进并实现人民币国际化。

第五，处理好政府与市场的关系，调整“走出去”战略。企业“走出去”在全球投资布局、在全球市场配置资源，是国民经济发展到一定阶段的产物，是企业具备所有权优势、内部化优势和区位优势的结果，而非政府拔苗助长所致。应充分发挥市场在全球资源配置的决定性作用，取消不必要的

① 王志乐．在融入全球价值链过程中转型升级［J］．经济体制改革，2015（2）：17－20.

行政干预，简化行政审批手续，并为具备“走出去”条件、在海外投资的企业提供配套服务，完善对外投资的政策性金融、政策性保险支持体系，与更多国家签订高水平的投资协定，保护海外投资企业的利益。调整“走出去”战略，细化对外投资产业政策，遵循“抓住两头，放开中间”的原则。“两头”是指能源资源类领域和制造业优势产能。我国人均资源占有量很低，石油、矿产品等能源资源类产品海外依存度高，鼓励海外投资开发国际资源，可以改善进口环境；我国工业产品附加值较低，缺乏对高端装备制造业核心技术的掌控能力，鼓励具备产能优势的企业并购国外高端装备制造企业，利用技术外溢效应，可以倒逼国内制造业产品升级。对于“两头”领域的对外直接投资，应给予税收优惠、财政和金融支持。“中间”是指一般制造业以及加工贸易。应继续改善国内的一般制造业和加工贸易产业生存环境，稳定其在国内的投资，鼓励向内地转移，取消各种类型的财税、金融支持政策，避免一哄而上的对外投资造成产业空心化。

附录：英美日对外投资导致产业空心化的教训

（一）英国

以蒸汽机的发明为代表的英国工业革命以及随之而来的海外殖民扩张，是推动英国成为世界霸主的主要诱因。蒸汽机的出现和广泛应用改变了工场手工业时期经济发展迟缓的状况，推动经济进入真正的狂飙猛进时期。在蒸汽动力用于纺织业后，棉纺织业迅速发展。到18世纪末，英国的纺织业基本上已由机器代替了手工操作。由此，英国的棉布无论数量还是质量都得到了极大的提高，并从此行销世界。蒸汽机的出现，不仅促进了纺织业的改变，而且促进了冶金业、采矿业和机械制造业的繁荣，牵引了轮船、火车、汽车和飞机的发明，完全改变了英国的经济面貌。到19世纪50年代，英国取得了世界工业和贸易的霸主地位，成为了真正的“世界工厂”。同时，随着蒸汽机带动下的军工产业快速发展，英国得以用坚船利炮打开亚非国家的大门，形成了其独具特色的殖民经济模式，英国也因此成为当时的世界经济的主导者。19世纪中叶，英国依靠其“世界工厂”的地位，经济发展达到了历史上的最高水平，同时也成为世界的金融中心。但随后，英国工业资本大举对海外投资，德国承接了英国制造业的转移。20世纪初，英国海外投资一度超过国内投资的规模，致使英国国内工业生产开始下降，技术进步速度明显放慢，最后被美国和德国超过，从“世界工厂”跌落为工业品进口国。从此以后的半个世纪内，英国虽然还保持了一段时间金融上的领先地位，但以后也被美国取代，随后又被日本超过。产业空心化的出现，导致英国的国内生产和就业水平严重下降，原来的“日不落帝国”失去了往日风采。

由于英国早前数据缺乏，这里选取1997—2014年英国服务业增加值占GDP比重、对外直接投资额、货物贸易平衡三项数据来研究英国“产业空心化”现状。如表1所示，英国服务业增加值占GDP比重不断攀升，服务业增加值占GDP比重从1997年的69.86%上升到2014年的77.10%，增长了7.24%；对外直接投资波动较大，2000年前后、2007年和2008年英国对外直接投资较大；而货物贸易逆差与服务业占增加值GDP比重反向发展，逆差却不断扩大，从1997年的-0.027万亿美元上升到2013年的-0.176万亿美元，扩大了0.149万亿美元。期间英国“产业空心化”的趋势仍在加剧。

表1　1997—2014年英国服务业增加值占比、对外直接投资额与货物贸易平衡

单位：百万美元，%

年　份	1997	1998	1999	2000	2001	2002	2003	2004	2005
服务业增加值占GDP比重	69.86	71.23	72.59	72.18	73.61	74.26	75.14	76.00	76.33
对外直接投资	61586	122816	201451	235398	61652	52518	6671	94310	80009
货物贸易平衡	-27116	-47230	-52782	-62478	-71070	-83880	-93774	-123139	-129196
年　份	2006	2007	2008	2009	2010	2011	2012	2013	2014
服务业增加值占GDP比重	76.39	77.10	77.22	78.50	78.68	78.39	78.87	79.16	77.10
对外直接投资	82795	325427	183153	39287	39416	106673	34955	19440	—
货物贸易平衡	-152771	-183861	-173594	-164185	-175136	-170563	-217770	-114808	-176128

资料来源：世界银行数据库、联合国贸发会议数据库。

（二）美国

美国对外直接投资经历与英国可谓异曲同工。在第二次科技革命中，美国超越英国，成为了世界经济史上的第二个“世界工厂”。一时间，美国的产品充斥全球，其制成品的总量在1860年居世界第四位，但到1894年，美国制造业总产值就已相当于英国的两倍。而在1895—1914年，美国制造业的产量翻一番，同一时期的工业制成品出口上升了近5倍。这一时期，美国出口产品的主要市场已经是欧洲最先进的工业国家。到1913年，美国工业生产产量已相当于英、德、日、法四国的总和。随着国内经济的快速发展和经济优势确立，美国企业也开始选择进行海外投资，日本大量承接了来自美国的制造业，美国国内经济发展模式也逐渐从工业型经济向服务型经济模式转变，产业空心化问题逐渐显现。2008年突如其来的国际金融危机使美国的产业空心化问题浮出水面，过度依靠金融服务业的经济发展模式难以为继。奥巴马政府随即提出“再工业化”战略，以期将发达的工业技术与熟练工人、富有创新的管理结合起来，用调整生产结构、采用高新技术、更新设备等，来降低生产成本，提高效率，形成高工资、高生产率的经济发展模式，重振制造业。

从目前来看，美国产业的空心化，还没有改变美国的整个工业面貌，其制造业仍有着较雄厚的基础，在科学技术和某些工业领域，美国仍居于世界领先地位。这说明产业空心化是一个长期性的问题，它必须经过从量变到质变的转化过程。国际金融危机为美国的产业空心化问题敲响了警钟。即使是美国这样拥有强大金融体系和生产性服务业的国家，也不得不在金融危机之后提升业已被认定为“夕阳产业”的制造业在整个国民经济中的地位，以解决严重的经济衰退和高失业率问题。

这里选取1997—2014年美国数据，研究美国“产业空心化”现状。如表2所示，与英国近似，美国服务业增加值占GDP比重也不断增加，服务业增加值占GDP比重从1997年的74.59%上升到2012年的77.71%；对外直接投资有所波动，但整体处于上升趋势，其从1997年的0.096万亿美元上升到2013年的0.338万亿美元；而货物贸易逆差及对外直接投资都与服务业占增加值 GDP 比重反向发展，货物贸易逆差从 1997 年的 0.210 万亿美元上升到 2014 年的 0.787 万亿美元，扩大了 0.577 万亿美元。

表 2　美国 1997—2014 年服务业增加值占比、对外直接投资额与货物贸易平衡　　单位：百万美元，%

年　份	1997	1998	1999	2000	2001	2002	2003	2004	2005
服务业增加值占 GDP 比重	74.59	75.28	75.49	75.61	76.69	77.75	77.44	77.02	76.87
对外直接投资	95769	131004	209391	142626	124873	134946	129352	294905	15369
货物贸易平衡	-209838	-262215	-363643	-477382	-450080	-507127	-578279	-710805	-831624
年　份	2006	2007	2008	2009	2010	2011	2012	2013	2014
服务业增加值占 GDP 比重	76.58	76.74	77.22	78.81	78.44	77.80	77.71	—	—
对外直接投资	224220	393518	308296	287901	277779	386724	366940	338302	—
货物贸易平衡	-892110	-872204	-882045	-549253	-690689	-783516	-790821	-749467	-787166

资料来源：世界银行数据库、联合国贸发会议数据库。

（三）日本

第二次世界大战后，日本积极吸引外资，制造业大举扩张，使日本逐渐取代美国成为世界工厂。日本是中国的近邻，又同属后发崛起大国，其对外投资经验教训对中国具有更强的借鉴意义。

早在 20 世纪 80 年代中期，由于日元急剧升值，造成经济衰退、企业生产条件恶化，日本对外直接投资增加，引发了日本对产业空心化的担忧。随着经济的快速发展，日本的产业结构也在发生着深刻变化，国民经济向着服务化方向的发展以及对外投资向软性化方向的发展，日本国内制造业向亚洲四小龙转移，国际竞争力逐渐削弱。如表 3 所示，这里选取 1997—2014 年日本服务业增加值占 GDP 比重、对外直接投资额、货物贸易平衡三项数据，完整的研究日本从承接制造业而实现经济腾飞到逐步将制造业转移，面临产业空心化现状的全过程。日本服务业占增加值 GDP 比重从 1970 年的 51.19% 上升到了 2012 年的 73.18%，增长了 21.99%。对外直接投资也随之增长，从 1970 年的较小规模的 3.55 亿美元快速上升到 1987 年的 0.020 万亿美元，进而又增加到2013年的0.136万亿美元。2013年对外直接投资相比1970年增长了382.4倍。日本货物贸易顺差从1970年的4.36亿美元逐渐增多，到1994年达到顶峰，达到0.122万亿美元，之后逐步下降，到2011年开始出现贸易逆差（0.032万亿美元），且近年贸易逆差还在不断扩大，到2014年贸易逆差已达0.138万亿美元。

表3 日本1997—2014年服务业增加值占比、对外直接投资额与货物贸易平衡

单位：百万美元,%

年份	1997	1998	1999	2000	2001	2002	2003	2004	2005
服务业增加值占GDP比重	65.68	66.45	67.00	67.35	69.03	69.86	70.02	70.11	70.65
对外直接投资	25993	24152	22743	31557	38333	32281	28800	30951	45781
货物贸易平衡	82202	107451	109359	99786	54407	79532	88887	111133	79074
年份	2006	2007	2008	2009	2010	2011	2012	2013	2014
服务业增加值占GDP比重	70.71	70.64	71.32	72.79	71.28	72.70	73.18	—	—
对外直接投资	50266	73549	128020	74699	56263	107599	122549	135749	—
货物贸易平衡	67661	92084	18878	28738	75715	-32197	-87276	-118069	-138405

资料来源：世界银行数据库、联合国贸发会议数据库。

“十三五”时期中国对外投资的区域与行业格局

魏 杰 汪 浩*

2016年3月16日，第十二届全国人大四次会议表决通过了《中华人民共和国国民经济和社会发展第十三个五年规划纲要（草案）》，这标志着中国正式进入“十三五”规划阶段。① 在“十三五”时期，我国经济最大的特征就是进入“新常态”，其突出表现在三个方面：一是经济增长速度由高速转为中高速；二是经济结构不断优化升级；三是经济增长方式由原来的要素和投资驱动转向创新驱动，“十三五”规划就是在新常态的背景下提出并实施的，其目的就是实现中国经济的稳定增长和转型升级。“十三五”规划中提出要“构建全方位开放新格局”，并强调推进“一带一路”建设、推进国际产能和装备制造合作、提升对外投资水平等，对外投资作为对外开放的重要方面，已经越来越受到重视。

一、“十三五”时期：资本输出时代的到来

2015年我国非金融类对外直接投资达到1180.2亿美元，同比增长14.7%，对外投资再创历史新高，由此实现了连续13年的增长，年均增长率高达33.6%。与此同时，我国在2015年实际利用外资1262.7亿美元，同比增长6.4%，对外投资与引进外资的差距进一步缩小，根据二者增长率的差异

* 魏杰：清华大学经济管理学院教授、博士生导师，清华大学中国经济研究中心主任。
汪浩：清华大学经济管理学院博士研究生。

① 北京日报．十二届全国人大四次会议决定（2016年3月16日通过）[N/OL]．北京日报，2016-03-17. http：//www.bjqx.org.cn/qxweb/n242427c1262.aspx.

以及国家政策的推动，2016 年我国的非金融类对外直接投资将超越引进外资，并在其后逐步拉开与外资利用额度的差距，也就是说，在“十三五”时期，我们将全面迎来资本输出时代。

扩大和深化对外投资对于化解当前我国经济社会矛盾、实现中高速增长目标和经济结构优化升级都具有积极意义。自十一届三中全会以来，我国的对外开放获得了显著的发展，但是由于国内资本存量不足以及外汇储备欠缺，我国长期坚持鼓励引进外资和出口的政策，利用国际资本和市场，我国经济在过去三十多年实现了快速增长，但是也积累了很多问题，如对外资的“超国民待遇”给民营企业带来了不公平的竞争环境、外汇占款过多导致通货膨胀压力经常性发生、外汇储备保值增值压力巨大、过度投资导致产能过剩问题凸显等，当前这些问题已经严重制约了中国经济的进一步发展，而对外投资是化解这些问题与矛盾的有力途径，通过对外投资完善市场机制、利用外汇储备、疏散过剩产能，从而实现资源优化配置和经济结构优化升级。此外，对外投资具有逆向技术溢出效应、资本和劳动力资源的再分配效应以及提升国际地位和影响力的作用，所以在新常态时期，扩大对外投资有利于我国技术水平的提升、资本和劳动力资源的优化配置，从而促进我国经济的增长。另外，对外投资与人民币国际化协同并进，大大促进了我国在世界经济中影响力的提升。

“十三五”时期我们要转变以往片面重视引进外资而限制对外投资的举措，充分重视对外投资在经济发展中的重要作用，坚持对外投资与引进外资并重。目前我国已经采取了一些措施促进对外投资的发展，如取消或简化对外投资审批程序，98% 的对外投资事项不再需要审批，实行备案制；实施“一带一路”战略，通过建立工业园区或直接建厂等形式对沿线国家进行投资；发起成立亚洲基础设施投资银行和丝路基金，用于投资亚洲发展中国家和“一带一路”沿线国家的基础设施建设、资源开发和产能合作；等等。这些举措将在“十三五”时期得以继承与进一步完善。“十三五”时期将是我国对外投资快速发展的时期，我们结合国家的“十三五”规划纲要和当前我国对外投资发展的现状与趋势，来分析我国对外投资在未来五年的格局，主要从区域格局和行业格局两个方面进行深入探讨。

二、区域格局：以“一带一路”为统领，全方位对外投资

“十三五”规划纲要中着重强调了要推进“一带一路”的建设，并以“一带一路”建设为统领，提升对外开放水平，所以“一带一路”沿线国家将成为我国未来投资的重点地区。“一带一路”是指“丝绸之路经济带”和“21世纪海上丝绸之路”，由中国国家主席习近平分别在2013年9月和10月访问中亚和东南亚期间提出，之后经过逐步完善和发展，于2013年11月写入十八届三中全会《中共中央关于全面深化改革若干重大问题的决定》，正式上升为国家战略。“一带一路”是要加强亚、欧、非的经济联系，“丝绸之路经济带”的路线设计包括三条：一是从中国经由中亚、俄罗斯至欧洲波罗的海地区；二是从中国经中亚、西亚至波斯湾和地中海地区；三是从中国经东南亚或南亚至印度洋，“21世纪海上丝绸之路”的路线设计包括两条：一是从中国沿海港口经南海、印度洋至非洲、欧洲；二是从中国沿海港口经南海到南太平洋。[①]“一带”有三层含义：一是指连接中国东部、中西部、中亚或南亚，最终到达欧洲的大通道；二是指连接沿线经济体所形成的经济产业带；三是指由沿线城市所形成的城市群体带，这三个方面相互交融、相互渗透，在我国对外开放进程中齐头并进、相互促进，我国的对外投资将是“一带”逐渐形成的重要推力，“一带”将成为我国制造业对外投资的聚集地，因为中亚和南亚地区对我国的传统制造业需求非常旺盛，对这些地区的投资主要采取建立工业园区的形式，如目前已经建立的乌兹别克斯坦鹏盛工业园、塔吉克斯坦中塔工业园、泰国泰中罗勇工业园等，根据当前的规划来看，未来将会有更多的工业园区建立起来，成为中国对外投资的重要载体。“一路”由于很大部分依托于海域，沿线的造港造城将对我国的建筑业和房地产业形成巨大的需求，当然在东南亚和非洲地区对基础设施建设和制造业的投资需求也很大，对这些国家或地区的投资能给当地创造大量的就业岗位，并且有利于

① 国家发展改革委员会，外交部，商务部．推动共建丝绸之路经济带和21世纪海上丝绸之路的愿景与行动［Z］．2015-03-28.

中国劳动力的输出和过剩产能的疏散，促进互利共赢、共同发展，另外，在海上或沿海地区投资开发也有助于我国海上运输航线的建设。“一带一路”的两大核心区分别是新疆和福建，他们将成为“一带一路”线上两个最重要的节点，发挥交通枢纽、物流中心和对外开放基地的作用。为了支持“一带一路”沿线建设，中国相继发起建立亚洲基础设施投资银行和丝路基金，以满足沿线国家和城市建设的资金需求，其中亚洲基础设施投资银行集中于服务亚洲地区的基础设施建设，丝路基金专职于服务“一带一路”沿线地区基础设施建设、资源开发和产能合作，对基础设施等的投资将会进一步改善我国的对外投资环境，从而形成良性循环。

在“十三五”时期，“一带一路”沿线的投资需求巨大，我国在这些地区的投资将会快速增长，这也是我国对外投资的重点区域，但是同时我们也要放眼世界，寻找更多的投资机会，在更广泛的范围内促进资源优化配置，也就是在以“一带一路”为统领的条件下，我们要实现全方位的对外投资，全面整合世界不同区域的优势资源，在各个地区寻找可能的投资机会，具体来说，表现在以下几个方面：

第一，积极融入与推动亚太互联互通进程，投资亚太地区。亚太地区是当今世界经济最为活跃的地区，总量位居世界前三的经济体（美国、中国、日本）都位于这一区域，经济增速较快的新兴经济体也大多位于这一区域，如中国、韩国、菲律宾等，亚太地区与全球其他地区的经济联系非常紧密，所以亚太地区的经济繁荣对于全球经济具有至关重要的意义。2014 年 11 月在北京举行的亚太经合组织第二十二次领导人非正式会议通过了两个重要的文件：一个是《亚太经合组织互联互通蓝图（2015—2025）》；另一个是《APEC 推动实现亚太自贸区北京路线图》，这标志着亚太地区经济合作的进一步深化，并且亚太自贸区的成立被提上日程，未来将会在贸易、投资、服务等领域展开更为全面的合作。对于中国企业来说，未来在亚太地区的投资壁垒将会减少，APEC 各成员国致力于构建全方位、多层次的复合型亚太互联互通网络，随着互联互通进程，我国企业在亚太地区的投资领域将进一步扩大，从而拥有更多的投资机会。

第二，利用发达国家资金成本低和技术水平高的优势，扩大在欧盟、美国等地区的投资。中国在欧盟和美国等地投资的有利条件主要表现在：①欧盟和美国等地融资成本低，当前欧盟国家的隔夜贷款利率已经下调至0.25%，美联储宣布维持联邦基金利率在0.25%～0.5%不变，[①]而同期中国的隔夜银行间同业拆借利率基本维持在2%左右；②由于大多数是发达国家，经济发达程度较高，技术较为先进，其突出表现就是很多中小企业的研发能力很强，但是受限于本地市场不振或、已饱和，而对外出口又可能存在阻碍，企业发展缺乏动力，这就为中国企业投资提供了机会，可以通过兼并收购的形式来获取先进的技术，进行生产，然后将产品出口到中国或亚洲市场；③一些欧盟国家自2008年金融危机后，经济持续低迷，尤其是以希腊为代表的主权债务危机国家拖累了欧洲经济复苏，本土企业投资意愿不强，中国的投资将起到帮助欧洲经济恢复的作用，因而将会受到欢迎，投资的壁垒与限制也会减少，这为中国企业的对外投资提供了很好的机会。

第三，借力欠发达国家或地区的追赶效应与资源优势，在非洲等地进行投资。2014年中国对非洲的投资出现下滑，投资额度为32亿美元，较上年下降5%，对非洲国家投资下降主要是因为全球经济复苏缓慢、大宗商品价格波动和埃博拉病毒的影响等，但是基于以下理由，我们认为在非洲国家仍有很大的投资潜力，①非洲目前大多数国家属于低收入国家行列，经济上具有追赶效应，只要有足够的外部资金、技术、产业等的支持，会迅速向中等收入国家收敛，这种发展速度要比陷入中等收入陷进的国家快得多，从而社会需求会大幅增长；②非洲的资源非常丰富，如尼日利亚、埃及、阿尔及利亚、安哥拉、利比亚等国的石油天然气资源，南非、津巴布韦等国的金、铬、镍、磷、钾等矿产资源等，很多都是中国稀缺的资源，而对于非洲很多国家来说，由于开采技术薄弱、产业链缺乏，开采的能力与动机不强，这为中国企业投资提供很好的机会；③非洲国家工业化的前提是基础设施建设，这是他们目前迫切需求的投资领域，而凭借技术优势，中国企业可以较为容易地在当地市场获得垄断优势；④通过中非合作论坛、中国—南非高端商务论坛、中国

① 美联储．美联储维持联邦基金利率0.25%～0.5%不变［N/OL］．国际财经中心，http://iefi.mof.gov.cn/pdlb/wgcazx/201603/t20160317_1913288.html.

—埃及商务论坛等对话机制，非洲国家越来越多地给予中国企业投资以支持与便利。这些对于中国企业在非洲投资都是利好的消息，我们可以预测今后中国在非洲的投资将会更快速地增长。

可以看出，在“十三五”时期，我国的对外投资将会以“一带一路”沿线为重点，同时对亚太地区、欧盟和非洲等进行全面投资，所以未来我国对外投资在区域格局上将会表现为以“一带一路”为统领，全方位对外投资。

三、行业格局：以产能过剩性行业为引领，宽领域对外投资

“十三五”规划纲要在“完善对外开放战略布局”中要求“深入推进国际产能和装备制造合作”，其中一个重要的原因是当前产能过剩已经成为我国经济发展的一大阻碍。产能过剩是企业的生产能力与市场饱和之间的矛盾，在某一行业中企业所具有的固定资产存量、技术条件、组织生产的资源等决定的供给能力一旦远大于国内市场的需求，就会产生供给过剩、存货过度累积、企业发展后劲不足等问题，如果在这一行业中企业普遍性地存在这些问题，就发生了行业性的产能过剩。由于经济循环的作用，产能过剩目前已经成为我国不得不面对的一个问题，诸如钢铁、水泥、电解铝、平板玻璃、船舶等行业产能利用率很低，企业经营困难。① 处于产能过剩行业中的企业要想不被市场淘汰，提高经营效益，有两条途径可供选择：一是转型升级，实现产能置换，实际上是通过多角化经营的方式把过剩产能转移到其他行业或者用于产品技术升级，如宝钢“从钢铁到材料、从制造到服务”的转型、很多传统企业抓住“互联网 +”的浪潮实现升级等。二是产能的对外输出，通过对外投资拓展市场，与宝钢所提的“从中国到全球”的战略一致。中国的产能过剩行业基本上是传统的重化工业，这些行业在中国发展已经相当成熟，根据产品的生命周期特点，可以在一些欠发达国家投资办厂，如中亚、非洲、拉美等，以实现传统行业的产能消化。“十三五”规划纲要中要求“以钢铁、有色、建材、铁路、电力、化工、轻纺、汽车、通信、工程机械、航空航天、

① 国务院. 关于化解产能严重过剩矛盾的指导意见［Z］. 2013－10－15.

船舶和海洋工程等行业为重点，采用境外投资、工程承包、技术合作、装备出口等方式，开展国际产能和装备制造合作，推动装备、技术、标准、服务走出去”，这其中大部分都是我国目前的产能过剩行业或者与产能过剩行业紧密相关的行业，所以在“十三五”时期我国的对外投资将以产能过剩性行业为引领，与此同时，其他行业也会逐步扩大对外投资，主要包括：

第一，基础设施建设行业。基础设施建设包括交通运输、通信、电力、水利、供水供暖等领域，它是生产和生活最基本的物质条件，是地区和国家经济发展不可或缺的因素。在工业化和城市化快速发展的国家，基础设施建设投资的需求尤其旺盛，所以在基础设施建设方面很容易达成一致协议。我国具备基础设施建设行业对外投资的能力也与产能过剩相关，如在铁路、公路、港口和水利的建设中会大量使用钢铁、水泥等原材料，在供电、供水、供暖和石油天然气管道的建设中会大量使用钢材、电解铝型材，通信网络的建设需要大量光纤、光缆材料等。可以发现，基础设施建设行业在我国大多是垄断性的行业，由大型国企经营，私营企业一般很难进入，而在很多其他国家这些行业并非行政性垄断，如尼日利亚的电信、印度尼西亚的电力、巴西的石油等，这为私营企业介入这些行业提供机会。而基础设施建设一般具有投资规模大、建设周期长、回收速度慢等特点，企业可以与所在国政府采取公私合作模式（PPP）。基础设施建设由于规模经济效应较为明显，往往具有自然垄断的特性，一旦有企业进入，其他企业就很难再进入市场，现在来看，基础设施建设行业对外投资有两大机会：一是中国与“一带一路”沿线国家建立的工业园区；二是城市化快速发展的重点地区。

第二，资源性行业。据英国石油公司统计数据显示，2010 年我国一次能源消费总量达到24.32 亿吨油当量，占世界能源消费总量的20.3%，首次超过美国成为世界最大的能源消费国，① 2013 年中国的能源消费增长到28.52 亿吨油当量，占据世界总量的22.4%，维持最大能源消费国地位，预计2035 年中国将超越欧洲成为全球最大的能源进口国，进口依存度从 15% 升至 23%。另外，国土资源部根据 45 种主要矿产的储藏、开采和使用情况预测，

① 英国石油公司.BP 世界能源统计年鉴［Z］.2011.

到2020年将会有25种矿产资源出现不同程度的短缺，其中11种为国民经济支柱性矿产，石油、铁、铜、铝、钾盐等矿产的对外依存度将仍处于高位。这些都表明，我国未来的矿产资源对外依存度将进一步提升，这主要是由我国快速发展的工业化和中产阶级消费群体的崛起引起的，而我国本身的矿产资源储备不足以满足这一需求，所以进口是必然选择。当然，我国企业可以延伸产业链条，主动与资源丰富的国家达成合作协议，采取自主勘探、开采、运输的形式，也就是将这些环节内部化，类似于中石油、中石化、中海油等的海外勘探开采业务，从而降低成本。在资源性行业的对外投资，投资目标国将是那些拥有丰富矿产资源的国家，而主要的市场地是中国国内市场，所以寻求二者的契合点是需要先行考虑的问题。目前来说，北非、拉美、南亚、俄罗斯远东地区等的矿产资源比较丰富，是中国资源性行业对外投资的优选之地。

第三，生产性服务业。生产性服务业是为工业生产提供配套服务的各种行业的总称，包括交通运输业、现代物流业、金融服务业、信息服务业和商务服务业，① 它属于第三产业的范畴。在国民经济的结构中，第三产业所占比例的扩大意味着产业结构的优化，在国际投资中，各国也十分重视第三产业所占比重，自20世纪90年代初开始，服务业在国际投资中的比重开始出现快速上升，在2013年全球对外直接投资中，“绿地投资”和跨国并购中服务业所占的比重分别为57.29%和44.41%，② 与此同时，中国对外直接投资中服务业所占比重为64.59%，高于世界平均水平，说明中国对外投资产业结构较为优化。而在接下来的几年或十几年中，服务业对外投资主要有两个方向：一是生产性服务业与采矿业、制造业、建筑业等在量上同步发展，为这些生产性行业在国外的投资发展提供配套支持；二是生产性服务业需要在质上获得一定提升，包括扩大金融服务和技术服务在生产性服务业中的占比、培育咨询服务的国际品牌、建设更为便捷通畅的国际物流体系等。以咨询领域为例，我们很容易发现目前具有知名度的咨询公司如麦肯锡、贝恩、波士顿、

① 国务院．中华人民共和国国民经济和社会发展第十一个五年规划纲要［Z］．2006－03.

② 联合国贸易与发展会议．世界投资报告（2014）［R］．2014.

罗兰·贝格、埃森哲等均为国外企业，而中国本土咨询企业如正略钧策、和君、北大纵横等的国际影响力都很低，在咨询行业等附加值非常高的行业，中国也应该有自己的国际品牌。

在“十三五”时期，我国的对外投资将以产能过剩性行业为引领，在基础设施建设行业、资源性行业和生产性服务业等领域扩大对外投资，也就是说，“十三五”时期我国对外投资在行业格局上表现为以产能过剩性行业为引领，宽领域对外投资。

四、推动我国对外投资健康发展的政策建议

随着经济全球化的扩展与深化，与国际社会经济往来的日益频繁已经成为不可逆转的历史趋势，在这种情况下，我国适时提出“引进来”和“走出去”的国家战略，积极与国际市场接轨，这是明智的选择，也是被历史证明符合我国国家利益的选择。而在“走出去”战略中，我们逐渐将重心从对外出口转向对外投资，现阶段我国的对外投资将会对企业和宏观经济都具有积极的意义，我们要顺应经济发展规律，迎接资本输出时代的到来。为此，我国政府必须扮演好自己在对外投资过程中的角色，既不能越俎代庖、过度干预，妨碍对外投资的自由发展，也不能无所作为、任其自然，让对外投资畸形发展，而是要成为有限的并且有为的政府，基于此，以下我们将详细分析我国政府在实施对外投资战略中的界限与应有作为，以促进对外投资的健康发展。

（一）建立互信、合作、包容的国际关系

国家层面的互信与合作对于两国经济往来的发展具有重要的意义，政治上的矛盾与摩擦会影响经济上的合作，政府之间的对抗与分离会影响民间的交流与融合，所以在对外投资过程中处理好政府之间的关系显得尤为重要。基于有利于对外投资发展的视角而言，我国政府应与东道国政府发展好相互关系。首先，在政治上建立互信关系，一些国家经常以“中国威胁论”“新殖民主义”等来污蔑中国，以国家安全的理由来拒绝中国企业的投资，如西色

国际弃购美国金矿、中海油收购加拿大尼克森多次受阻、华为在美国市场被禁、墨西哥撤销高铁合同等，这些都凸显了国家之间的政治不信任，所以如何建立政治互信还有很大的研究空间；其次，在经济上建立合作关系，政府间的经济合作对于民间经济合作有重要的带动作用，我国政府已与很多国家签订投资和贸易合作伙伴协议，积极发展单边和多边合作，并且就一些关键领域的合作达成一致，如建立的中国—东盟自由贸易区、中俄全面战略协作伙伴关系、签定中美能源和环境十年合作框架等；最后，在文化上互相包容，互相尊重，加强交流与融合，保持平等友好的国民关系，这既有利于中国企业在国外的处境，也有利于中国的文化产业对外投资。

（二）减少政府干预，增强服务职能

政府与市场的边界问题由来已久，也就是政府要在何种程度上对企业进行干预。我们认为在对外投资中，也要发挥市场在资源配置中的决定性作用，政府逐步由管理型转向服务型，以适度的调控和监管保证市场的有序发展，在更多方面为企业的对外投资提供便利与服务。首先，简化对外投资的审批程序，实行以备案制为主的管理；其次，制定与完善对外投资相关法律，响应民意，尽快制定“对外投资促进法”，使企业的对外投资有更详细的法律可依，得以法律保护；再次，我国在金融领域的垄断比较严重，资源可能没法有效地配置，政府部门要督促大型商业银行关注对外投资企业的融资需求，简化融资手段；最后，政府应适当向民营部门倾斜，鼓励民营企业“走出去”，由于我国的社会主义经济制度，国有企业在一些领域的势力要远远大于民营部门，这样在对外投资过程中，民营部门可能会处于竞争劣势，国有企业要给予其更多发展空间。

（三）培养熟悉市场、懂规则的国际化人才

中国对外投资的发展离不开熟悉国际市场规则、掌握国际投资实务、具有国际战略眼光的国际化人才，并且随着资本输出时代的到来，对这方面的人才需求会更大，这就需要通过教育和培训来实现。而对于这种中高端人才的教育和培训是具有很强外部性的事，并且成本比较高，企业可能缺乏动力来做这些事，所以政府部门要发挥弥补市场缺陷的作用，为对外投资的发展

培育更多人力资本。第一，在大学教育中设置相关专业，培养研究国际市场规则和从事国际投资实务的专业人才，可以分设在学术型和技能型高校；第二，重视外语教育，尤其是小语种的教育，中国与越来越多的国家投资合作，就需要了解这些国家的语言、文化、法律和传统等，需要对这些国家熟知的复合型人才，未来在中亚、西亚、东欧、非洲等地的投资中，这方面的需求表现得尤其明显；第三，开展社会培训，社会培训主要是职业导向的，如开展外贸人才的培训、外语的培训、针对企业经理关于对外投资的知识性讲座等，其中有些培训可以鼓励社会培训机构去做，而对于像知识性讲座这样的活动可以由政府牵头组织进行，以拓宽企业家视野。

（四）推进体制机制改革，提高服务效率

政府部门需要不断调整自己以适应新形势、新趋势，也就是政府部门要进行体制机制改革。为顺应即将到来的资本输出时代的需求，政府部门要在部门设置、管理权限、政府职能、管理与服务方式等方面进行调整与变革。首先，在部门设置与管理权限方面，由于在对外投资过程中地方企业越来越活跃，而且一些重点地区将成为对外投资的主要出口，为了便于企业对外投资，商务部可以下放对外投资的审批权、监管权至省级或市级主管部门，而像在“一带一路”的核心区福建、新疆等地可以增设政府业务部门，如在福建设置针对东南亚投资的管理委员会、在新疆增设针对中亚地区投资的外汇管理部门等；其次，在政府职能方面，履行好管理与服务两方面职能的同时，逐步实现由管理型政府向服务型政府的转型，更少地干预企业的决策与经营，更多地为企业提供产权保护、自由竞争市场、合法有序的竞争环境等服务，真正发挥市场在资源配置中的决定性作用；最后，政府的管理与服务方式也要与时俱进，结合当前“互联网＋”的思维，建设信息化政府管理与服务平台，让企业可以方便地通过网络获取信息和办理业务，这会大大节省成本，提高效率。

综合以上来看，为了促进对外投资的健康发展，政府部门要协调好与各利益主体的关系，包括与东道国政府的政治互信、经济合作和文化互融，为本国企业对外投资提供手续简化、法律保护、金融服务和政策倾斜，教育和

培训对外投资方面的国际化人才，增设业务部门，转变政府职能，建设信息化政府，更好地服务于企业对外投资。

主要参考文献

［1］北京日报．十二届全国人大四次会议决定（2016 年 3 月 16 日通过）［N/OL］．北京日报，2016 - 03 - 17. http：//www. bjqx. org. cn/qxweb/n242427c1262. aspx.

［2］国家发展改革委员会，外交部，商务部．推动共建丝绸之路经济带和 21 世纪海上丝绸之路的愿景与行动［Z］. 2015 - 03 - 28.

［3］美联储．美联储维持联邦基金利率 0. 25% ~0. 5% 不变［N/OL］．国际财经中心，http：//iefi. mof. gov. cn/pdlb/wgcazx/201603/t20160317_1913288. html.

［4］国务院．关于化解产能严重过剩矛盾的指导意见［Z］. 2013 - 10 - 15.

［5］英国石油公司. BP 世界能源统计年鉴［Z］. 2011.

［6］国务院．中华人民共和国国民经济和社会发展第十一个五年规划纲要［Z］. 2006 - 03.

［7］联合国贸易与发展会议．世界投资报告（2014）［R］. 2014.

中国对“一带一路”沿线国家投资的特征与风险*

王永中　李曦晨**

一、中国对“一带一路”沿线国家直接投资的总体特征

（一）投资的区域分布

中国对“一带一路”沿线国家直接投资的区域分布差异较大。东盟与中国经贸关系密切，是“一带一路”沿线中吸引中国直接投资最多的地区。许多东盟国家劳动力资源丰富，成本较低，且矿石资源储量较大，但电力基础设施薄弱，电力供应短缺现象较为普遍，中国对其投资主要集中在电力、矿业资源开发和制造业等行业。2013 年底，中国对东盟的直接投资存量为 306.4 亿美元，占中国对“一带一路”国家投资存量的 52.3%。中国对东盟的投资主要分布于新加坡、印度尼西亚，2013 年，中国对两国的直接投资流量分别为 20.3 亿美元、15.6 亿美元，占当年中国“一带一路”直接投资量的 15.1% 和 11.6%。

西亚、中亚是中国直接投资规模较大的两个地区。2013 年底，中国对西亚、中亚的直接投资存量分别为 78.3 亿美元、71 亿美元，占中国“一带一路”沿线国家的投资额比例分别为 13.4%、12.1%。西亚地区资源丰富，是中国资源、能源的主要供给地之一。中国对西亚的投资主要集中于能源、基础设施和制造业等行业，主要分布于伊朗、沙特、也门、阿联酋和土耳其等国。中亚地区油气资源丰富，而轻工业相对落后，中国对中亚投资集中在石

---

* 本文转引自《开放导报》2015 年第 4 期。

** 王永中：中国社会科学院世界经济与政治研究所世界能源室主任，研究员。

李曦晨：中国社会科学院研究生院世界经济系硕士研究生。

油勘探与开采、交通及通信建设、化工、农副产品加工等领域（郑蕾、刘志高，2015）。中国对中亚投资的波动较大，主要配置于哈萨克斯坦。

蒙古是中国的邻国，矿石资源丰富，是中国重要的海外投资目的地。2013 年，中国对蒙古的投资存量为28.3 亿美元，占中国对“一带一路”投资额的4.8%。中国对独联体和南亚的投资规模较低。2013 年，中国对独联体的投资存量为54.8 亿美元，占“一带一路”投资存量的9.4%，主要分布在俄罗斯，重点配置于森林、能源开采和加工制造业。受国际地缘政治因素的影响，中国在南亚地区直接投资的较为滞后。2013 年，中国在南亚的投资存量仅为37.2 亿美元，占“一带一路”投资规模的6.4%。中国对南亚的投资主要分布于印度和巴基斯坦，投资集中在机械设备制造、纺织、能源开采、基础设施等行业。中国对中东欧的投资规模最低，2013 年的投资存量仅为9.5 亿美元，占中国对“一带一路”投资额的1.6%。

表1　中国对“一带一路”沿线国家直接投资流量的区位分布

单位：亿美元

国别 / 年份	东盟	西亚	独联体	中亚	南亚	东亚（蒙古）	中东欧	总量
2003	1.2	0.2	0.3	0.1	0.1	0.0	0.1	2.0
2004	2.0	0.4	0.8	0.1	0.0	0.4	0.0	3.8
2005	1.6	1.2	2.1	1.1	0.2	0.5	0.1	6.7
2006	3.4	2.6	4.7	0.8	-0.5	0.8	0.2	11.9
2007	9.7	2.5	4.9	3.8	9.4	2.0	0.3	32.5
2008	24.8	2.1	4.1	6.6	4.9	2.4	0.4	45.3
2009	27.0	7.3	3.6	3.5	0.8	2.8	0.4	45.3
2010	44.0	11.0	6.3	5.8	4.2	1.9	4.2	77.4
2011	59.1	14.3	7.4	4.5	9.1	4.5	1.3	100.2
2012	61.0	14.5	9.0	33.8	4.4	9.0	1.5	133.3
2013	72.7	22.3	11.6	11.0	4.6	3.9	1.0	127.1
合计	306.4	78.3	54.8	71.0	37.2	28.3	9.5	585.5

资料来源：CEIC。

（二）投资的行业结构

自2005年以来，中国对“一带一路”沿线国家大型项目投资的行业结构呈现多元化态势，先由能源行业起步，逐步拓展至金属矿石、不动产、交通、高科技、农业、金融和化学等行业。2005年，中国在“一带一路”的大型项目投资仅涉及能源行业，以石油为主，天然气和煤炭为辅。2006—2008年，中国大型项目投资涵盖的行业延伸至金属矿石、不动产和交通等行业。金属矿石业先是以铝、铜为主，后以钢铁为主。交通业包括飞机、造船、汽车和火车，以造船业为主，近年来汽车业比重逐渐上升。不动产以财产和建筑为主。2009—2013年，中国企业投资所涉及的行业进一步拓展至高科技、农业、金融和化学等行业。这反映了中国企业对“一带一路”沿线国家的投资能力经历了一个稳步提升的过程。从行业结构看，能源占绝对主导地位，金属矿石居次席，不动产、交通分列第三位、第四位，农业、高科技和化学等行业的投资规模相对较小。

表2　中国对“一带一路”沿线国家大型投资项目的行业结构

单位：亿美元

项目 年份	能源	金属矿石	不动产	交通	高科技	农业	金融	化学	其他
2005	44.9	0	0	0	0	0	0	0	0
2006	60	9.4	13	9.7	0	0	0	0	1.2
2007	20.1	45.7	0	1.5	2.8	0	0	0	0
2008	94.1	31.8	0	48.9	0	2	0	0	0
2009	145.4	6.7	2.8	4.7	5	0	5.3	0	2
2010	53.1	24.6	16	0	3	14.1	0	0	0
2011	90.2	57.3	19.9	18.1	0	1	1	19.2	1.2
2012	37.8	32.2	29.3	9.2	16.5	0	0	0	2.4
2013	134.1	25.3	35.5	22.1	3.5	20.4	2	1.1	5.2
合计	679.7	233	116.5	114.2	30.8	37.5	8.3	20.3	12

资料来源：The Heritage Foundation和作者的计算。

（三）国内投资企业的类型和地区

从投资规模来看，中央级国有企业是中国对“一带一路”沿线国家开展投资的主力军，地方企业只能发挥补充性作用。截至2014年上半年，中央级企业对“一带一路”沿线国家大型项目投资的存量为864.5亿美元，占中国对“一带一路”大型项目投资总量的67.4%。其中，大型央企的投资量为782.2亿美元，占中央级企业投资量的90.5%，中投公司的投资量为59.1亿美元，占比为4.6%，而以四大国有银行为代表的金融央企的投资存量较低，仅为23.2亿美元，占1.8%。

地方企业对“一带一路”国家大型项目的投资存量为419亿美元，占中国对“一带一路”大型项目投资存量的32.6%。中国地方企业对“一带一路”沿线国家的投资主要来源于经济较为发达的东部地区。上海企业对“一带一路”的投资存量最大，达99亿美元，占地方企业投资量的23.6%；北京企业的投资量居次位，为58.1亿美元，占13.9%；浙江、广东、吉林和山东的企业的投资规模较为接近，分别为42.1亿美元、39.6亿美元、39.2亿美元、37.5亿美元，其占地方企业对“一带一路”投资存量的比例依次为10.0%、9.5%、9.4%、8.9%。其他地方企业对“一带一路”的投资量显著低于东部地区。

二、中国在“一带一路”沿线国家承接大型工程项目的特征

（一）大型工程承包项目的承接规模

2013年，中国在“一带一路”沿线国家承接的大型工程承包项目的金额为580亿美元，是2005年（85.8亿美元）增长了5.76倍，占中国当年对外承接的大型工程承包项目金额的55.5%。在2005—2014年上半年，中国在“一带一路”沿线国家承接的大型工程项目规模，占中国对外大型工程总承包量的平均比例高达58.2%，显著高于直接投资的比重。这表明，中国一半以上的大型工程项目市场位于“一带一路”沿线国家。未来一段时间，随着基础设施互联互通将成为中国与“一带一路”国家的重点合作领域，中国对“一带一路”国家的基础设施投资将很可能出现爆发性增长。

（二）大型工程承包项目的区域分布

中国在“一带一路”沿线国家承接的大型工程承包项目，主要分布于东

盟、西亚和南亚三个地区，中亚、独联体和中东欧的规模相对较低。2005—2014 年上半年，中国在东盟、西亚和南亚承接的大型承包工程项目的总规模分别为 631. 6 亿美元、599. 7 亿美元、368. 9 亿美元，分别占中国在“一带一路”承担的大型工程项目总额的 34. 3%、32. 5%、20. 0%，而中国在中亚、独联体和中东欧地区承担的大型工程项目的规模分别为 134. 7 亿美元、108. 3 亿美元、88. 9 亿美元，其占比依次为 7. 3%、5. 9%、4. 8%。

从总体上来看，中国在“一带一路”国家承担的大型工程项目呈现出稳步扩散的态势。在 2005—2006 年，中国承揽的工程项目集中分布在东盟、西亚，这两个地区的联合比重平均比重高达 89. 7%。2007—2010 年，中国工程承包商的影响力迅速扩展至南亚和中亚地区，东盟和西亚地区的年均业务比重下降至 72. 6%，而南亚和中亚地区的工程业务量的年均比重由前期的 10. 3% 攀升至 23. 8%。自 2011 年以来，中国的工程承包市场进一步拓展至独联体和中东欧，东盟和西亚的承包业务平均份额持续降至 57. 1%，南亚和西亚的平均份额稳定升至 32. 7%，而独联体和中东欧的业务平均份额由前期的 5. 0% 大幅上升至 18. 1%。

（三）大型工程承包项目的行业结构

中国在“一带一路”沿线国家承担的大型工程承包项目主要集中于能源、交通和不动产等行业。2005—2014 年上半年，中国在能源、交通和不动产等行业承建的大型工程承包项目的存量分别为 1083. 1 亿美元、395. 3 亿美元、212. 7 亿美元，占承担的“一带一路”大型工程项目总额的比例依次为 57. 1%、20. 8%、11. 2%。中国还承担了金属矿石、农业和化学等行业的一些大型工程项目，其金额分别为 108. 6 亿美元、57. 4 亿美元、29. 6 亿美元，远远低于能源、交通和不动产等行业。总体来看，中国在“一带一路”沿线国家承担的能源行业工程承包项目的绝对规模呈上升趋势，但其所占比重稳步下降，交通行业的工程承包规模及其所占比重逐步上升，而不动产行业的工程承包规模波动性大，尚未表现出稳定的趋势。

（四）承接大型工程项目的国内企业类型

在工程承包领域，中央企业相比较于地方企业拥有巨大的市场竞争优势，如工程施工技术、资金实力、专业人才储备、国际市场经验和国际知名度等。中央企业在一带一路国家的工程承包业务中占据绝对的主导地位。

在中央企业内部，母公司承接了绝大部分的大型工程承包业务，子公司承担的工程业务量相对较少。在2005—2014年上半年，中央企业以母公司名义在“一带一路”承接的大型工程项目的总规模达1541.2亿美元，以子公司名义出面承担工程项目的总金额为238.4亿美元，其占中央企业在“一带一路”工程承包量的比例分别为86.6%、13.4%。值得注意的是，中央企业在“一带一路”沿线国家以子公司名义承揽大型工程的规模近年来大幅下降，由2010年的63.7亿美元大幅降至2013年的1亿美元，其占比也相应由22.4%大跌至0.4%。而且，在2014年上半年，中央企业在“一带一路”沿线不再以子公司名义承接大型工程项目。预计中央企业在未来的“一带一路”基础设施互联互通建设过程中将继续发挥主力军的作用。

三、中国在“一带一路”沿线国家投资失败的大型项目的特征

（一）投资失败的大型项目的数量和金额

“一带一路”沿线国家经济发展水平差异巨大，市场经济体制不成熟，跨境投资合作机制不健全，投资风险较高，地缘政治复杂，制约着中国与“一带一路”沿线国家的经贸合作。2005—2014年上半年，中国在“一带一路”沿线国家投资失败的大型项目数量为32个，占中国投资失败的大型项目总数的24.6%；在“一带一路”投资失败的项目金额达560.2亿美元，占中国投资失败的大型项目金额的23.7%。在此期间，中国在“一带一路”沿线国家投资失败的大型项目的数量（金额）占中国投资失败的大型项目的数量（金额）的比重，均经历了先大幅下降后稳步上升的态势。中国在“一带一路”失败项目数比例先由2006年的62.5%大幅降至2008年的6.7%，后升至2013年的28.6%，而失败项目金额的比例则先由2006年的61.4%剧降至2008年的0.8%，后又升至2013年的32.6%。

（二）区域分布

中国在“一带一路”沿线国家投资失败的大型项目主要分布于西亚和东

盟地区，其他地区投资失败项目的规模较小。2005—2014 年上半年，中国在西亚、东盟投资失败的大型项目的总规模分别为 295.9 亿美元、160 亿美元，占中国在“一带一路”投资失败项目总额的比例依次为 52.7%、28.5%。

中国企业在东盟投资失败的项目数量最多，但投资失败的项目金额相对较小。中国企业经历投资失败的东盟国家包括菲律宾、缅甸、越南、新加坡、柬埔寨、泰国、印度尼西亚等国，其中在菲律宾投资失败的次数最多，金额最大。近年来，受美国重返亚洲、东盟国家内部政局变动和南中国海争端等因素的影响，中国企业在东盟地区的投资频频失利。缅甸国内政治局势的变化导致中缅密松大坝工程和中缅合资的莱比塘铜矿项目被叫停，中缅皎漂—昆明铁路工程计划被取消；柬埔寨首相下令暂停建造中柬合作大坝；泰国政局动荡导致中泰“高铁换大米”计划流产；菲律宾拒绝中方技术人员参与菲国内的电力输送工程，为中国国家电网公司（持有菲律宾国家电网公司 40% 的股权）在菲律宾的正常业务运营设置了障碍。

中国在西亚地区投资失败的大型项目分布在伊朗、叙利亚和沙特阿拉伯。其中，伊朗是中国在西亚地区投资失败的项目金额最多的国家。中海油曾在 2006 年收购伊朗一个价值 160 亿美元的油气项目失败。中国在南亚投资失败的国家分布于阿富汗、印度和巴基斯坦。近年来，斯里兰卡新政府上台导致中国交建承建的、总投资为 15 亿美元的科伦坡港口城项目面临不确定的政治风险，引发了国内的强烈关注。中国在中亚地区投资失败的项目主要位于哈萨克斯坦和乌兹别克斯坦，在独联体地区的投资失败项目主要分布于俄罗斯，中东欧地区的失利项目主要位于波兰和保加利亚。当然，这并不意味着这些国家的投资风险会较高，因为中国对其投资规模也相对较高。

（三）行业结构

中国在“一带一路”沿线国家投资失败的行业主要是能源和金属矿石。2005—2014 年上半年，中国在“一带一路”国家能源、金属矿石行业投资失败的规模分别高达 406.4 亿美元、82.2 亿美元，依次占中国在“一带一路”投资失败总额的 72.4%、14.6%，两个行业合计占 87.0%；农业、交通行业的投资失败规模分别为 41.3 亿美元、28.8 亿美元，约占投资失败额的 7.4%、

5.1%；不动产、高科技行业的投资失败金额很小，基本可忽略不计。从年度数据来看，能源行业投资失败事件的出现最为频繁，基本上每年都有；金属矿石和交通行业投资失败的频率也较高；农业和高科技行业投资失败的出现频率低，具有偶发性。对于中国企业而言，能源、资源行业属于敏感和高风险的行业。在过去的一些年份，中国企业在海外大举收购能源、资源行业，可能引起了“一带一路”国家的担忧和警惕。事实上，中国并未能从前段时间的对外能源资源并购潮中获得应有的利益。

四、中国在“一带一路”沿线国家的投资风险评估

为比较“一带一路”沿线国家与其他经济体的投资风险，我们选择用下述两个相对指标来衡量“一带一路”国家的投资风险：一是中国在“一带一路”国家投资失败的大型项目数量份额与“一带一路”的投资价值份额之间的比率；二是“一带一路”投资失败的大型项目的价值份额与“一带一路”投资份额之间的比率。若上述两个指标值大于1，表明“一带一路”沿线国家的投资风险高于其他国家；若指标值等于1，说明“一带一路”国家的投资风险与其他国家一样高；若指标值小于1，则“一带一路”国家的投资风险低于其他国家。

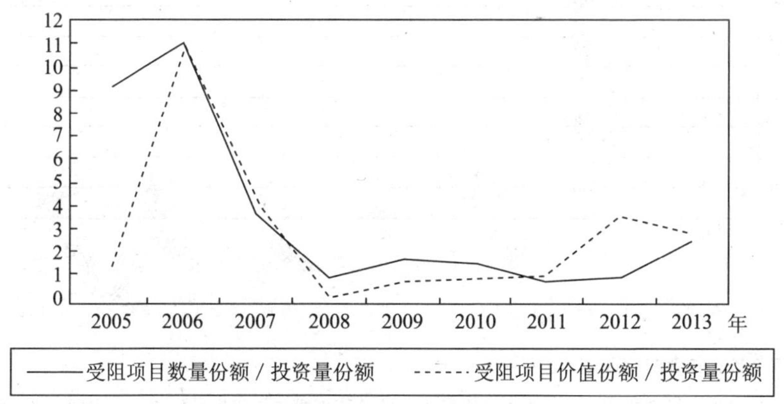

资料来源：作者的计算。

图1　中国在“一带一路”沿线国家的相对投资风险（受阻程度）

如图2显示，中国在“一带一路”沿线国家投资失败项目的数量份额、价值份额的比例均显著超过其在“一带一路”的投资份额。2005—2013年，中国在“一带一路”投资受阻项目的数量份额、价值份额与其在“一带一路”的投资份额之间的比率的均值分别为3.72、2.77。这表明，对于中国企业而言，“一带一路”国家的投资风险明显高于平均水平，中国在“一带一路”沿线国家的投资风险呈现出先大幅下降后缓步回升的态势。中国在“一带一路”的投资受阻项目的数量份额、价值份额与投资份额的比率先由2006年的11.1、10.9的峰值水平大幅降至2008年的0.82、0.10，后又总体上缓慢回升至2013年的2.42、2.76。

为比较“一带一路”沿线各地区的投资风险水平，我们计算了中国在“一带一路”各地区的投资受阻项目的总价值与对其投资总额的比率。如图2所示，2005—2014年上半年，中国在西亚地区的投资受阻项目价值总额与投资总额的比率最高，达3.78，南亚地区次高，为1.26，中东欧、东盟和蒙古等地区的比率相对较低，介于0.44～0.67，而中亚地区的比率最低，仅为0.21。这说明，对于中国企业而言，西亚地区的投资风险最高，南亚地区的投资风险较高，中亚地区的投资风险较低，而中东欧、独联体和东盟等地区的投资风险处于中等水平。

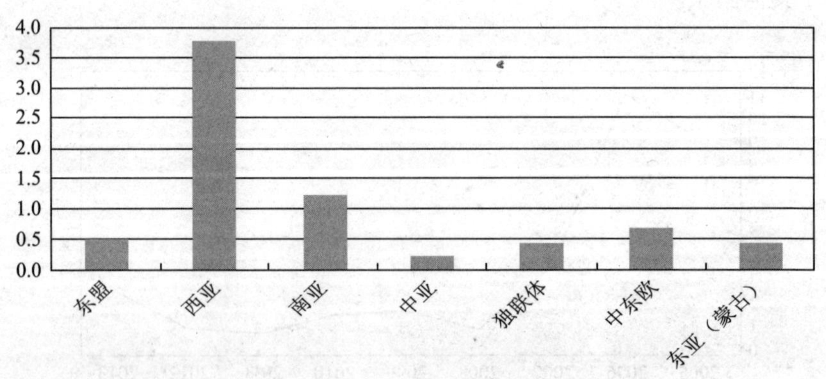

资料来源：作者的计算。

注：相对投资风险的衡量指标为投资受阻项目的价值规模与投资规模的比率，本图的相对投资风险指标值为2005—2014年上半年各地区的投资受阻项目的价值总额与投资总额的比率。

图2　中国在“一带一路”沿线各地区的相对投资风险

五、结论与政策建议

综合前面的分析可以发现，中国在“一带一路”沿线国家的直接投资和大型工程承包业务存在较大的地区和行业差异，在“一带一路”沿线国家投资失败的大型项目主要分布于西亚和东盟地区，其他地区投资失败项目的规模较小。中国在“一带一路”沿线国家投资失败的行业主要是能源和金属矿石。“一带一路”国家的投资风险明显高于平均水平。中国在“一带一路”沿线国家投资失败项目的数量份额、价值份额的比例均显著超过其在“一带一路”的投资份额。对于中国企业而言，“一带一路”沿线地区的投资风险也存在差异性。西亚地区的投资风险最高，南亚地区的投资风险较高，中亚地区的投资风险较低，而中东欧、独联体和东盟等地区的投资风险处于中等水平。

为降低中国对“一带一路”国家的投资风险，提高对外投资的回报和效率，提升对外投资的可持续发展水平，促进“一带一路”战略的顺利实施，本文提出如下政策建议：

第一，中国的政府、学术界、媒体和企业界应向“一带一路”沿线国家的社会各界人士宣传与解释“一带一路”倡议的目标和合作领域，化解其误解和疑虑，增进共识和互信。第二，加大对“一带一路”沿线国家相关语种人才的培养力度，鼓励行业协会商会在“一带一路”沿线国家设立分支机构，加强对“一带一路”沿线国家的国别调研和情报信息收集力度，深化国内社会各界对“一带一路”国家的国情认识。第三，中国政府应积极与“一带一路”沿线国家修改和签订双边投资协定，支持中国企业在海外依法维权，要求所在国的政府和法律公正、透明地保护中国企业的合法权益。第四，规范企业海外经营行为，提高企业的合规守法意识，完善政府对外投资促进体系，降低中国企业面临的政治风险。第五，中国企业应完善投资策略，不要盲目追求大规模的投资项目，适当克制对能源资源等敏感行业的投资，减少投资项目的受关注度和政治风险。第六，充分发挥香港在内地企业“走出去”过程中的中介服务功能和平台作用，缓解中国企业的海外投资风险。第七，构建中国对外投资国家风险评级、预警和管理体系，为国内企业降低海外投资风险、提高海外投资成功率提供参考（王永中、王碧珺，2015）。

主要参考文献

［1］王永中，王碧珺．中国海外投资高政治风险的成因与对策［J］．全球化，2015（5）．

［2］郑蕾，刘志高．中国对“一带一路”沿线直接投资空间格局［J］．地理科学进展，2015（5）．

［3］中华人民共和国商务部，中华人民共和国国家统计局和国家外汇管理局．2013 年度中国对外直接投资统计公报［M］．北京：中国统计出版社，2014.

丝路经济带中亚投资环境及市场风险*

卢周来　刘　珺**

丝绸之路经济带是基于古丝绸之路概念的基础上，以亚欧大陆桥为纽带，依托现代公路、铁路、航空和油气管道，从中国到中亚、中东再到欧洲的一条带状之路，被誉为“世界上最长、最具有发展潜力的经济大走廊”。这条陆上丝绸之路以中国为出发点，按照由近及远、逐步扩大的推进思路，可以划分为三个层次，即中心区域、扩展区域、辐射区域，其中处于第一层次中心区域的中亚地区是打通“丝绸之路经济带”的必经之地，也是世界著名的“经济凹陷带”。这里自然资源丰富，市场潜力巨大，但地区经济发展水平整体落后，社会波动起伏较大，市场环境不似欧美国家那样成熟规范、有法可依、灵活开放，中国企业在该地区的投资建设、贸易往来在成本收益、投资安全上面临较大不确定性。对中亚国家的市场风险因素进行归纳分类，对风险带来的效益减损进行评估，对于消除在投资、贸易、税收、准入等方面的障碍以便利经济往来，保证中国企业在中亚的巨量投资和资本运作实现收益最大化意义重大。

一、中亚国家的经济现状

（一）经济体量和规模

经过20多年的转型发展，现阶段中亚各国在经济发展水平上拉开了距

---

* 本文转引自《开放导报》2015年第4期。

** 卢周来：国防大学国防经济研究中心教授。

刘　珺：国防大学国防经济研究中心应用经济学博士后。

离。据世界银行资料，哈萨克斯坦 2013 年 GDP 总值达到 2244 亿美元，人均 GDP 为 12708 美元，为中亚地区的最大经济体①。乌兹别克斯坦近年来 GDP 增速维持在 8% 左右，2013 年 GDP 总量约 567 亿美元，2014 年国内生产总值 627.8 亿美元，同比增长 8.1%，但由于人口规模庞大，人均 GDP 为 1886 美元，仍属于中低收入国家②。土库曼斯坦 2013 年 GDP 达到 418.51 亿美元，人均 GDP 为 6880 美元。吉尔克斯斯坦 2013 年 GDP 为 72.26 亿美元，仅占中亚五国 GDP 总量的 2.2%，人均 GDP 为 1323 美元，来自俄罗斯和哈萨克斯坦等国的侨汇是吉尔克斯斯坦外汇收入的主要来源之一。塔吉克斯坦 2013 年 GDP 数量为 69 亿美元，人均 GDP 为 1049 美元，远低于中亚其他国家，国内近半人口生活在贫困线以下③。总体来看，五国当中，哈萨克斯坦、乌兹别克斯坦、土库曼斯坦经济实力相对更强，发展速度更快。塔吉克斯坦、吉尔克斯斯坦两国资源禀赋较差，经济实力较弱，发展严重依赖外援。

（二）经济稳定性

据中亚各国政府发表的统计数据显示，哈萨克斯坦 2013 年的通胀率为 4.8%，2014 年通胀率为 7.4%。乌兹别克斯坦 2013 年消费价格指数为 7%，2014 年通胀水平 7% ~8%，2015 年预测通胀率最高为 6.5%。土库曼斯坦 2013 年通胀率为 10.5%，失业率是 60%，位列美国著名科技公司 Business Insider 公布的五大最不幸国家的名单当中。吉尔克斯斯坦 2013 年通胀率为 4%，2014 年为 8.2%。自 2008 年以来，吉尔吉斯斯外债总额持续高于外汇储备至少 9 亿美元，本币索姆自 2008 年以后稳步贬值，2014 年 4 月，索姆兑美元汇率为 54.4：1，较 2013 年贬值 11%，较 2008 年贬值 32.7%。④ 塔吉克斯坦 2013 年全年消费价格指数为 3.7%，通胀率达到塔独立以来的最低水平。制约塔国内发展的关键问题是国内外债水平始终较高，截至 2013 年底，塔外债总额为 21.62 亿美元，占塔当年 GDP 的 25.4%。2013 年，塔偿付债务本金 1

① 哈萨克斯坦资本网站，http：//www.kz.mofcom.gov.cn。

② 储殷，柴平．“一带一路”投资政治风险研究之乌兹别克斯坦［J］．中国网，2015-04-13. http：//www.china.com.cn/opinion_ 57_ 126957.html。

③ http：//www.state.gov/r/pa/ei/bgn/5775.htm.

④ 中国—吉尔克斯斯坦金融合作探析［J］．金融时报，2015-02-02.

亿美元，利息0.33亿美元。此外，权力党派斗争、民族宗教矛盾、边界水资源争夺等，成为制约中亚国家经济发展稳定不可忽视的超经济因素。

（三）经济开放度

近年来，中亚五国与相关国家的双边贸易额逐年增长。从中国与中亚五国合作贸易额来看，据初步统计，2012年，中哈贸易额达286亿美元，中乌贸易额首次突破40亿美元，增幅分别为11.3%和58.3%。2013年中国与哈萨克斯坦、乌兹别克斯坦、土库曼斯坦、吉尔吉斯斯担中亚四国贸易额达402亿美元，比2012年增长13%。预计2015年中哈双边贸易额将达到400亿美元，2017年中乌双边贸易额将达到50亿美元。为了加快建立开放型对外经贸体制，中亚各国政府实行了一系列鼓励政策，包括扩大企业对外经贸经营权，逐步取消国家对外贸的垄断及对易货贸易的各种限制；采取免交减交所得税、关税等优惠税收政策吸引外商投资；采取法律、行政手段保障外国资本流入；实行金融信贷领域改革，加强外汇合理有效使用，逐步与国际接轨等。但中亚国家政府实行对外开放发展对外经贸关系的同时，注重通过税收等手段调控保护本国经济①。

（四）经济潜力

中亚国家油气资源丰富，矿藏种类繁多，其中哈萨克斯坦钨储量世界排名第一，磷矿石占世界第二位，铬铁矿探明储量居世界第三位；乌兹别克斯坦的天然气、黄金和铀矿开采量分别居世界第11、9、5位；塔吉克斯坦的铅、锌矿储量以及土库曼斯坦的石油、天然气储量均居世界前列。中亚多数国家以油气、矿产开采和加工为国民经济支柱产业，机械设备加工制造、纺织、日常用品制造等产业不发达，且科技发展水平一般，能源勘探开采技术落后，基础设施薄弱，通信设施覆盖率低，港口运转能力有限，航空线辐射世界不足，设备更新能力差。以交通运输条件为例，乌国内公路通车里程4.3万公里，无高速公路，通行能力相对较差。铁路总长6000公里，电气化比例

① 李志强，钱新．哈萨克斯坦国油气合作项目税收管理策略研究［J］．当代经济，2014（2）．

不足20%①。塔国内4条主要公路均为苏联时期修建，与中国唯一的陆路口岸海拔达到4000米，一年只有几个月可以通行，通行能力极低。②

二、中国与中亚投资贸易合作面临新机遇

中亚国家拥有价格低廉的原材料，高素质的劳动力，广阔的市场潜力，无论从地缘战略还是经贸发展来说，对中国都具有重要的经济战略意义。当前，中亚各国迫切希望通过“丝绸之路经济带”计划带动本国经济发展，中国企业“走出去”面临新一轮的市场机遇。

（一）五国对中国资金技术需求陡增

当前，中亚国家对于加强对外联系网络和基础设施建设，发展国际交通过境和物流经济，实现交通运输与贸易便利化，形成经济发展联动效应需求迫切，各国均希望中国加大对其能源、交通、通信等大型基础设施建设的融资力度。“一带一路”倡议提出后，哈萨克斯坦对“五通”中的交通运输领域合作寄予厚望，提出将开启“光明大道”新经济政策，出台了“2020年交通与基础设施发展规划”，筹划维修和新建3万公里公路，对11个大型机场进行改造，新开辟75条国际航线，融资需求相当强劲，借力丝绸之路经济带的意图明显。乌兹别克斯坦对2014年5月习近平主席建议在“一带一路”框架下制订发展中乌合作五年计划给予了正面回应。吉尔克斯斯坦希望在中国的帮助下提升吉的出口贸易额，带动吉工业经济发展。土库曼斯坦2013年与中国企业新签承包工程合同22份，合同额11.13亿美元。总体而言，中亚沿线各国普遍希望搭上中国经济发展快车，借助丝绸之路经济带实现贸易增长、投资增加和更深层次的产业合作，为我实施“走出去”战略提供了重要的时间窗口。

---

① 储殷，柴平．一带一路投资政治风险研究之乌兹别克斯坦［J］．中国网，2015－04－13. http：//www. china. com. cn/opinion_ 57_ 126957. html。

② 储殷，柴平．一带一路投资政治风险研究之塔吉克斯坦［J］．中国网，2015－03－27. http：//www. china. com. cn/opinion/think/2015－03/27/content_ 35173715. htm。

（二）双方能源合作和能源利益整合进入关键时期

中国与中亚国家能源合作具有较好基础。2006 年，中国第一条陆上石油进口管道——中哈原油管道建成。2009 年底，土—乌—哈—中（中亚）天然气管道实现单线竣工投产，2013 年该天然气管道 C 线哈境内段内竣工。目前，土库曼斯坦与中方就尽快启动中国—中亚天然气 D 线建设达成协议。乌兹别克斯坦、吉尔克斯斯坦、塔吉克斯坦分别同中方签署了 D 线过境协议。中方同哈萨克斯坦、土库曼斯坦、乌兹别克斯坦、吉尔克斯斯坦四国还商定了一批新的大型能源合作项目。随着中国与中亚国家一批能源建设项目的顺利实施，以及中亚国家对能源矿产行业技术水平日益重视，中国企业在哈、乌、土等国将有更大的投资空间，双方之间的能源合作与利益整合也进入关键时期。如何确保油气管道长期、安全、高效、稳定运行，进一步扩大与中亚地区国家能源合作成果获得新的储备资源，如何应对中亚能源销售和进口渠道多元化发展趋势继续赢得中亚合作市场，中国企业面临新的考验。

（三）中亚国家与我拓展非资源领域合作愿望迫切

近年来，中亚国家持续推进经济结构调整，试图摆脱对能源经济的依赖，寻求新的经济增长路径，逐步将对外合作关注点转向金融、农业、电信、基础设施建设、高科技等非资源领域。特别是受到当前国际大宗商品持续低价的影响，各国政策制定者更愿意将资源从金属矿产转向其他有利于促进增长的国民经济优先领域，通过实现平衡过渡和推进改革支持非资源行业的增长。丝绸之路经济带战略构想迎合了中亚国家经济发展战略调整的现实需求，为快速发展的中国经济同中亚沿线国家利益相结合搭建了一个巨大的发展平台。中亚地区目前已成为中国企业开展境外投资和经济技术合作的热点地区，双方合作潜力巨大。

三、中亚投资环境及市场风险指标分析

丝绸之路经济带战略的推进必将为企业提供广阔的合作共赢空间，但中亚国家经济体量偏小，经济稳定性较差，经济开放度不够，经济潜力尚待挖

掘，加之各国在政治、社会发展等方面存在诸多特殊国情，当中国企业大踏步迈出国门之时，既面临难得的发展机遇，也面临巨大的市场风险。

（一）宏观经济风险

中亚五国经济基础薄弱，经济结构单一，经济增长内生动力不足，其资源性经济对国际市场的依赖性很强，容易受到域外经济波动的影响。据国际货币基金组织评估，2014 年，西方对俄制裁对中亚各国构成间接打击。制裁的连带效应使中亚国内生产总值的增长速度降低了 1% ~1.5%，从 7% 下降到了 5.5%，外国投资者在中亚面临的风险在加大①。各国为减轻经济受到的冲击，可能会削减投资项目，调整外国劳动力在本国的就业政策，收紧外籍劳工配额，寻求本地替代，这无疑会增加项目成本、影响工程进度。

（二）财政税收风险

在债务问题上，由于中亚国家经济结构调整和经济转型存在很大不确定性，部分国家内部面临政治稳定及经济转型压力，外部面临经济再平衡和资本外逃风险，信用水平表现相对较弱，政府财政赤字较高，债务繁重，偿债能力令人担忧。据中诚信国际的评级结果，中亚除哈萨克斯坦、乌兹别克斯坦外，其余 3 国主权信用均在 BBB 级以下，部分国家存在主权信用级别下调风险。其中，吉尔克斯斯坦财政赤字高出国际 3% 的警戒线，外债持续高于外汇储备；塔吉克斯坦外债水平较高，举债限制使得塔国内建设放缓，不得不限制中资企业进入。

在税收缴纳上，中亚国家在个别领域仍存在税收歧视或不同程度的与其法律法规相矛盾的垄断现象。有些国家虽然与中国签订了避免双重征税的协议和对应的优惠政策，但在实际操作过程中其税务部门为了增加本国税收收入，会在执行中设置重重障碍，如要求中国股东或贷款人提供各种证明文件，且都要进行翻译和公正，往往到了付息日，税务部门以项目公司提供的支持文件不符合要求为由，不给予优惠利息税②。

---

① “Minchenko Consulting”公司 2014 年《外国投资者在中亚国家面临的政治风险评估》，http：//www. casianews. com. cn/，中国新闻网站，2015 年 2 月 25 日。

② 李志强，钱新．哈萨克斯坦国油气合作项目税收管理策略研究［J］．当代经济，2014（2）．

（三）金融市场风险

中亚国家金融发展水平偏低，金融市场化程度不均衡，金融市场开放度有限，随着美国预期加息，中亚金融市场动荡的风险增加。受乌克兰危机、俄罗斯卢布贬值的直接影响，中亚五国货币均出现不同程度的贬值。根据各国央行数据显示，自2015年初以来，1美元对吉索姆汇率已从58.89提升至62.83，索姆贬值6.69%。为稳定货币市场，吉尔克斯斯坦央行于3月24日以840万美元干预汇市，这已是今年第8次对外汇市场进行干预，总金额已达1.42亿美元。① 而2015年初至3月底，塔吉克斯坦本币索莫尼对美元汇率已下降约8%，② 由于货币持续贬值，塔政府已经加大对货币的管控，停止增加货币供应量，以遏制经济和商业环境进一步恶化。显然，投资国通货膨胀将引发物价和工资上涨，直接增加项目成本，降低企业利润；大幅度的汇率变动将使资金汇入前看涨、资金收回时看跌，导致企业遭受损失；中亚国家支付手段单一，贸易结算方式落后，货款拖欠现象普遍，外汇换汇程序复杂，效率低，投资者合法收益常常不能如期如数返还转出，严重影响交易资金周转及经济效益，影响企业正常经营。

（四）基础设施风险

受环境制约，中亚基础设施建设条件复杂、难度大，回本过程长，盈利前景不明朗，而且其收益可能在很长时间内难以弥补运营赤字。中国企业一方面面临投入大、风险大、周期长、收益少的局面；另一方面可能会引起当地民粹势力的警惕与反弹，导致其中一部分工程项目有可能成为“坏账”。

各国运输技术标准不统一，跨境运输协调机制不完善，存在铁路过境运输换轨，车辆载重量标准不统一，交通网络衔接度低，国际联运潜力受限等问题。目前，我国同中亚等周边国家之间缺乏运输协调机制和有效的区域铁路管理办法，多边运输依然面临一些困难③。

---

① 首份“一带一路”沿线风险评估报告：愿景与挑战［J］. 东地产，2015-04-17.

② 同上。

③ 程云洁.“丝绸之路经济带”建设给我国对外贸易带来的新机遇与挑战［J］. 经济纵横，2014（6）.

一些口岸建设滞后、设施破旧且布局存在缺陷，软件服务水平低，边界管理机关效率低下，加上签证制度严格，过境手续复杂，甚至存在不作为、索贿受贿的现象，通关不畅问题严重，对跨境物流影响消极。

（五）政策法规风险

一是中亚个别国家有关税收、产业等政策法律相对薄弱，法律法规朝令夕改，随意性较强，政策的连续性受未来国内局势的变化存在一定变数，频繁的政策调整或法律法规缺失给双边合作稳定打上问号。

二是中亚五国司法机关不相对独立，权力部门腐败现象较为严重，在贸易立法、管理体制、投资环境、金融服务、法律保障、政府管理等方面还存在不透明等诸多不符合市场经济要求和国际惯例的障碍和问题。

三是区域内低水平市场经济使得很多市场行为被政府行为所替代，行政命令式经济给企业投资经营带来不小风险。随着“一带一路”建设步伐推进，不排除当地政府迫于执政压力，在劳工标准、安全环保、招标程序、并购法律、安全审查、投资流程等方面调整政策和司法程序，设置障碍，进行利益盘剥、企业征收或违约叫停建设项目。

四是五国因经济相对弱势在投资准入规则和制度选择方面较为保守。随着中国产品在中亚市场上的份额不断扩大，一些国家从自身利益出发，通过实行进口产品差别税率，通过“海关审计”高估通关货物价值，通过检验检疫手段提高技术标准和安全检测要求，对服务贸易实行严格的许可证制度等，对我国企业和产品设置贸易壁垒，提高投资经营活动准入门槛，我国企业可能面临检测费用上升、关税成本增加、投资所持股份受限等问题和障碍。

五是各国还未对“一带一路”构想完全达成共识，缺少共同认可和普遍遵循的多边经贸合作制度和行动准则，企业可能面临适应不同国家法律及母国与东道国之间双边协定所导致的无所适从，以及遭遇东道国战乱、国有化或法律政策不利影响时，无法得到法律救济和援助的境况。

（六）区域协调风险

中亚沿线国有不同的经济发展状况，各国制度和法律差异很大，发展和开放程度不同，各方利益和诉求千差万别，区域经济一体化发展滞后。各经济体之间缺乏合作的内在动力和有效的协调机制制约了各国间的优势互补，构成区域经济壁垒，为管线建设等跨境合作项目顺利实施带来不确定风险。

四 、丝绸之路经济带战略实施中的市场风险防范

我国“丝绸之路经济带”战略构想的提出，源于对国际局势的判断，源于对自身实力与战略目标的认知，也源于驾驭各种复杂局面的勇气与能力，既是水到渠成的结果，也体现了大国外交的自信。其实施不仅只是通过政府发动、企业主导、市场推动、国际合作，促进欧亚大陆范围内的资本、商品、人员、服务的流动，更要能克服市场运营潜在风险，从中获得直接和间接的经济回报。

（一）树立市场风险防范意识，做好“走出去”的前期准备

细化沿线市场风险评估，是避免损失的首要环节。加强与中亚国家的经贸合作必须做好前期准备工作，对可能出现的风险加以预判。

一是全面了解东道国政治、经济、法律、文化、民族宗教特点等因素，对局势变化做出及时准确判断。根据每个国家的具体国情，制定资本项目选择、投资配置、资本管理市场化策略，合作实施方案和项目推进规划，预期风险收益，避免开工后的烂尾工程。

二是严防盲目乐观，操之过急，充分估计困难，扎实做好相关准备工作。从国家层面来看，应统筹整合全国的信息力量和情报资源，建立统一的科学论证机构，加大对投资国风险研究的力度，对可能面临的市场风险和安全保障需求进行全面评估，对具备一定基础和可行性的重点合作项目搞好前期论证，对重大规划、重大项目进行认真审议。加强对地方官员和企业人员政策法规综合培训，为企业“走出去”提供情报、信息、人才支持，为企业“走出去”风险勘探给予协调保障，为企业提高投资成功率提供指导参考。从企业角度来看，应规范企业行为，熟悉国际运作模式，精妙运用国际市场游戏规则。加强对沿线国法律制度的理解研究，探索并建立针对海外市场的财务税收管理筹划模式。充分考虑货币时间价值和通货膨胀，统筹考虑各种限制

因素，围绕每个项目合作提出具体方案，围绕风险管控和环境塑造拿出可行办法。可考虑在国家有关部门协调下，通过组织民间商会、海外投资者协会等社会组织，抱团取暖，提升与当地政府沟通、与当地社会的谈判能力，综合运用法律、外交、谈判等手段维护捍卫企业利益。

（二）以开放的心态接纳各方积极参与，建立包容性风险规避机制

突破传统区域经济合作模式，构建开放包容的合作体系，最大限度减少运行阻力。处理好与多元力量的竞合关系，适度满足其合理利益诉求，在资金、技术、经验上与各方开展一些选择性合作，实现利益结构多元化，努力提高战略兼容度和行动协调度，使多方受益成为化解分歧、分散风险的有利手段。

推进签署双边或多边投资贸易保护协定，注重以双、多边合作方式保护海外利益。利用现行国际法、国际规则及机制，维护人员生命财产安全、能源供应安全和海外市场拓展。积极构建国际性和地区性多边或双边安全合作机制，利用国际规则制定、议程设置和程序安排保障中方权益。

（三）保持合理的推进节奏与目标预期，深化各领域合作

把握对方认同程度及自身能力限度，先易后难，由近及远，逐步推进；目标设定避免过高过急，以免盲目铺摊设点、战线过长、失速脱轨。以创新思维和实际行动，通过深化各领域合作，扩大支持基础，积聚合作正能量。大力推动互联互通建设。发挥政府引导作用，整合创新融资渠道。加快建立跨国油气管道安全稳定运行协调机制，确保油气运输安全。加强与相关国家交通建设规划、技术标准体系对接，促进国际通关、换装、多式联运有机衔接。对于地质条件复杂的山区道路，可通过工程保险转移给保险公司，在项目补充协议中清晰定义不可抗力，做实关键节点。深化产业合作。充分利用中亚国家市场条件，投资建设自身具有优势和中亚国家急需的产业项目和民生惠生项目，契合各国实现工业化的诉求，进一步实现经济融合，建立利益共同体。深化能源资源合作。关注中亚国家能源政策变化，对美俄等主要经济体与中亚国家的能源合作应有相应的博弈对策。多提供有效的帮扶和民生项目，逐步形成彼此需求、市场共享的全方位合作机制，为开辟和不断拓展

新的能源供给市场和供给线路扫平民间障碍。建立全方位能源储备、能源价格调整机制和能源危险预警及控制机制，提高应急和风险管控能力。拓宽金融合作领域。积极研究在货币互换、本币结算等方面的合作机制，不断扩大人民币跨境结算渠道。通过签署合作协议，推进双方商业银行机构互设等深层次合作。推进金融机构在关键领域和重点项目间的务实合作，为中亚国家处于领先地位、具有技术优势的运营商与中资企业的合作提供融资方便和支持。

（四）建立必要的海外保障体系，推动军事力量以和平姿态“走出去”

一是综合施策，多措并举。政治、外交、经济、安全、法律斗争手段紧密配合，形成整体合力，尽可能化解矛盾，减少摩擦与冲突。二是在海外资产和海外公民相对集中的国家和地区设立专门的安保机构，探求国际安全合作的有效途径。三是加大与中亚国家外交、司法、商务、劳动等部门的沟通与合作，建立有关刑事、民事、商事等司法协助的法律合作机制，为共同打击违法犯罪奠定法律基础。四是以新生安全需求为牵引，随着在商业活动的开展下，推动军事力量以和平姿态“走出去”。在相关经济合作机制框架内，以国家和地方为主体，由海外中资机构运作，由企业出面与相关国家签订长期、短期或临时租赁协议，借用或租用他国，部署必要的军事力量，建立前沿部署基地，塑造有利战略态势和部署格局。科学设计和确定军事力量走出去的时机、方式、规模和范围，进一步延伸军事力量的活动范围，为海外利益安全提供战略支撑。

主要参考文献

［1］张洁主编．中国周边安全形势评估［M］．社会科学文献出版社，2015.

［2］李宁．“丝绸之路经济带”区域经济一体化的成本与收益研究［M］．当代经济管理，2014（5）．

［3］储殷，柴平．一带一路投资政治风险研究［DB/EB］．中国

网，2015.

［4］程云洁．“丝绸之路经济带”建设给我国对外贸易带来的新机遇与挑战［J］．经济纵横，2014（6）．

［5］凌激．中国与中亚国家经贸合作现状、问题及建议［J］．国际观察，2010（5）．

［6］袁培．以“丝绸之路经济带”建设助推中亚地区能源合作［DB/EB］．天山网，2014－01－02.

［7］苏畅．中亚国家政治风险量化分析［J］．俄罗斯东欧中亚研究，2013（1）．

［8］赵东波，李英武．中俄及中亚各国“新丝绸之路”构建的战略研究［J］．东北亚论坛，2014（1）．

［9］张菲菲．中诚信：“一带一路”沿线国家面临五大主权信用风险。

强化合规管理，应对海外投资风险

王志乐*

现代企业经营面临众多风险，其中既有商业风险也有非商业风险。地缘政治、社会责任和环境责任，以及合规风险都属于非商业风险，其中合规风险则是非商业风险中的重中之重。我们不少企业关注传统的商业风险，而对非商业风险，特别是合规风险缺乏了解，缺乏足够的重视。

什么是合规风险？所谓合规风险，是指企业因没有遵循法律、法规和准则而可能遭受法律制裁、监管处罚、重大财务损失和声誉损失的风险。

走向世界的中国跨国公司不仅应关注传统的商业风险，还要关注非商业风险，特别是合规风险，并且通过强化合规管理来化解合规风险以及其他非商业风险。

一、从世界银行的黑名单看企业“走出去”的合规风险

最近我们对世界银行的黑名单进行了梳理，发现被列入黑名单的中国企业和个人逐年增加，这个名单反映了中国企业“走出去”面临的严峻的合规风险。

表1是2009年1月12日至2015年9月1日世界银行处罚的且目前还处于被处罚期的中国企业和个人名单。

* 王志乐．联合国全球契约组织第十项原则专家组成员，北京新世纪跨国公司研究所所长。

表1　2009—2015 世界银行处罚的中国企业及个人

公司名	禁止承接世行资助项目期限		处罚原因
	起始	终止	
山东泰开电力建设工程有限公司	2015 年 8 月 18 日	2017 年 2 月 17 日	违反 2010 采购指南条款 1. 14（a）（ii）
新金珠市政园林景观工程有限公司（河南省潢川县新大桥北新区金珠园林大厦）	2015 年 7 月 14 日	2018 年 7 月 13 日	违反采购指南条款 1. 14（a）（ii）
新金珠市政园林景观工程有限公司（河南郑州市中州大道与鑫苑路交叉口泰宏阳光大厦 15 层）	2015 年 7 月 14 日	2018 年 7 月 13 日	违反采购指南条款 1. 14（a）（ii）
湖北恒达钢构有限公司	2015 年 7 月 2 日	2018 年 7 月 1 日	违反采购指南条款 1. 14（a）（ii）
湖北阳光电气有限公司	2015 年 7 月 2 日	2018 年 7 月 1 日	违反采购指南条款 1. 14（a）（ii）
旭日变压器制造有限公司	2015 年 7 月 2 日	2018 年 7 月 1 日	违反采购指南条款 1. 14（a）（ii）
北京华旭工程项目管理有限公司	2015 年 6 月 30 日	2019 年 12 月 29 日	违反 2006 咨询指南条款 1. 22（a）（ii）；2011 咨询指南条款 1. 23（a）（ii）
广州市阿德亚环保咨询有限公司	2015 年 6 月 29 日	2018 年 6 月 28 日	违反 2004 和 2006 咨询指南条款 1. 22（a）（ii）
葛洲坝集团第一工程有限公司	2015 年 5 月 26 日	2015 年 10 月 26 日	违反 2010 采购指南条款 1. 14（a）（ii）；2011 采购指南条款 1. 16（a）（ii）
葛洲坝集团第五工程有限公司	2015 年 5 月 26 日	2015 年 10 月 26 日	违反 2010 采购指南条款 1. 14（a）（ii）；2011 采购指南条款 1. 16（a）（ii）
葛洲坝集团第六工程有限公司	2015 年 5 月 26 日	2015 年 10 月 26 日	违反 2010 采购指南条款 1. 14（a）（ii）；2011 采购指南条款 1. 16（a）（ii）
中国葛洲坝集团三峡建设工程有限公司	2015 年 5 月 26 日	2015 年 10 月 26 日	违反 2010 采购指南条款 1. 14（a）（ii）
大连葛洲坝交通建设工程有限公司	2015 年 5 月 26 日	2016 年 10 月 26 日	违反 2010 采购指南条款 1. 14（a）（ii）；2011 采购指南条款 1. 16（a）（ii）
湖北葛科试验检测有限公司	2015 年 5 月 26 日	2016 年 10 月 26 日	违反 2010 采购指南条款 1. 14（a）（ii）；2011 采购指南条款 1. 16（a）（ii）
湖北葛洲坝市政工程建设有限公司	2015 年 5 月 26 日	2016 年 10 月 26 日	违反 2010 采购指南条款 1. 14（a）（ii）；2011 采购指南条款 1. 16（a）（ii）
宜昌市大地物业有限公司	2015 年 5 月 26 日	2015 年 10 月 26 日	违反 2010 采购指南条款 1. 14（a）（ii）

续表

公司名	禁止承接世行资助项目期限		处罚原因
	起始	终止	
宜昌市葛洲坝风景园林公司	2015年5月26日	2016年10月26日	违反2010采购指南条款1.14（a）（ii）；2011采购指南条款1.16（a）（ii）
宜昌正信建筑工程试验检测有限公司	2015年5月26日	2016年10月26日	违反2010采购指南条款1.14（a）（ii）；2011采购指南条款1.16（a）（ii）
山东华龙园林工程有限公司	2015年4月21日	2018年4月20日	违反采购指南条款1.14（a）（ii）
中交第一公路工程局有限公司	2015年2月4日	2017年12月14日	违反非洲开发银行交叉阻止协议
中国华水水电开发总公司（隶属中水电公司）	2014年9月24日	2017年9月24日	违反2006采购指南条款1.14（a）（ii）；1999采购指南条款1.15（a）（ii）
中国水利电力对外公司	2014年9月24日	2017年9月24日	违反2006采购指南条款1.14（a）（ii）；1999采购指南条款1.15（a）（ii）
中水电电力发展有限公司（隶属中水电公司）	2014年9月24日	2017年9月24日	违反2006采购指南条款1.14（a）（ii）；1999采购指南条款1.15（a）（ii）
中水电南美建设有限公司（隶属中水电公司）	2014年9月24日	2017年9月24日	违反2006采购指南条款1.14（a）（ii）；1999采购指南条款1.15（a）（ii）
水利电力出版印刷厂（隶属中水电公司）	2014年9月24日	2017年9月24日	违反2006采购指南条款，1.14（a）（ii）；1999采购指南条款1.15（a）（ii）
中国江西国际经济技术合作公司	2014年4月18日	进行中	违反采购指南条款1.14（a）（ii）
中国江西国际经济技术合作公司 PETER LEE先生（LI YI先生）	2014年4月18日	2017年4月17日	违反采购指南条款1.14（a）（ii）

续表

公司名	禁止承接世行资助项目期限		处罚原因
	起始	终止	
中国江西国际经济技术合作公司 ZHU HONGFENG 先生	2014 年 4 月 18 日	2017 年 4 月 17 日	违反采购指南条款 1.14（a）（ii）
中国江苏国际经济技术合作集团	2014 年 2 月 14 日	2017 年 2 月 13 日	违反采购指南条款 1.14（a）（ii）
中国湖南省建筑工程集团总公司	2013 年 10 月 1 日	2015 年 9 月 30 日	违反采购指南条款 1.14（a）（ii）
中节能六合天融（北京）环保科技有限公司	2013 年 6 月 28 日	进行中	违反 2006 采购指南条款 1.14（a）（ii）
埃森兰万灵（中国）工程管理有限公司	2013 年 4 月 17 日	2023 年 4 月 17 日	违反咨询指南条款 1.22（a）（i）－（ii）；采购指南条款 1.15（a）（i）－（ii）
埃森兰万灵（上海）国际贸易有限公司	2013 年 4 月 17 日	2023 年 4 月 17 日	违反咨询指南条款 1.22（a）（i）－（ii）；采购指南条款 1.15（a）（i）－（ii）
中科生命科技股份有限公司	2011 年 7 月 26 日	进行中	违反采购指南条款 1.14（a）（ii）
合肥市公路桥梁工程有限责任公司	2011 年 6 月 28 日	进行中	违反采购指南条款 1.14（a）（ii）
杨某先生	2011 年 5 月 11 日	进行中	违反采购指南条款 1.14（a）（ii）
大庆油田路桥工程有限责任公司	2011 年 3 月 7 日	2017 年 10 月 19 日	违反亚洲开发银行交叉阻止协议
中国交通建设股份有限公司（中国路桥工程有限责任公司的受让人）	2009 年 1 月 12 日	2017 年 1 月 11 日	违反采购指南条款 1.15（a）（ii）

从表中可以看出，2009 年前，没有中国企业被处罚。2009 年 1 月 12 日至 9 月 1 日，被世界银行处罚的中国企业和个人 38 个，这些企业和个人在规定期限内禁止承接世界银行资助项目。其中有 35 家公司，3 个个人。

从处罚的力度来看，表 1 中的 35 家企业中，有 29 家被处罚禁止承接世行资助项目期限在 3 年及以下；9 家公司被处罚 4 年及以上，其中兰万灵（中国）工程管理有限公司和埃森兰万灵（上海）国际贸易有限公司被处罚时间最长，为10年。企业在若干年内被禁止参与世行有关系的项目，使企业的竞争力被削弱，同时企业声誉被损害。这个后果恰恰反映出中国企业在海外面临的合规风险加大了。

其实，中国企业在海外面临的合规风险加大并不是中国企业独有的现象。世界银行黑名单上至今仍有被处罚的750个企业和一些个人。其他国家的企业，包括发达国家的企业因违规而被列入世行黑名单也有很多。值得注意的是，世行黑名单始于1999年。前10年名单上一共96个案例，自2009年以来被处罚的企业或个人达到654个。为什么黑名单中被处罚的企业和个人近90%都发生在最近6年。全球发生了什么变化，使得近年来因违规被世行处罚的企业急剧增加呢?

二、全球竞争呼唤企业合规经营

大约15年前，在一些企业经营管理类教材中，企业主要责任还被确定为实现股东价值最大化。然而进入21世纪以来，越来越多的跨国公司在强调企业经济责任的同时，也在强化企业的社会责任和环境责任。企业责任是包括经济、社会和环境责任在内的一个不可分割的完整责任体系，强化公司责任已经成为全球企业的潮流。

（一）全球公司与全球责任

这种新的企业责任理念形成的背景是经济全球化潮流以及全球公司的发展。在经济全球化潮流推动下，企业形态发生了巨大的变化，其中最引人注目的是跨国公司（Transnational Corporations）向全球公司（Global Corporations）的转型。

面对“冷战”结束后迅速形成的全球市场，跨国公司从过去的多国经营转向全球经营，迅速进入和占领正在形成的全球市场。通过战略调整，他们实现了营销服务全球化、制造组装全球化、研究开发全球化和资本运作全球化，从而打造了全球价值链与全球产业系统。全球一批最大的跨国公司的海外资产、海外销售和海外雇员超过了总资产、总销售和总雇员的一半，这些跨国公司已经转型为全球公司。

在全球公司实施全球战略之时，他们面对与全球化随之而来的恶化了的全球社会问题和环境问题，也面对全球经营中的商业腐败问题。

2008 年 12 月，西门子公司因为在一些国家为了赢得订单而行贿被美国司法部门处罚 16 亿美元，这一案例震动了全球企业界。从那以后，遏制商业腐败和强化合规管理越来越为全球公司所关注。西门子案例成为全球企业发展中的一个里程碑，从那以来，企业加大反商业腐败的力度和强化合规诚信体系建设成为一个潮流。

近年来，全球战略形成的同时，全球公司以责任为核心的企业文化也得到提升。全球公司承担的责任从过去的股东价值最大化提升到包括股东、社会和环境责任在内的公司责任体系。其中，强化合规、反对商业腐败成为企业文化重要的新内容。全球公司必须承担全球责任。

（二）全球企业合规反腐的新趋势

全球企业强化合规的一个大背景是近年来各国政府以及国际组织积极推进企业合规和反对商业腐败。自 2008 年国际金融危机以来，美英等发达国家以及联合国、经济合作和发展组织（OECD）等国际组织正在全球范围加大企业合规反腐的力度。

OECD 积极推动建立跨国公司行为规范。1976 年出台了《OECD 跨国公司行为准则》。近年来，该组织积极推进企业从事“负责任的商业行为”。“负责任的商业行为”是一个更为宽泛的企业责任概念，它不仅包括经济、社会和环境责任，而且包括反对商业贿赂以及遵守企业道德等方面的要求。2001 年该组织修订《OECD 跨国公司行为准则》，规定了 10 项指导原则，其中第六项以“打击贿赂”为题，规定了跨国公司在打击贿赂方面的行为准则。指出“企业不应直接或间接地提出、许诺、给予或索要贿赂或其他不正当利益，以获得或保留商业或其他非正当优势，也不应要求或期望企业提供贿赂或其他不正当利益。”2011 年的修订版则增加了对供应链合规要求。

在推进企业强化全面责任方面，联合国发挥了不可替代的作用。2000 年

7月26日全球契约在联合国总部正式发起并予以实施。全球契约提倡包括人权、劳工、环境和反贪污4个方面的十项原则。全球契约成为跨国公司强化公司责任的一个里程碑。

一些发达国家也加大了对全球企业的监管力度。

早在1977年美国就制定了《反海外腐败法》。期间经1988年、1994年和1998年三次修改。2010年7月21日美国出台了《多德—弗兰克华尔街改革与消费者保护法》，规定一旦举报的情况被证实为真实的，告密者将得到跨国公司罚金的10%～30%作为奖励。这一新的奖励规定很快带来了美国证交会更多的执法诉讼，事实上加大了反腐与合规。

2010年4月，英国通过了反腐力度创全球新高的《反贿赂法》，该法案于2011年7月1日生效。法案将与贿赂有关的罪名分为三类：一般贿赂犯罪(包括受贿罪与行贿罪)、贿赂外国公职人员罪、商业组织防止贿赂失职罪。该法案规定了商业组织防止贿赂失职罪，不仅使对贿赂行为的认定和打击超越了国家地域的限制，而且将打击范围从公共部门扩展到私营部门，将管辖对象从行贿公司扩展到受贿的外国官员，将商业组织在预防贿赂问题上应尽的职责上升到法律义务的层次。要求公司不仅自身要合规经营，而且须对其供应商、合作伙伴、代理等的合规负责。

与国际组织和各国行政当局强化合规同时，许多著名的跨国公司/全球公司也大幅提升合规内控治理规格。据我们调查，现在许多跨国公司都建立了合规管理体系。在公司治理方面，许多跨国公司与CEO和CFO平行地设立了CCO（Chief Compliance Officer，首席合规官）一职，CCO通常具有很高的级别和独立性，进入董事会，专门负责预防、监督和处理企业违规行为和事件。

三、高度重视我国企业面临的合规风险

国际组织和一些国家政府机构以及跨国公司在强化企业社会环境责任的基础上正在加大合规反腐的力度。强化合规经营已经成为全球企业发展的一个新趋势。在我国企业正在加速全球化发展的背景下，我们应当高度重视国际企业界这一动向，借鉴跨国公司合规反腐的经验和教训，遏制商业贿赂，

净化我国的商业环境。

改革开放前，我国还没有产权清晰、公司治理结构健全、按照市场经济规则运行的现代企业。从1993年制定第一部公司法算起，在短短的十几年时间里中国企业在公司治理和集团公司管理方面已经取得长足进步。进入21世纪以来，许多中国公司在强化公司责任方面也迈出了坚实的步伐。

但是如果我们认真研究中国企业全面的情况，我们就会感到，中国企业强化公司责任的工作任重道远。

中国市场经济发展还处于早期阶段。刚刚进入市场竞争的一些中国企业往往按照早期市场经济的规则参与市场竞争。唯利是图、不正当竞争等市场经济早期的做法往往被一些企业管理者理解为市场竞争的规则。20世纪90年代是现代企业管理理论在中国普及和更新的时期。当时，股东价值最大化等企业价值趋向为众多企业所接受。应当肯定的是，重视股东价值是中国企业一大进步。但是进入21世纪，当跨国公司在中国推进包括社会和环境在内的全面责任时，中国不少企业或者不了解什么是公司责任；或者不以为然，认为那是跨国公司在作秀；或者把公司责任理解为公益事业，把企业文化建设理解为开展文化活动。

最近几年，跨国公司从强化企业社会环境责任上升到强化合规经营，对于这个最新的趋势不少中国企业还不甚了了。在一些行业，“潜规则”盛行。“潜规则”恰恰是合规经营的大敌。

我们注意到，最近一年多以来，包括国有企业、民营企业和外资企业在内的中国企业面临的合规风险进一步放大。

1. **国有企业合规风险空前暴露**

随着中央加大反腐力度，国有企业合规风险暴露出来。统计数据显示，自2014年初以来，已公开宣布115名国有集团的决策层高管因贪污而受到调查。一些央企如中石油、中石化、华润和一汽等著名企业主要负责人被调查或处罚。

值得注意的是有的国企由于缺乏健全有效的合规管理，出现了塌陷式的腐败。以中石油为例，前总裁蒋洁敏等五名领导班子成员被揭露违规违法，还有数以十计的公司高管被党纪政纪处理和法律制裁。

2. 民企成为商业腐败活动的重要来源

民营企业由于处于竞争劣势，往往具有通过行贿获取资源弥补劣势的冲动。近年来，随着反腐深入民营企业的违规风险也披露出来。往往一个腐败官员后面站着几个乃至一群民营企业家。有的情况下民营企业行贿得到人们的谅解和同情。但是民企行贿往往成为整个社会商业贿赂的重要来源。正如有人所说，今天中国大陆最腐败的人群，不是官吏，不是国企领导人，而是这些私企的领导人。这种舆论反映了一些民企存在严重的合规风险。

3. 外资企业在华面临的合规风险放大

在中国企业群体中，外资企业的合规性相对较好。但是，从近年来外资企业因违规被处罚的大量案例看，外资企业合规风险也在放大。自 2005 年至 2014 年初，美国司法当局按照《反海外腐败法》一共处罚了 75 个跨国公司违规案件，其中有 25 个在中国涉案。从 2014 年到 2015 年 9 月，美国司法当局依据反海外腐败法共处罚了 16 个案件，其中有三个在华涉案。这三个案例是布鲁克公司和雅芳公司涉嫌向中国公职人员行贿，美赞臣公司则行贿专业人员推销奶粉。

一年多以来，中国政府加大了打击外资企业违规的力度。不仅打击商业腐败，而且向垄断开刀。其中最著名的是葛兰素史克中国公司行贿案。2014 年中国法院以对非国家工作人员行贿罪判处该公司罚金人民币 30 亿元；涉案的公司五名高管被判刑。从 2014 年开始，中国有关部门反垄断调查已经针对十多家汽车企业展开，涉及奔驰、宝马、路虎、日产等外资品牌。据统计，一年来中国汽车行业中的整车企业、经销商、零部件企业共收到超过 20 亿元的反垄断罚单。2015 年 2 月 10 日，国家发展改革委开出中国反垄断历史上金额最大的罚单——美国高通公司因垄断行为被罚 60.88 亿元，并被责令整改。

4. 海外中国企业合规风险加剧

显然，包括外资、国资和民资在内的三类中国企业面临的合规风险进一步放大。中国企业在中国国内合规风险放大必然会影响到在海外的中国企业。

如前所述，随着中国企业“走出去”，海外中国企业越来越多。令人忧虑的是，海外企业合规风险呈上升趋势。世界银行黑名单是这一发现上升的一个风向标。

世界银行要求借款人（包括银行贷款的收益人），以及银行资助合同下的投标人/供货人/承包人在采购和执行这些合同时遵守道德的最高标准。这个标准包括不得提供、给予、收受、或要求任何有价财物来影响公务人员在采购或合同执行过程中的行为，也不得有欺诈行为。从1999年开始世行建立黑名单制度。凡是经世行认定的企业或个人违反了这一规定就被纳入世行黑名单，给以几年、十几年甚至永远不得参与世行和其他国际银行项目的处罚。

从2009年开始世行黑名单上开始出现我国企业，此后逐年增加。目前仍在处罚期的中国公司和个人2009年有1个，2011年4个，2013年4个，2014年9个，2015年到目前为止有20个。从数据上来看，被列入黑名单的中国企业逐年增加。除去三个个人，目前仍在处罚期的35家公司中，有22家国企，11家民企，以及2家外企。

显然，我们必须高度重视海外企业面临的合规风险。如果不能遏制这一风险，中国企业将难以“走出去”，即使“走出去”了，也难以在海外持续发展。

现在，许多中国企业积极考虑如何参与习主席发起的“一带一路”的宏伟战略。我们应该看到“一带一路”涉及的国家和地区多数是发展中国家和地区。这些国家和地区往往法制还不健全，市场监管还不得力，商业腐败还有很大空间。其中一些国家和地区受地缘政治影响，处于高冲突地区。因此，中国企业在“一带一路”国家和地区开展经营活动将面临较高的合规风险。

四、政府与企业互动应对企业合规风险

面对正在放大的合规风险，给正在走向世界的中国企业提出了严峻的挑战。企业应当如何应对海外合规风险？我们认为，化解合规风险的关键是强化企业合规管理，构建企业合规文化，提升企业软实力。而企业防范合规风险也需要政府部门的引导和促进。政府与企业互动才能应对企业面临的合规风险。

（一）中国政府部门积极推进企业反腐合规

全球企业反腐合规趋势形成之际，中国政府即开始推动企业界反对商业

腐败，健全合规体制和防范合规风险。

中国最早与国际合作推进合规反腐工作的是金融管理部门。早在2006年，银监会出台《商业银行合规风险管理指引》。2007年保监会出台《保险公司合规管理指引》。

中国银监会关于印发《商业银行合规风险管理指引》的通知中指出，“本指引所称合规风险，是指商业银行因没有遵循法律、规则和准则可能遭受法律制裁、监管处罚、重大财务损失和声誉损失的风险”。该指引认为：“合规管理是商业银行一项核心的风险管理活动。商业银行应综合考虑合规风险与信用风险、市场风险、操作风险和其他风险的关联性，确保各项风险管理政策和程序的一致性”。该指引还要求商业银行内部设立的专门负责合规管理职能的部门、团队或岗位。

2012年，商务部 中央外宣办 外交部 发展改革委 国资委 国家预防腐败局 全国工商联制定了《中国境外企业文化建设若干意见》。这个意见要求境外企业“坚持合法合规。严格遵守驻在国和地区的法律法规，是境外企业文化建设的重要内容。境外企业要认真研究和熟悉当地法律法规，做到依法求生存，依法求发展。严格履行合同规定，主动依法纳税，自觉保护劳工合法权利，认真执行环境法规，确保国际化经营合法、合规。坚持公平竞争，坚决抵制商业贿赂，严格禁止向当地公职人员、国际组织官员和关联企业相关人员行贿，不得借助围标、串标等违法手段谋取商业利益”。

2014年11月，亚太经合组织在中国召开峰会。中央纪委常委会召开会议，明确将主办APEC反腐败工作组系列会议作为2014年反腐败国际合作的重要内容。据中央纪委国际合作局有关负责人介绍，《北京反腐败宣言》是第一个由中国主导起草的国际性反腐败宣言，集中反映了各经济体就APEC反腐败合作重点及发展方向达成的共识。

亚太经合组织首脑会议通过了《北京反腐败宣言》。这个会议还肯定和支持在企业内推进《亚太经合组织企业自愿和有效的合规项目之基本要素》“基本要素”对企业强化合规提出了系统的简明扼要的建议。

中国政府与国际组织和各国政府一起积极推进反对商业腐败和企业合规经营，特别是积极推进中国海外企业合规。

（二）中国企业积极强化合规管理

近年来，我们的政府部门以及媒体一直在推进企业的转型升级。企业转型是否仅是商业模式的转型？企业升级是否仅是技术和产品的升级？自2009年以来，全球企业纷纷强化诚信与合规。从我们调查了解的全球公司近年来发展的趋势来看，企业转型升级还包括软实力方面的转型升级，即从不合规到合规经营的转型以及包括诚信与合规等道德水准的提升。这是一种企业文化的提升。仅有产品、技术和商业模式转型和升级，没有诚信合规等企业文化的转型升级，企业难以真正增强全球竞争力，更难以可持续发展。强化合规经营和构建合规文化实际上是增强企业软实力的重要方面。在我们关注企业硬实力提升同时，也应该专注企业的软实力提升。

中国企业在中国公司法实施以来的得到迅速发展和壮大。在短短20多年时间里，不少企业在在产品、技术和商业模式等方面实现转型升级，大大提高了企业竞争力。现在有很多企业关注在“互联网+”方面的转型升级。这些努力当然应该得到肯定。然而，也有一些企业忽略了全球公司正在进行的强化合规管理的新趋势，忽略了企业软实力的升级。事实上，诚信合规的企业、建合规文化的企业才能真正做强和做久。

我们欣喜地看到，已经有一批中国企业越来越重视强化合规管理和提升软实力。

中国石油天然气集团公司痛定思痛。2014年秋天，为有效防控合规风险，保障公司依法经营、健康发展，中石油制订“中国石油天然气集团公司合规管理办法”。按照这个办法，集团公司和所属企业开展经营管理活动，必须严格遵守所适用的法律法规、规章制度以及职业道德规范，将落实合规管理要求作为业务开展的前提条件，融入生产建设和经营管理全过程，纳入考核、严格兑现，确保依法经营管理。集团公司和所属企业主要领导是合规管理第一责任人，对合规管理负总责。人事部负责将合规培训纳入培训计划，将合规评价结果作为干部任免、考核奖惩的依据之一。

运用公司极强的执行力，中石油把2015年作为合规管理年，全公司上下开展了全面的合规管理培训，目标是在公司原有文化基础上构建合规文化。

中石油有可能像西门子一样，通过惨痛的教训打造具有合规文化的企业，实现企业新的升级。

著名的民营企业吉利公司通过一系列跨国并购迅速成长为源于中国的全球公司。吉利公司总裁李书福意识到，走向世界的吉利需要构建一种跨越国界、跨越宗教信仰 、跨越语言、肤色界限的完全自由的追求商业成功的全球性的企业文化。2014 年，吉利公司开始强化合规文化。公司从识别和评估企业存在的合规风险入手，建立了合规制度体系，完善了合规运行机制。强化合规文化为实现企业构建全球性的企业文化的目标奠定了基础，也为吉利软实力提升创造了条件。

中石油和吉利的案例告诉我们，中国企业在全球企业强化合规管理的潮流中，完全可以依据自身条件实现合规管理和构建合规文化，从而实现企业软实力的提升。

五、强化合规促进对外投资健康发展

我国越来越多的企业正在走向世界。强化对外投资企业的社会环境责任，特别是强化企业合规经营是促进我国企业对外投资健康发展的关键所在。为此，我们需要总结和推广强化责任合规经营的成功经验，需要建立和健全公司内部的合规体系，还需要加强合规风险预警和控制机制。

（一）高度重视合规经营的重要意义

美国反海外腐败法和英国反贿赂法等打击海外腐败的法规素称“长臂”法律，中国在英美等国上市的公司、英美等国公司在中国设立的子公司、代表处及其雇员，甚至通过英美银行转账的中国企业，如有腐败行为都会受到管辖。

我国有关政府机构应当制定中国海外企业合规管理指引，也可以制定中国企业反海外腐败的法规，引导企业在海外强化合规管理遏制商业贿赂。

国外跨国公司早期对外投资往往不承担社会和环境责任，甚至前不久一些国家还允许跨国公司在国外承接项目时通过中介提供贿赂。我国企业刚刚对外投资就要求承担全面的责任，要求严格的合规经营确实令人感觉不公平。但是经济全球化潮流推动下，国际组织以及各个国家都按照全球最高标准要求后来者。在这种情况下抱怨是没有用的，只能以强化企业责任和合规经营来应对新挑战。

金融危机之后，“走出去”的对外投资企业特别应当加强对合规风险的认识。国外跨国公司以及我国企业的经验表明，各个公司第一把手重视企业全面责任和合规体系建设对于企业强化合规是必要条件。

（二）建立和健全公司合规管理体系

按照英国美国等发达国家反商业腐败的司法实践，都强调企业要建立健全合规管理体系。一旦企业某个部门或个人出现问题，企业只有在举证自身建立了“完善的合规管理企业制度”的企业才能免责。这个思路值得我国有关部门和企业借鉴。

2014 年 12 月，国际标准化组织出台了“ISO 19600”，这个标准是“合规管理体系指南”。这个指南总结了各国和一些跨国公司强化合规管理里的经验和教训，对于企业以及其他各类组织如何强化合规管理提供了一个可操作的方案。这个方案就是促使企业建立合规管理体系。

根据这个指南以及总结我们与国内外企业合作推进企业合规体系发展的经验，我们提出以下六个步骤供企业建立和健全合规管理体系参考。

1. 调查研究，识别与评估企业合规风险

对企业经营的重点业务地区，特别是地缘政治冲突地区和腐败高发区作为调查研究的重点地区。对企业经营的重点业务领域，特别是与政府审批监管密切的业务领域作为调查研究的重点领域。对企业经营的重点业务部门，如财务、销售、采购等部门作为调查研究的重点部门。对企业经营中的重点业务环节，如礼品、招待、慈善捐助等作为调查研究的重点环节。总之，把企业经营中合规风险大的地区、领域、部门和环节作为调研的重点。在调研基础上进行识别与评估，发现企业存在的合规问题以及蕴含的合规风险。

2. 风险导向，建立合规制度体系

针对合规反腐重点业务地区、重点业务领域、重点业务部门发现的风险

制定专门制度，如销售和采购等部门、高冲突国家等腐败风险高发区的合规规定。针对合规反腐重点业务环节制定具体制度纳入公司员工行为守则，如好处费，加速费，礼品，招待费，促销费，慈善捐助等方面的规定。针对利益输送的风险制定避免利益冲突的制度。对企业原有制度进行完善，对还没有的制度进行补充。

3. 管理协调，强化合规职责

强化合规管理需要强化合规职责。企业需要有专职合规管理岗位和韩国惯例人才。合规职责与公司内原有的一些部门往往存在职责相关与交叉，因此在建立合规管理体系过程中需要与原有机构和职责协调，争取做到分工合作。例如，与法律、风控、纪检、监察、内审、财务、安全等相关部门分工协作。一般情况下，合规部门更注重事前防范和文化建设。

4. 保障运行，健全合规运行机制

不少企业已经拥有各项合规制度，然而没有真正实施，其原因在于合规运行机制缺乏。对于推进合规体系而言，有四个方面的运行机制不可或缺。即全面的培训机制，严格的考核机制，通畅的举报机制和有效的查处机制。培训、考核、举报和查处这四种机制能够顺利运行在很大程度上还取决于企业最高负责人是否以身作则积极推进合规。因此保证合规机制运行的核心问题是，企业领导者能否以身作则推进合规。

5. 评价效果，推进合规持续

评估合规管理体系有效性，从而推进合规持续深入。这一工作包括合规监控对合规管理体系进行监控，以确保实现合规评价。也包括合规审计，特别是管理层合规审计，从而发现问题持续改进合规工作。

6. 持之以恒，形成企业合规文化

从十八大中央强力反腐以来各个案例来看，中国企业形成合规文化的一大挑战在于如何战胜潜规则文化。中国的传统文化讲究人情和关系。人们的处事习惯讲究变通。从积极方面来看，讲人情和关系，注重变通往往使企业灵活应变。但是从消极方面来看，这些习惯极易使人们超越底线而违规。考虑到我国在不少地方存在事实上的人治，政府权力运行中存在人治因素，使人们崇拜权力而不遵守法规。

传统文化和行事习惯中消极因素与权力运行中的人治因素结合必定导致潜规则，而潜规则是合规的天敌。潜规则存在给中国企业强化合规带来挑战。只有持之以恒坚持若干年，一个企业才有可能构建合规文化。

（三）强化合规实现中国企业跨越式发展

1992 年冷战结束全球市场出现，跨国公司走向全球公司。全球公司打造全球价值链，从而改变了企业全球竞争的方式；全球公司强化企业合规文化，从而改变了企业全球竞争的规则。我国企业，特别是国有企业在走向世界之时，面对的是已经改变了的全球竞争新方式和全球竞争新规则。显然，我国企业面临着严峻的挑战。与此同时，如果能够理解和把握全球竞争的新方式以及新规则，我国企业则有可能实现跨越式发展，创造发展中国家企业成长的新经验。

全球正在兴起和发展的强化公司责任特别是强化合规反腐的潮流，对我国企业是严峻的挑战。公司责任不仅涉及愿景、使命等企业内部问题，而且也越来越成为企业参与全球竞争所必须面对的外部问题，越来越成为全球企业间一种刚性的制度约束。强化公司责任和合规反腐实际上关系到提升公司软竞争力的重大问题。我们应当下硬功夫强化软竞争力，从而使我国企业在对外投资中健康发展。

第三篇

企业“走出去”的机遇与路径

我国企业“走出去”面临新机遇

赵晋平 *

实施“走出去”战略是20世纪90年代中期，党中央在深刻分析国际国内政治经济形势的基础上做出的重大决策。经过多年努力，我国企业“走出去”战略取得明显进展。下面，我就我国实施“走出去”战略的基本情况和“一带一路”新机遇等问题做一简要分析。

一、实施“走出去”战略的重要意义

20世纪80年代以来，作为全球化迅速发展的主要特征之一，跨国公司的生产和市场扩张日趋活跃，国际跨境直接投资的增长明显加快。发达国家由于其本身具备较强的资本和技术优势，在投资输出方面扮演着重要角色，培育了大批跨国公司。发展中国家在输出跨境投资方面的作用虽然相对有限，但随着自身经济发展水平的不断提升，培育跨国企业的能力也在逐步增强。

从国际经验来看，我国已具备大力培育跨国企业的基础条件。发达国家和发展中国家的对外投资水平存在较大差异，但基本上呈现一定的规律性，即随着人均GDP水平的提高，对外投资的重要性相应上升。发展中国家进入人均GDP 3000美元以上的中等收入阶段后，对外投资将明显加快。我国人均GDP2003年超过了3000美元，2013年具备了企业大规模“走出去”的基础和条件。

从发展趋势来看，新兴经济体在推动跨国公司发展中的作用日益重要。

---

* 赵晋平：国务院发展研究中心对外经济研究部部长，研究员。

长期以来，发达国家的跨国公司是推动经济全球化的主要力量，在促进世界经济增长方面发挥着举足轻重的作用。但是，随着新兴经济体的逐步崛起，尤其是近年来国际金融危机对发达经济体带来严重冲击，金砖国家等发展中国家企业的对外投资扩张快速增长，在全球跨国公司投资中的比重明显上升。2011 年发展中国家跨国企业在外资本存量达到 3.7 万亿美元，占全球的比重由 1990 年的 7.0%，提高到了 17.5%；金砖四国的全球份额同期整整提高了 1 倍。

从国际比较来看，我国跨国企业的海外相对实力仍然落后于世界主要新兴经济体，今后具有较大的发展空间。自 1990 年以来，全球对外投资存量相对于 GDP 总量的比率不断上升，2014 年已经达到 33.6% 的历史较高水平。近年来，我国企业虽然加快了走出去步伐，海外资本实力逐步上升，但相对水平仍然偏低。2014 年我国企业海外资本存量与 GDP 之比仅达到 7%，低于全球 33.6% 的平均水平，甚至与 16.7% 的发展中国家平均水平也存在较大差距。我国企业“走出去”仍处于较低水平，今后仍然具有巨大的发展空间。

实施“走出去”战略，对于我国经济转型升级和扩大国际影响力具有重要意义。

（一）有利于提升我国企业的国际竞争力

一是通过走出去增强本土企业的国际化经营能力。改革开放 30 多年来，我国大批本土企业通过和来华投资的跨国公司建立合作、合资企业的方式，迅速提升了国际市场开拓和资本、技术、人才等生产要素的全球配置能力，并对国内产业升级和技术进步发挥了积极作用。但这些企业主要服务于国外跨国公司全球布局需要，通过“引进来”方式在国内展现了较强的国际化能力，但在“走出去”直接参与全球运营方面仍然缺乏足够的经验和较强能力。如果本土企业通过走出去投资，建立跨国生产和营销网络，将有助于稳定和开拓海外市场，在促进企业产品和设备出口的同时，逐步积累在全球市场整合和配置要素资源的经验，加快提升企业的国际化经营能力。二是在“走出去”过程中获得全球品牌、技术等战略性资产。我国是全球第一的制造业大国和出口大国，2014 年出口金额占全球贸易总额的 12% 左右。但其中 80% 以上的出口商品是贴牌生产，严重缺乏具有国际竞争力的自主品牌。我国的产业技术水平与发达国家之间也存在很大差距，大量的制造能力集中在产业价值链的中低端，核心技术和零部件大量依赖于进口。为了提升我国产业技术水平和在全球价值链中的地位，除了加快培育自主品牌、推动自主创新之外，通过跨境并购投资和企业跨国经营，获取重要品牌和技术专利，同样不失为一种十分有效的途径。三是培育中国的跨国公司。跨国公司是决定全球资源配置、生产分工和市场格局的主要力量。目前，全球的跨国公司绝大多数来自于发达国家，这些企业利用自身的技术、生产网络和资本优势，在全球范围内布局和整合资源，在大量输出产品、服务和资本的同时，为其本国提供了重要资源和商品供给保障，并带来了巨额的海外要素收入和利益。我国企业只有通过走出去投资，直接参与或引领国际产业合作，才有可能真正提升跨国经营能力和水平，成长为具有全球资源整合能力的跨国公司。

（二）有利于加快国内产业结构调整和转型升级

在国际金融危机的影响持续深化、全球经济复苏明显放缓的背景下，我国传统的劳动密集型和资源型产业面临着巨大的转型升级压力。一是劳动力成本迅速上升，传统的劳动密集型产业竞争力受到其他发展中国家低成本优势的冲击；二是投资驱动作用下形成的大量产能过剩行业需要采取强有力的调控措施，如中低端钢铁产品、建筑材料等；三是使用新技术、新手段装备传统产业，实现生产方式转变的难度明显上升。发展跨国企业有助于提升应对上述挑战的能力。跨境延伸的产业链条将为现有企业的转型升级提供较大发展空间和可能性。产业链条跨境延伸，有助于带动金融、物流、电信等现代服务业发展，加快产业结构升级进程，提高服务业的国际竞争力。

（三）有利于提升我国资源供给的安全性和利用效率

一是增加能源和重要矿产资源的开发和配置权。我国是一个自然资源相对匮乏的国家，国内经济发展需要的能源和重要矿产资源大量依赖于进口。2008 年中国石油进口对外的依存度不到50%，2014 年已达到60%。从全球来看，目前已探明储量的石油仅仅能够开采 40 年左右。长期以来，发达国家企业通过扩大海外资源投资，获得了大量全球主要矿产资源开发和配置权益，成为左右国际矿产资源市场供求关系变化的重要力量。我国是一个发展中经济大国，经济发展尚处于工业化中后期阶段，随着工业化、城市化的加速发展，矿产资源供需的矛盾将越来越突出。应在加强国内地质勘查、提高矿产资源利用效率、节约和集约利用资源的同时，综合运用投资、贸易、对外援助等灵活多样的形式，积极开发利用海外资源。二是调整能源和资源性产业布局。长期积累形成的庞大高耗能、高污染和资源型产业规模导致我国能源和重要资源消耗过大、节能减排难以达到既定目标。为了打破资源和环境制约、实现经济可持续发展目标，必须进一步加大结构与产业布局调整力度。鉴于我国能源和重要矿产资源匮乏的基本国情，通过鼓励高耗能、资源型产品生产企业的海外产业转移，有助于减少国内能源和资源消耗，缓解环境保护压力。

（四）有利于深化我国对外经济关系

一是跨境延伸产业链条，促进我国出口市场多元化。我国的出口市场主要集中在欧、美、日等发达国家和地区，中国商品在这些国家和地区占有较大市场份额。过于单一和集中的市场结构，不但使我国出口增长容易受到这些国家经济和金融形势波动的影响，还经常遭受来自这些贸易伙伴各种形式的贸易保护措施的打压。因此，实施出口市场多元化战略对于促进我国对外贸易的持续、稳定增长具有重要意义。我国企业目前的跨国生产布局，多数分散在一些发展中国家，这将有利于带动与投资东道国之间的双边贸易增长，提升我国商品在更多发展中国家的市场份额。二是促进东道国经济发展，深化双边经济关系。我国企业的跨国投资和生产经营活动，将为投资东道国带来就业和经济增长机会，有利于加强企业和当地之间的交流与往来，增进相互了解。随着企业对外投资的不断增长，更多的中国跨国公司将作为联结我国与世界各国的重要桥梁和纽带，为深化相互之间的经济合作关系、优化我国经济发展的外部环境发挥越来越重要的作用。三是提高国际规则和标准制定中的影响力。随着跨国生产网络的逐步形成和产业竞争力的提升，中国标准有可能成为全球标准。

自我国实施走出去战略以来，企业对外投资从无到有，对外投资规模从小到大，取得了突出的成就。截至2014年底，我国累计非金融类对外直接投资3.97万亿元人民币（折合6463亿美元）。2015年上半年，我国非金融类对外直接投资达560亿美元，同比增长29.2%。美国《财富》杂志公布的数据，2014年我国进入世界500强排行榜的企业多达91家（不含港澳台地区），远超过日本的57家。

二、走向“一带一路”的新机遇

2013年，习近平主席先后提出“以创新的合作模式，共同建设丝绸之路经济带”和“共建21世纪海上丝绸之路”的战略构想，受到了国际社会的高度关注和积极响应，正在逐步成为区域各国的广泛共识和实际行动。

“一带一路”沿线国家和人口众多、地域范围广阔，基本分布在我国的周边和周边战略延伸地带，战略地位十分重要。加强与这些国家的经济合作，有助于营造良好的周边环境，构建互利共赢的合作网络，为我国和地区经济繁荣与可持续发展奠定牢固基础。沿线国家也普遍具有加强合作关系的强烈愿望和积极性，尤其是对中国企业到当地投资持欢迎态度。

（一）“一带一路”将为我国通过走出去提升全球价值链地位创造重大机遇

全球价值链是全球最为重要的产业分工合作方式，参与方的利益分配取决于各自的参与程度和所处环节。我国虽然是全球第一制造业和货物贸易大国，但由于产业技术和出口附加值水平偏低等因素影响，在全球价值链中尚处于中低端位置，获取的增加值相对有限。全面提升全球价值链参与水平是中国经济转型升级的一项长期任务。

我国经济正在进入增速换挡、结构优化和动力转换的关键时期。在全球价值链上的新目标，就是要从原来附加价值和技术含量低的位置向高附加价值和技术含量高的位置移动，以形成新的增长动力、促进经济结构优化升级，来实现由要素投入型增长驱动向创新驱动型增长的转变。全面提升我国全球价值链参与水平，是实现上述目标的迫切需要。

国际经验表明，提升全球价值链参与水平需要“双管齐下”。一是通过学习和技术创新，在生产工艺、功能、产品等方面向更高附加价值的环节提升，如从低端加工制造环节向核心零部件制造和研发环节转移，或通过产业升级实现从低端的价值链条向高端价值链条跃升。二是通过面向后发经济体的跨境产业延伸和布局调整，在更大空间范围内配置资源，运用自身掌握的品牌、关键技术、销售渠道等核心资源，构建新的全球价值链，为国内结构调整腾出空间的同时，占据区域价值链运营管理的主导权，依托区域生产网络提升自身在全球价值链中的地位。20 世纪 70 年代日本在加强国内技术创新和产业升级的同时，推动大规模海外投资，强化了与东亚发展中经济体之间的贸易投资关系，利用所谓“雁行模式”的东亚价值链实现了自身全球地位的提升。自 90 年代以来，韩国借助面向发展中国家投资形成的全球生产网络，也在提升其全球价值链参与水平方面取得积极进展。

随着我国加快经济发展方式转变，创新驱动将成为新常态的主要特征之一。在此基础上，如何实现产业布局调整、构建新的区域生产网络，事关提升全球价值链参与水平的战略大局，“一带一路”区域合作将为其提供重大机遇。

首先，我国在“一带一路”沿线具有相对较强的价值链领先优势。我国目前处于工业化后期阶段，与仍处于工业化初、中期阶段的沿线多数国家相比，具有较为成熟的产业体系和较强价值链获益能力。如根据贸易增加值核算结果，我国对东盟、印度单位出口的国内增加值含量分别达到 661 美元和 695 美元，高于平均水平。通过加强区域合作和面向沿线地区的投资布局，可占据区域生产网络的高端环节，并利用市场、技术、资金等优势，构建由我国掌握核心环节的价值链，依托区域生产网络提升我国全球价值链参与水平。

其次，“一带一路”区域合作将促进国内生产制造向价值链高端环节移动。通过对沿线投资，转移部分国内已经或即将失去比较优势的产业环节，在土地、资源和人才等要素稀缺及成本上升的背景下可为发展高端产业腾出空间。企业集中于高端制造和服务环节的投资、研发，将有效促进国内产业结构升级。另外，海外投资和基础设施建设将有效带动国内设备、零部件需求增长，尤其是拉动金融、电信、物流、研发等生产性服务国内需求和出口持续扩张，提升国内商品附加值水平。

再次，“一带一路”区域合作有助于推动人民币国际化和金融业开放创新。金融服务是全球价值链上的高端环节，“一带一路”建设将扩大人民币的使用范围，加快人民币国际化进程。同时，亚投行（AIIB）、丝路基金，以及其他金融机构将为“一带一路”建设提供各类政策性和商业性金融服务，我国金融国际化服务能力和竞争力将因此得到提高。

最后，“一带一路”区域合作将为我国贸易投资提供持续增长动力。“一带一路”沿线区域是我国重要的贸易和投资伙伴，近10年来相互贸易增长对我全部贸易增长的贡献率平均保持在25%以上，区域合作的持续扩大和加强，将为我国对外贸易、投资和工程承包带来新的增长动力，对继续提高我国的国际市场份额产生积极影响。

（二）推动“一带一路”建设需要多措并举

一是培育国际竞争新优势，提升区域生产网络治理能力。在传统竞争优势逐步减弱的背景下，能否形成以技术密集型和高附加值商品生产、出口为主要特征的国际竞争新优势，对于提高我国在区域生产网络中的治理能力至关重要。当前深化改革和扩大开放的一系列重大举措有利于形成新的创新驱动力，我们一定要抓紧落实和切实推进。应把优化结构和产业技术升级放在优先位置，重点推进新技术、新材料、新产品研发和创新；逐步放开服务业投资准入限制，营造开放、透明和高标准的营商环境，引进跨国公司的先进技术、管理和人才，加快培育国际竞争新优势，保持在沿线区域的产业和技术领先地位，改善区域价值链治理结构，在区域生产网络建设和运营中发挥引领作用。

二是深化沿线经贸合作，逐步构建区域自贸区网络。促进沿线命运共同体建设，经贸合作必须先行。近期内，可利用现有区域双边和次区域合作机制，加强成员间政策沟通和协调，消除贸易投资往来中存在的各种制约因素，提高贸易便利化水平；中长期可逐步拓展政策对话覆盖范围，形成具有广泛代表性的政策沟通协调机制。应将与沿线国家商签自贸协定作为今后一段时期我国自贸区战略的重点目标，逐步构建覆盖沿线多数国家的自贸区网络，并根据不同对象的发展水平和可接受自由化程度采取不同标准的谈判策略，深化相互之间的制度性合作，降低区域跨国价值链的治理成本。

三是促进国际产能合作，引导传统产业加快沿线布局。沿线地区普遍具有承接我国产业转移的积极愿望，国内企业面临跨境整合要素资源和拓展市场空间的巨大压力。应在加强绿色投资和防控商业风险等政策引导基础上，实行普遍的对外投资备案制，对面向沿线投资企业提供必要的融资、外汇、财税政策支持，对企业境外投资、生产所需的零部件、设备和技术出口在通关、退税等环节采取鼓励性措施。加强和沿线国家的投资合作，全面签署投资保护协定并选择具备条件的国家商签包含准入前国民待遇和负面清单管理方式的投资自由化协定，提高中资企业在投资东道国的投资便利化水平和合法权益保护力度。

四是推进沿线贸易投资人民币结算，加强跨境金融服务能力建设。通过签署货币互换协议、建立跨境本币结算安排等方式，进一步扩大沿线地区人民币使用和流通，加大人民币清算结算、银行间拆放、货币兑换交易、市场定价机制等基础能力建设，逐步建立和完善各国货币与人民币直接挂钩的汇率形成机制。鼓励商业金融机构走出去，在沿线地区设立经营网点，为中资企业提供投融资、清算、汇兑和保险服务。

五是扩大沿线国际发展援助，增加全球治理公共产品。国际发展援助是改善区域发展环境、强化援助方与受援方相互合作关系的重要手段。我国对外援助亟待根据“一带一路”战略需要做出新的调整。可适度增加对外援助的预算规模，新增部分主要用于面向沿线发展中国家基础设施建设。做好援助工作的顶层设计，和亚投行、丝路基金的政策性融资、商业贷款等合理搭配组合，提高中方企业的项目参与比例，加强项目评估、考核和督导工作。

推进走出去战略，需要更好地发挥政府作用。主要是：发挥引导和推动作用，做好科学规划和统筹安排，完善区域合作机制，加快对外投资管理制度改革，做好外交服务工作，打造综合信息服务平台。加大政策支持力度，加强财税政策支持和货币金融合作，为开展跨境贸易和投资活动的企业提供有效金融支持，鼓励股权投资和债券融资等金融创新。强化服务和安全保障，建设境外或跨境经济技术合作区、产业园区，更好地发挥行业协会、商会等各种中介组织的作用，做好人才培训工作。随着企业走出去步伐持续加快，面对的各种风险也将不断增加。其中，既有所在国政权更迭、政策变化等政治风险，也有不同国家法治环境下的法律风险，还有战争、恐怖袭击、灾害灾难等安全风险，以及合作伙伴违约、破产所带来的商业风险。政府应当做好风险提示和预警服务，并建立有效的应急处置机制，加强中国企业合法权益、在外国民生命财产的安全保障。还要进一步深化改革和扩大开放，加快构建开放型经济新体制，通过“苦练内功”，打造符合国际规范、稳定、透明和可预见的营商环境，有效聚集和整合国际国内要素资源，为中国经济社会可持续发展提供新动力，从而实现互利共赢的目标。

中国企业“价值链延伸型”对外直接投资*

姚枝仲**

2015年中国对外直接投资1456.7亿美元①，约为当年全球对外直接投资总额的10%，成为了仅次于美国的第二大对外直接投资母国。中国从一个吸引外国直接投资的大国一跃而成了对外直接投资的大国。

回望十多年以前，在2002年，中国对外直接投资全年总额仅有25亿美元。20世纪90年代，中国对外直接投资的累积总额也仅有232亿美元。中国的对外直接投资规模就是近十多年来快速增长起来的，2002—2015年，中国对外直接投资流量年均增长37%。

中国为什么会有如此大规模和快速增长的对外直接投资？尤其是为什么在经济发展水平还比较低的情况下有如此大规模的对外直接投资？中国对外直接投资增长的主要动因是什么？这是本文试图回答的主要问题。

一、美国金融危机与中国对外直接投资

美国金融危机之后，国际资本流动开始减缓，跨国直接投资与并购活动也急剧萎缩，2008年全球对外直接投资流量下降12%，但是中国的对外直接投资不仅没有减少，反而大幅度上升，并一举突破500亿美元。2008年中国对外直接投资总额高达521亿美元，相比2007年增长将近1倍。其中非金融

---

* 本文主要内容已陆续发表于《国际经济评论》杂志与《中国对外投资：理论与问题》（何帆，姚枝仲等著，上海财经大学出版社，2013年出版）。

** 姚枝仲：中国社会科学院世界经济与政治研究所副所长，研究员，博士生导师。

① 数据引自2016年9月22日，商务部、国家统计局、国家外汇管理局联合发布的《2015年中国对外直接投资统计公报》。

类直接投资406.5亿美元，比2007年也增长了64%。2008年以后世界经济虽然一度短暂复苏，但至今没有走出危机的阴影。中国对外直接投资也在这个时期快速增长。这种情况总是很容易让人认为中国大规模对外直接投资是由于美国金融危机为我们提供了机会，而忽视了中国企业对外直接投资的内在规律。

全球对外直接投资的历史表明，一个国家在发生危机时总是伴随其对外直接投资额的下降。全球对外直接投资是以发达经济体为主的，因而在2001—2002年和2008—2009年，肇始于美国互联网泡沫破裂和次贷危机所引发的主要发生在发达经济体的金融危机，导致了全球对外直接投资额的显著下降。1997—1998年发生在东南亚新兴市场的金融危机虽然引起了发展中经济体的对外直接投资额在1998年下降了34%，但并没有引起发达经济体对外直接投资的下降，反而为发达经济体在东南亚的投资提供了更多的机会，导致发达经济体的对外直接投资在1998年和1999年连续两年暴增60%，并带动了全球对外直接投资的快速增长。同样道理，这次金融危机虽然引起了发达经济体乃至全球对外直接投资的下降，但是给新兴发展中经济体的对外直接投资提供了机会。

由此可见，关于金融危机给中国对外直接投资提供了机会一说，并不是没有道理的。要考察中国对外直接投资的快速增长是短期现象还是长期趋势，可以分析假如没有这次美国金融危机的情况。

假如没有美国金融危机，中国的对外直接投资会是什么情况呢？要理解这个问题，可以考察一下在美国金融危机之前，中国的对外直接投资处于一种什么状态和趋势。美国金融危机发端于2007年8月爆发的次贷危机，因此，有必要考察2007年之前中国对外直接投资的状况。

2006年中国对外直接投资总额为211.6亿美元，在全球排名第17位，在亚洲仅次于日本和中国香港地区，已经超过韩国和新加坡等新兴市场经济国家。中国的这一投资规模在当时全球1.3万亿美元的对外直接投资总额中也许不算什么，但是，其增长速度是非常惊人的。中国的对外直接投资总额2002年以后开始高速增长，2003—2006年年均增长95%，是同一时期全球对外直接投资总额增长率的3倍。在另一个全球对外直接投资年均增长22%的高速增长期（1991—2000 年），中国的对外直接投资流量在同期内几乎是零增长（见图 1 和图 2）。

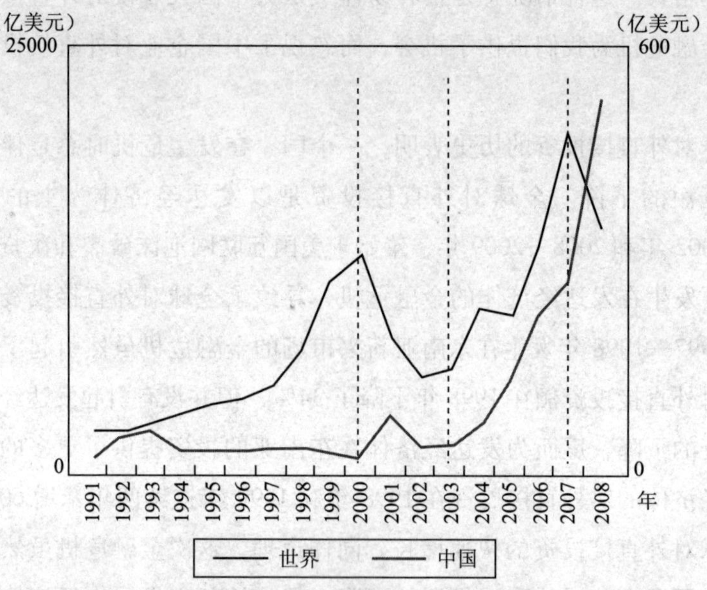

注：全球 FDI 流出量用左纵轴表示，中国 FDI 流出量用右纵轴表示。

资料来源：1991—2007 年数据来自 UNCTAD FDI Statistics；2008 年的全球数据来自 UNCTAD Investment Brief No. 1 2009 中的估计值；2008 年中国数据来自中国商务部公告。

图 1　中国与全球的 FDI 流出量（1991—2008）

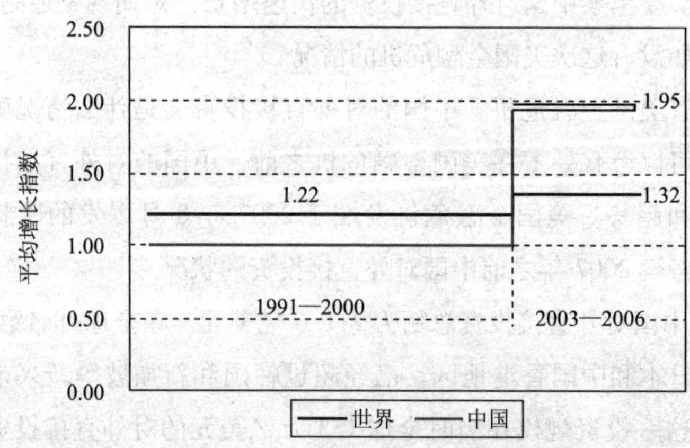

注：平均增长指数 1. 22 表示年平均增长率为 22%，其他指数值的含义以此类推。

资料来源：根据 UNCTAD FDI Statistics 数据计算。

图 2　中国与全球 FDI 流出量的平均增长指数（1991—2006 年）

为什么长期停滞的对外直接投资从2002年以后突然开始爆发式的增长了呢?

原因之一是中国企业开始有了对外直接投资的需求。

首先，改革开放二十多年之后，中国的制造业已经有了很大进步，尤其是在制造业的终端生产环节获得了充分的发展，有向上游发展的内在动力。由于中国已经广泛地参与到跨国生产网络当中，中国不具有优势的上游生产活动往往在国外，为了寻求供应方的稳定，避免外部冲击对供应链和整个生产活动的影响，也为了在整个生产链中获得更大的增加值，中国企业具有向国外零部件、能源、资源甚至研发等上游价值增值活动进行投资的战略需求。这类投资也是目前中国对外直接中最主要的组成部分。2006年中国对能源和资源行业的对外投资就占全年非金融业对外直接投资的48%。

其次，中国的制造业和出口企业在很大程度上是依靠贴牌生产、依靠香港等地贸易中间商的订单而发展起来的，而并没有自己掌握外部市场的销售渠道和营销服务网络。这种对外部市场高度依赖却又不能掌握对外销售的模式，不仅不利于企业在对外销售中获得更大的利益，而且还增加了进一步投资和扩大生产的风险。也就是说，这种模式增加了出口企业在国内投资的风险，降低了投资收益。随着出口企业的发展壮大和投资规模的扩大，这些企业对进一步投资的风险控制和收益要求越来越高，因而也逐渐有了对外投资建立自己掌握的销售渠道和营销服务网络的需求。这类投资也是目前中国对外直接中的主要组成部分之一。2006年，中国在市场和服务性领域的对外投资占全年非金融业对外直接投资的40%。

另外，国内生产成本上升也使企业逐步有了对外转移生产能力和寻求技术升级的需求。中国经济长期高速增长，使人民生活水平得到大幅度提高，农村剩余劳动力逐渐减少，“刘易斯转折”时期加速到来，因而中国的劳动工资，尤其是沿海地区的农民工工资在2002年以后开始大幅度上升，加上2005年开始的人民币升值，国内生产成本已经大幅度提高，并且预计还将快速上涨。很多劳动密集型生产活动在中国已经不具有成本优势，这些企业也已经开始具有向外转移生产能力和寻求技术升级的需求。同时，中国也从2003年开始加强了对环保、能耗问题的管理，企业需要逐步承担污染成本，高能耗和高污染企业也开始有了对外转移生产能力的需求。这类投资虽然开始逐渐增加，但还不是中国对外直接投资的主要组成部分。2006 年中国整个制造业的对外直接投资仅占当年非金融业对外直接投资的 5%。

原因之二是国家替代企业对外投资的模式已经开始产生问题，政策上开始放松对外直接投资的管制并鼓励企业“走出去”。

经常账户顺差意味着对外投资净额在增加。在中国，有一个比较特殊的情况，即经常账户顺差没有体现为企业的对外投资，而是转化为了国家的外汇储备增加。外汇储备增长也是对外投资的一种形式，只不过是国家主导的资本流出和对外投资，体现为国家持有的国外资产增加。这种国家替代企业对外投资的模式在危机之前已经产生了很严重的问题，包括资源配置上的效率损失，以及升值预期和外汇储备过快增长引起的宏观稳定问题。这些问题使中国开始从政策上放松对企业对外投资的管制并鼓励企业“走出去”。美国金融危机之前中国已经开始逐步削弱强制结售汇，并在 2008 年彻底取消了强制结售汇。企业对外直接投资用汇约束也逐渐降低甚至取消，过去在外汇管制情况下受到用汇制约的投资活动在一定程度上得到释放。同时，企业对外直接投资的审批程序也开始规范和简化，并明确实施“走出去”战略，开始制定和实施一些促进企业对外直接投资的政策。这些政策措施减少了中国企业对外投资的阻力，促进了对外直接投资的增长。

由此可见，在危机之前，不管是中国企业还是中国政府，都有加快对外投资的战略需求，并且已经开始实现了对外投资的高速增长。假如没有出现美国金融危机，中国企业会在自身发展的需求下，在政府的鼓励和推动下，积极筹划“走出去”，并逐渐加大对上游生产环节、对销售渠道和营销网络的投资，同时，也将逐步加快对外转移生产能力和寻求技术升级的步伐。这些因素说明，假如没有出现美国金融危机，中国的对外直接投资也将处于高速扩张的轨道。

美国金融危机是否改变了中国企业对外直接投资的内在需求呢?

显然，中国企业向上游发展、寻求供应链稳定和技术升级的内在需求并没有因为金融危机而受到削弱，中国企业对市场稳定和国外营销服务网络的需求也并没有受到削弱。出口企业反而因为感受到了在原有模式下金融危机造成的巨大需求冲击，而可能更加迫切地要求了解外部市场，掌握外部营销服务网络，以便及时调整生产和营销策略，降低需求冲击带来的负面影响，因而金融危机可能加强了中国企业对外部营销服务网络的投资需求。

金融危机对中国企业对外投资需求的比较重要的负面影响可能是对外转移生产能力的要求不那么迫切了。这一方面是因为金融危机对国际货币体系产生了重大影响，各国货币的价值可能需要重新调整，对外投资的汇率风险加大。在这种情况下，尽管人民币升值和国内工资相对提高的趋势并没有改变，但是通过转移生产能力来降低生产成本的风险加大，因而这类企业在对外转移生产能力方面的投资就会更加谨慎。另一方面金融危机使外部市场需求急剧下降，对外转移生产能力如果得不到市场需求的支撑就不会获得盈利。在这种情况下，企业宁愿选择减少产量，而不是转移生产能力。

在金融危机之前的中国对外直接投资结构中，企业寻求供应链稳定、技术升级和市场稳定的投资需求是主要的，而向外转移生产能力的投资是比较少的，因而，中国企业对外投资的需求并没有因为金融危机而受到趋势性的影响。而且，金融危机还发生了一些有利于中国企业对外直接投资的变化。这些变化体现在以下几个方面：

第一，国家替代企业对外投资的情况产生了更加严重的问题。外汇储备增长虽然暂时不再对国内宏观稳定产生大的问题，但是外汇储备资产却面临较大的跌价风险。储备资产的投资是以安全性和流动性为主的，因而主要以投资美国国债这种“安全资产”为主。但是，在美国目前的零利率政策下，债券价格已经极高，而美联储又在试图用通货膨胀政策刺激经济复苏，未来的通货膨胀和利率极有可能大幅度上升，因而债券价值具有很大的跌价风险，“安全资产”也就不再安全了。同时，储备资产规模较大，市场影响较大，难以在资产种类和货币种类之间自由转换，因而金融危机使得中国更加迫切地需要改变目前这种国家替代企业投资的模式，以避免对外投资主体和投资对象过于集中所产生的困境。

第二，金融危机使发达国家和一些新兴市场经济国家的许多企业陷入困境，等待破产或者被并购。这些困境有些是因为短时间内无法得到银行或者其他融资渠道支持而产生的，有些是因为市场需求萎缩造成的，有些陷入困境的企业并不是没有长期经营价值，而可能是临时性的困难。这些企业中不仅可能有中国的上游企业，也可能有掌握某些中国企业特别需要的关键技术或者技术人员、销售和服务网络或者营销团队。这些企业、技术、营销网络和团队在正常经营过程中，是中国企业想购买而难以购买的，而金融危机使中国企业具有了并购机会。

第三，各国为了刺激经济复苏，均在加大基础设施投资力度，因而国外的基础实施投资机会也迅速增加，中国在基础设施投资和建设领域是具有较强的国际竞争力的。

第四，中国企业虽然也受到了美国金融危机和世界经济衰退的影响，但是过去的快速发展已经积累起了大量的资本。在外汇储备比较充分，对外投资管制放松情况下，这些国内资本可以迅速转化为对外投资。在世界其他国家投资萎缩和资本短缺的情况下，中国的资本优势就更加明显了，从而可以在对外投资，尤其是对外并购活动中获得更好的交易条件。

第五，当世界其他国家的市场在萎缩的时候，中国的市场却仍然在扩张，从而使中国市场在世界市场中更有吸引力了。这将使国外相关企业更加重视中国市场，更加重视与中国企业之间的合作。因而也为中国企业并购国外相关企业，或者成为国外企业的战略投资者提供了更多的机会。

总体来看，金融危机不仅使中国对外投资主体多元化和投资对象分散化的要求更加迫切了，而且使当中国企业想走出去，国家鼓励企业走出去的时候，外国出现了更多的投资机会，并使中国企业处于更加有利的投资地位。

这些投资机会意味着中国面临许多具有明显福利改进含义的对外交易。世界其他国家投资萎缩和资本短缺，但拥有资源、技术、营销服务网络和人力资本；中国企业缺少资源、技术、国外营销服务网络和团队，但拥有充裕的资本。将中国的资本投资于国外的资源、技术、营销服务网络和团队，是有明显福利改进含义的交易。

这些投资机会也意味着中国可以通过加大企业对外投资力度，逐渐打破现在这种以外汇储备为主的对外投资体系，避免投资主体和投资对象集中化所蕴含的系统风险，提高未来的投资收益率和中国经济的资源跨期配置效率。

这些机会还可以通过中国企业的对外投资，增加对国内产品的需求，消化国内的过剩生产能力，并且可以在增加出口和顺差的同时，避免外汇储备的增加。

最重要的含义，是这些投资机会意味着中国可借机获得长期增长的动力，改变目前这种低附加值的发展模式，促进国内产业结构的升级。资源、技术和人力资本对中国未来的长期增长是至关重要的，而且是制约中国经济未来发展和产业结构升级的最重要的要素。利用这次金融危机产生的机会，中国可以利用较为有利的条件获得国外的自然资源、技术，以及人力资本。尤其是从改革开放到今天，中国企业已经难以从直接观察外国企业的市场经营活动中获得效率改善和生产技术突破，因此，购买外国的技术和管理团队就成了当前一个提升经营效率和生产技术的最重要渠道。金融危机产生的这些投资机会就更加显得弥足珍贵了。另外，向上游关键零部件和市场营销活动的发展，可以使中国企业的价值增值活动向价值链的两端扩展，有助于提升中国企业在全球价值链中的地位，促进国内产业结构的升级。

可见，金融危机引起的投资机会增加，不管在短期内还是在长期内，对中国经济都是有利的。同时，也应该看到，金融危机虽然使中国对外直接投资的机会更多了，但是，中国对外直接投资的快速增长，并不是仅仅是因为金融危机提供了机会，而是中国经济和中国企业内在发展的需要，是一个长期的趋势性的现象，而不是一个伴随金融危机的短期现象。

美国金融危机虽然产生了一些有利于中国企业对外直接投资的变化，但是否意味着中国的企业就应该借机大规模的对外投资呢？事实上，在目前这种情况下，也并不是所有的投资都是有利可图的，投资动机和投资对象的选择对中国企业对外投资是否成功将产生至关重要的影响。

简单地说，金融危机使中国企业可能在国外自然资源、技术、营销和服务网络、人力资本，以及基础设施方面的投资带来更大的利益，而不利于转移生产能力的投资和在全球范围内重组生产过程的投资。因此，面对金融危机带来的变化，中国企业应该加快国外自然资源、技术、营销和服务网络、人力资本，以及基础设施方面的投资，而减缓甚至停止转移生产能力的投资和在全球范围内重组生产过程的投资。

同时，对外投资和并购活动中的有利地位是针对中国企业的整体而言的，这种有利地位和交易利益完全有可能因为国内企业在投资和并购交易中的竞争而受到侵蚀，因而，中国企业对外投资和并购活动中还需要尽量避免内部竞争。

从国家政策来看，既然利用金融危机产生的机会，有针对性加快对外投资步伐有利于中国的长期和短期经济发展，因而采取一些支持和鼓励政策是十分必要的。

二、投资结构与投资动机

跨国公司理论认为，企业的对外直接投资动机可以主要分为四类：资源寻找型、市场寻找型、效率寻找型和战略资产寻找型。Dunning 和 Lundan（2008）在一个综合框架内（OLI），总结了这四种不同动机的投资类型所对应的所有权优势（O）、区位优势（L）和内部化优势（I），以及相应的战略目标和适合的行业（见表1）。

表1　OLI框架和投资动机

投资类型	所有权优势（O）	区位优势（L）	内部化优势（I）	战略目标	适合的行业
资源寻找型	资本，技术，市场准入，互补资产，规模，议价能力	资源拥有状况，相关交通通信基础设施，税收优惠和其他激励	确保在合理价格上的稳定供应，控制市场	获得使用资源的优先权或特权	①能源，矿产品，农产品；②出口加工业，劳动密集型产品；③某些离岸服务
市场寻找型	资本，技术，信息，管理与组织技能，R&D能力，规模经济，产生品牌忠诚度的能力	市场规模和市场特点，政府政策（管制，进口控制，投资激励等）	降低交易成本与信息成本；买方的不确定性；保护产权	保护现有市场，反击竞争者；阻止竞争者或者潜在竞争者进入新市场	计算机，医药，汽车，香烟，加工食品，航空，金融服务
效率寻找型	上述优势，范围经济，地理分散或积聚，中间投入的国际采购	①产业积聚和专业化 ②东道国对当地生产的鼓励，有利的商业环境	垂直一体化和水平多元化经济	通过地区或者全球范围内的合理化生产，获得专业生产的利益	汽车，电子器具，家电，纺织服装，医药，商业服务，研发

续表

投资类型	所有权优势（O）	区位优势（L）	内部化优势（I）	战略目标	适合的行业
战略资产寻找型	能够配合现有资产的上述优势	能提供公司缺少的技术、组织和其他资产的上述任何优势	共同治理经济，改善竞争优势和战略优势，降低或者分散风险	加强全球创新竞争力和生产竞争力，获得新的产品线或者市场	知识密集型产业

资料来源：Dunning&Lundan（2008）。

根据表1的划分，可以将中国对外直接投资按照上述投资动机进行归类（见表2）。表2显示，中国对外直接投资以效率寻找型、市场寻找型和资源寻找型为主。其中，市场寻找型动机占35.1%，效率寻找型动机占38.7%，资源寻找型动机占14.1%。这三大类动机占中国对外直接投资总额的88%。

这种分类是非常粗略的，可能存在很大的误差。比如，中国在国外的“租赁与商业服务”类投资，这里将其划入“效率寻找型”投资。在“租赁和商业服务”投资中，绝大部分是在国外建立的投资公司，如在一些避税天堂建立的投资公司。在一般意义上，将这类投资识别为“效率寻找型投资”是可以的。但是，这类投资的最终目的可能到国外进行资源能源方面的投资，或者到国外并购先进制造企业。因而从最终目的来看，前者应该划入“资源寻找型”投资，而后者应该划入“战略资产寻找型”投资。又如，这里将中国在境外的制造业投资全部列入了战略资产寻找型投资，这是因为制造业有许多大型并购案例，这些案例主要是对国外先进制造企业的并购。而实际上，中国在境外的制造业投资，有一部分是为了市场的，也有一部分是为了效率的，将制造业投资全部划入战略资产寻找型会有失偏颇。

从现有的分类数据来看，简单的归类确实很不准确。一个更为精确的归类需要从企业层面来划分。

表2 2015年中国对外直接投资的存量结构与投资动机划分

单位：亿美元，%

行业	2015 存量	份额	投资动机
租赁与商业服务	4095.7	37.4	效率寻找型

续表

行业	2015 存量	份额	投资动机
金融业	1595.6	14.6	市场寻找型
采矿业	1423.8	13.0	资源寻找型
批发和零售业	1219.4	11.1	市场寻找型
制造业	785.3	7.2	战略寻找型
交通运输、仓储和邮政业	399.1	3.6	市场寻找型
房地产业	334.9	3.1	其他
建筑业	271.2	2.5	市场寻找型
信息传输业、计算机服务和软件业	209.3	1.9	市场寻找型
电力、煤气及水的生产和供应业	156.6	1.4	其他
科学研究、技术服务和地质勘查业	144.3	1.3	效率寻找型
居民服务和其他服务业	142.8	1.3	市场寻找型
农林牧渔业	114.8	1.0	资源寻找型
水利、环境和公共设施管理业	25.4	0.2	其他
住宿和餐饮业	22.3	0.2	市场寻找型
其他行业	4.6	0.0	其他
合计	10945.1	100	

注：关于投资动机的分类只是一种粗略的划分。

资料来源：《2015 年度中国对外直接投资统计公报》。

然而，即使是对上述四种类型的投资动机的精确划分，也仅仅是理解投资行为的基础，还不能理解真正的投资原因。比如，对于资源寻找型投资，似乎能概括获取国外资源的动机。而实际上，获取国外资源可以通过进口，并可通过长期协议来稳定供应关系，并不一定要通过投资。因而，“资源寻找型”动机实际上并没有揭示出为什么不进口而要“投资”的动机。又如，对于市场寻找型投资，似乎能概括获取国外市场的动机。而实际上，获取国外市场，可以通过出口，并不一定要通过投资。可见，“市场寻找型”动机，不能识别为什么不出口而要“投资”的动机。即使是通过投资来获取国外市场，也有两种方式：一种是在国外建立产品的生产工厂；另一种是工厂仍然在国内，只在国外建立营销机构。显然，这两种获取市场的投资行为，其背后的原因是完全不一样的。前者可能是为了降低关税等贸易成本，后者可能是为了增加出口或者进行品牌运营。而“市场寻找型”投资这一概括却将两种完全不同的投资动机当成一种动机。

国际投资理论为了更好地理解对外直接投资的动机，提出了两个要回答的问题：一是为什么要将生产活动扩展到国外？二是为什么要对国外的生产活动拥有控制权，而不是将其外包出去？对第一个问题的回答形成了一套区位选择理论，对第二个问题的回答形成了一套内部化理论。

区位选择理论指出，将生产活动扩展到国外，主要有两个主要原因：一是为了规避出口壁垒或降低出口成本，从而将生产活动配置到靠近市场的地方；二是为了降低生产成本，根据生产过程的要素密集度，将生产活动配置到具有相应要素禀赋的地方。所以简单地说，对外直接投资的动机，要么是为了降低贸易成本，要么是为了降低生产成本。这两类动机几乎能够完全解释发达国家的对外直接投资行为，以及日本在快速发展过程中的转移边际产业型的对外直接投资行为。但是，这两类动机很难用于理解中国企业的对外直接投资。

三、“价值链延伸型”对外直接投资假说

全球对外直接投资是以发达经济体为主的。发达经济体的对外直接投资活动主要分为两大类：水平投资和垂直投资。水平投资的动机主要在于规避出口的高成本，并用较高的生产效率或某种垄断利益来获得更高的利润。垂直投资的动机主要在于利用各国的资源禀赋差异和要素价格差异，将同一产品的不同生产阶段按其要素使用状况分散到相应的国家，以降低生产成本并获得更大的利润。

水平投资和垂直投资均不能完全反映出中国当前对外直接投资的主要特征。中国的对外直接投资主要集中在国外资源能源、市场服务和先进制造企业这三个领域，既不是规避出口高成本的水平投资，也不是分散生产的垂直投资，而是具有明显的通过对外直接投资和海外并购活动来扩展生产与价值链的特点。

中国的对外投资也不是日本在发展过程中产业转移式的投资。日本的对

外投资模式被总结为边际产业转移论，即随着一国比较优势的变化，逐渐将过去具有比较优势，而现在已经不具有比较优势的产业通过对外投资转移到国外。中国的比较优势也在变化，但是中国主要不是将过去具有比较优势的产业转移到国外，而是直接投资到自己本身不具有比较优势的领域，试图通过这种投资活动来扩展其在价值链中的地位，因而是一种“价值链延伸型”的对外直接投资。

中国对外直接投资的特点与中国在特定的国际分工背景下的发展模式密切相关，中国主要是通过加工制造业嵌入国际生产网络而参与国际分工并获得产业发展的。中国在这个过程中更快地参与到了世界新兴制造业的国际生产中，只不过中国仅仅参与了新兴制造业的部分生产环节，即其中的低附加值生产环节，而没有在整个行业上获得优势。正是这一发展背景，使中国的对外投资不是产业转移式的，而是价值链延伸型的。当然，国内生产成本上升也使企业逐步有了对外转移生产能力和寻求技术升级的需求。

中国的对外直接投资不以生产能力转移为主，主要是两个方面的原因：一是因为大量获得迅速发展的企业虽然受到成本上升的压力，但是仍然可以通过价值链延伸来获得进一步发展；二是中国国内有产业转移的梯度。中西部地区的要素成本要低于东部地区，同时中西部地区的交通运输等基础设施投资迅速增加，投资环境大幅度改善，有利于吸引投资从东部地区向中西部地区转移。

由此可见，中国未来的对外直接投资将以向上游和向市场延伸价值链为主，随着这类投资的增加和中国企业自身的成长，中国企业也将逐渐从全球价值链的参与者向价值链的主导者转变。转移生产能力为目的的投资（可用水平投资和垂直投资来概括的，或者可用边际产业转移论来概括的投资）也将缓慢增长，但短期内还不会成为中国对外直接投资的主要形式。随着中西部地区生产成本的上升，中国企业向内地转移产业的余地缩小，以及随着中国企业逐渐开始主导生产链，从而开始追求在全球配置生产过程，转移生产能力为主的对外投资将逐渐成为主要的对外直接投资形式。

这种对外投资模式对中国的长期经济增长是非常重要的。中国可从对外直接投资中获得长期增长动力，改变目前低附加值的发展模式，促进国内产业结构的升级。资源、技术和人力资本对中国未来的长期增长是至关重要的，而且是制约中国经济未来发展和产业结构升级的最重要的要素。改革开放到今天，中国企业已经难以从直接观察外国企业的经营活动来获得效率改善和生产技术突破，购买外国的技术和管理团队就成了当前提升经营效率和生产技术的最重要的渠道。另外，向上游和市场营销活动扩展价值链，有助于提升中国企业在全球价值链中的地位，促进国内产业结构升级，促使中国快速从全球产业链的被动参与者转为主导者，从而使中国能够在全球生产与分工中获得更大的利益。

中国获取高附加值的对外投资模式也助于优化跨期资源配置，提高经济发展的动态效率。中国有高额的经常账户顺差，经常账户顺差意味着对外投资净额在增加。但在中国，经常账户顺差没有完全体现为企业和居民对外投资的增加，而主要转化为了国家外汇储备的增加。外汇储备增长也是对外投资的一种形式，只不过是国家主导的资本流出和对外投资，体现为国家持有的国外资产增加。这种国家替代企业对外投资的模式通过外汇储备过快增长和人民币升值预期引起了较大的宏观稳定问题，同时也由于外汇储备资产的低收益率而产生了较大的跨期资源配置效率损失。中国企业的对外投资可以逐渐打破现在这种以外汇储备为主的对外投资体系，避免投资主体和投资对象集中化所蕴含的风险，提高未来的投资收益率和中国经济的跨期资源配置效率。

“价值链延伸型”的对外投资既符合中国企业的内在需求，又有利于中国的长期增长、宏观稳定与产业升级，在政策上应该采取鼓励而不是限制的态度。

主要参考文献

Dunning, John H. & Sarianna M. Lundan, 2008. Multinational Enterprises and the Global Economy, 2nd ed. Edward Elgar, Cheltenham, UK.

中资企业的国际化趋势与金融支持路径*

巴曙松　左　伟**

改革开放之后，“引进来”战略的实施，使国内企业吸引了大量外资流入。另一方面，中国的对外投资规模却长期处于起步阶段，国际化企业的数量也与发达国家的差距较大。2005 年中国的对外直接投资总量仅为 123 亿美元，仅占当年国际对外投资总量的 1.23%。近年来，随着中国经济实力的增强以及对外投资环境的改善，中国对外直接投资与中资企业的“国际化”步伐正在逐渐加快，“引进来”与“走出去”战略进一步整合协调。

一、引言

近年来，全球经济继续缓慢复苏，但是受美国“量化宽松”政策、东欧和中东地缘政治风险以及欧元区复苏不平衡等因素的综合影响，2014 年全球对外直接投资由 2013 年的 147 万亿美元下跌至 123 万亿美元，下降幅度达 16%。

与此形成鲜明对比的是，中国对外投资继续快速增长，2014 年中国首次成为资本净输出国以及全球对外投资流量最大的发展中国家。据中国商务部统计，2015 年中国非金融类对外直接投资总额达到 1180 亿美元，较 2014 年同比增长 1.72%；同期吸收外商直接投资 1262.7 亿美元，较 2014 年同比增长 5.5%。

---

* 文中观点仅仅代表作者个人的意见，不代表任何机构的看法。

** 巴曙松：香港交易及结算所首席中国经济学家，中国银行业协会首席经济学家，研究员。
左　伟：中国科学技术大学。

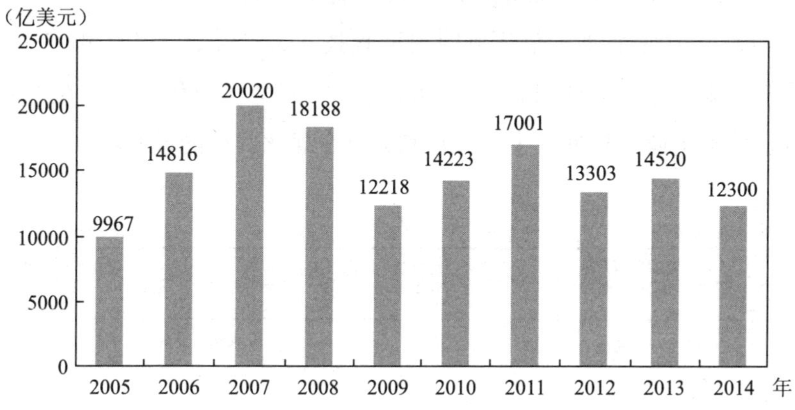

图 1　2005—2014 年国际对外投资流量

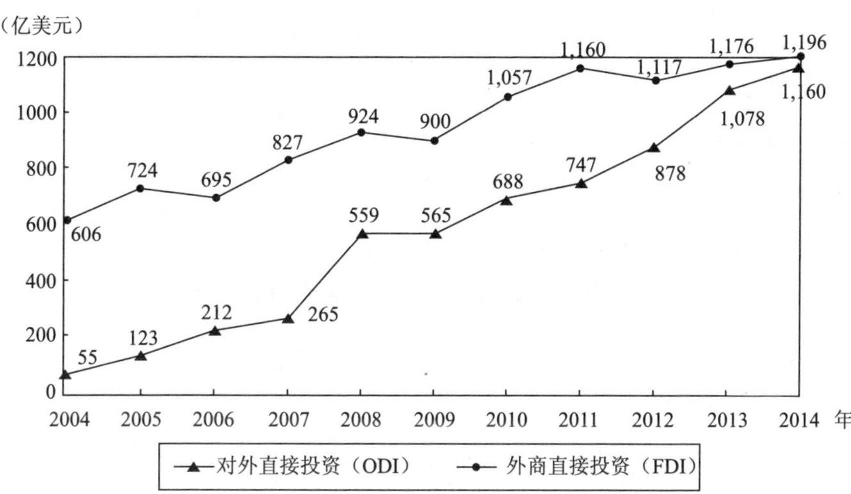

图 2　2004—2014 年中国对外投资流量

尽管中国企业的对外投资日益受到广泛关注，但是中资企业的国际化与全球化还处于起步阶段。参考罗兰贝格对于全球化企业的定义和分类，中国企业在经历本土局限和简单出口阶段后，目前仍处于半全球化和完全全球化共存的过渡期，其中半全球化的主要特征为以获取资源和市场为目的，而以获取全球化综合竞争力为目标则标志着进入完全全球化时期。从“全球化谋略”“全球化智慧”和“全球化执行”三个方面对企业的全球化能力做评估之后，罗兰贝格认为，2003 年之后中国企业开始进入半全球化阶段，通过扩大海外代理出口和并购资源等多种方式来满足企业对于资源和市场的需求；2009 年以后，中资企业在全球范围内配置技术、产品、人力、财务等资源，实现了提高全球竞争力的目标，开始逐步迈向完全全球化阶段。在未来一段时间内，中资企业都将处于半全球化和完全全球化共存的过渡期。

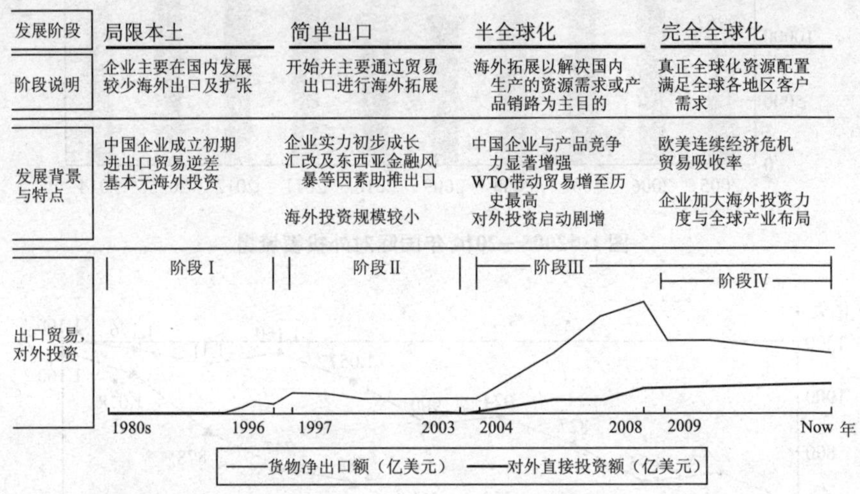

资料来源：罗兰贝格的相关研究报告。

图 3　中资企业国际化的发展阶段

二、对外直接投资和中资企业国际化

对外直接投资是国际直接投资的一种情况。国际货币基金组织（IMF）认为，对外直接投资是指“在投资国以外的国家所经营的企业中拥有持续利益的一种投资，其目的在于对该企业的经营管理具有有效的发言权。”企业国际化是一个国家发展对外直接投资的微观基础，对外直接投资的发展很大程度上依赖于企业国际化水平的提高。对于什么是企业国际化，学术界目前仍然存在一定争议。部分学者基于行为学的角度对于国际化进行解释，认为企业国际化是一个由国内市场向国际市场发展的渐进过程（Johnson，1975），是企业有意识追逐国际市场行为的体现（Robinson，1959）。还有学者基于商业网络角度的国际化概念，认为企业的国际化就是指企业在国际网络中建立、发展网络的全过程，企业国际化程度决定了其在国际市场网络中的地位（Johnson，Mattson，1985）。第三种观点基于战略管理角度进行考虑，认为国际化是企业运用内部资源和能力来获取存在于世界各国或地区的市场不完全性的一种方式，是企业扩张活动跨越国界进入到不同市场或区域的一种行为。综合以上几种观点，可以认为国际化是一个过程，在这样一个过程中，国际交易对公司所起到的直接、间接影响日益为公司所重视，从而促使公司同其他国家间建立并执行各类交易（Beamish，1990）。

企业国际化的进程主要包括两方面，一方面是企业参与国际分工、从国内市场扩展到国际市场，另一方面是国内企业转型为跨国公司（补充对外直投和企业国际化）。从狭义上理解，企业国际化是企业到国外投资，设立生产经营机构，向境外延伸研发、生产和营销能力，在更多的国家和地区合理配置资源。从广义上来说，企业国际化是企业与其产品、服务、技术、劳动力及管理水平进入国际市场开展竞争与合作。企业国际化研究近三四十年来成为跨国公司研究领域的研究热点，主要围绕两个基本问题进行解释：第一，企业国际化是怎样的一个发展过程；第二，什么因素决定了企业的国际成长。由此派生出的关于企业国际化的主要代表理论包括企业国际化阶段理论，与创新相联系的国际化模型、出口行为理论、企业国际化网络理论，以及企业国际化的战略管理理论等等。

三、中资企业国际化的特征和趋势

70 年代中期约翰逊等人以企业行为理论研究方法为基础提出了企业国际化阶段理论，即 U－M 模型。该理论认为，企业的国际化经营行为是企业在面对本身和外部环境变化时，进行逐步调整的一个连续过程。从市场范围来看，企业国际化遵循下面的演进路线：本地市场—地区市场—全国市场—海外相邻市场—全球市场；从经营方式来看，演进路线主要是：纯国内经营—通过中间商间接出口—直接出口—设立海外销售机构—海外生产销售。继企业国际化阶段理论之后，Cavusgil（1980，1982）把企业经营国际化的过程分成五个阶段：①国内营销阶段；②前出口阶段；③试验进行阶段；④积极投入阶段；⑤国际战略阶段。Bilkey 和 Tesar 对美国威斯康星 400 多家制造业中小企业出口行为的调查显示，它们在出口阶段上有明显的相似之处。企业国际化阶段理论揭示了部分企业国际化经营的发展规律，对传统行业的企业国际化具有一定的解释能力。出口行为理论模型是经过大量企业调查得出的结果，而不是纯粹的逻辑演绎，对现实的指导作用更强。与阶段理论支持企业国际化的渐进性相一致，出口行为理论模型强调企业国际化是连续发展的过程。

根据企业国际化的相关理论，现阶段中资企业的国际化进程仍然处于半全球化和完全全球化共存的过渡期，具体来说，主要在投资业务、投资主体、投资地域和投资行业四个方面呈现较为明显的特征和趋势。

（一）海外并购持续升温并逐步转型

企业国际化的主要进入模式可分为四种：第一种是贸易进入模式，包括直接出口和间接出口，这是最为直接和快速的国际化进入模式，这种模式对企业的进入门槛要求较低，进入路径也较为简单；第二种是契约进入模式，主要包括特许生产、特许经营和外包，企业将其开发的专有技术以合作经营方式或委托方式转让给国外合作伙伴，允许其在合约严格约定条件与期限内使用；第三种是投资进入模式，包括新建企业进入和跨国并购，一般而言，这种模式对企业有较高要求；第四种是战略联盟进入模式，包括研发联盟、生产联盟、销售联盟和合资企业模式联盟等，一般而言，这一模式适用于实力强大、竞争优势突出的企业。

这四种主要进入模式当中，海外并购是现阶段中国企业实践国际化的重要手段之一，自 2004—2014 年，中国企业的海外并购热情持续高涨，市场规模年复合增长率高达 35%，交易数量年复合增长率高达 9.5%。2014 年中国企业共对 62 个国家和地区开展并购投资，投资规模高达 554.2 亿美元，并购交易总数为 460 笔。以下几个原因造成了近年来海外并购的持续火热。一方面，相对宽松的政策、充裕的现金准备，以及民营企业的快速发展推动了中资企业向国外先进企业学习技术和经验的热情；另一方面，危机后全球经济深度调整，中国日益提升的国际影响力使中资企业在全球合作中逐渐占据主动地位。

值得注意的是，近年来中国企业逐渐将高端技术与全球性品牌作为海外并购的重要目标，以往由国企主导的资源驱动型海外并购逐渐向市场驱动型和核心技术驱动型转变。中资企业不仅希望能够通过国际化寻求新的利润增长点、占领市场，更希望能够获取国外先进的技术、品牌及管理经验。

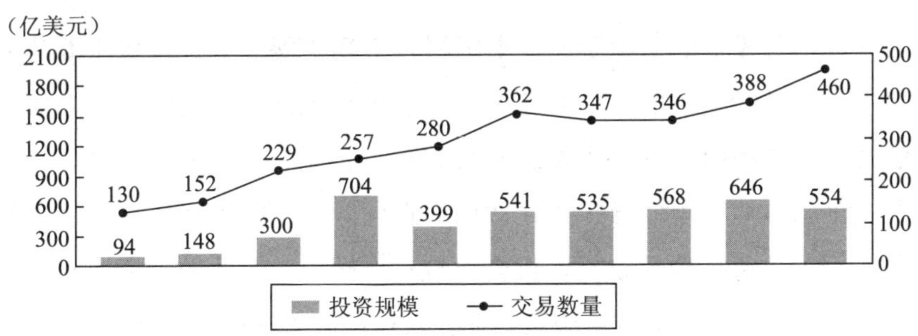

图 4 中国海外并购：交易数量与规模（2004—2014 年）

（二）“走出去”的民营企业持续增多

受转型升级压力的推动，以及国内劳动力价格逐年攀升等因素影响，中资民营企业近年来开始更积极地拓展海外市场，寻求技术、市场等多方面的突破。2014 年，中国民营企业对外投资案例数飞速增长，较上年同比增加 296%，占 2014 年投资案例总数的 69%。

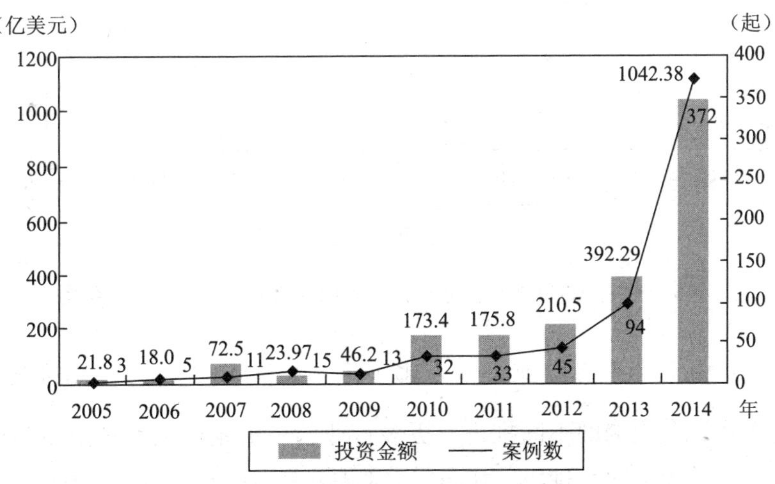

图 5 2005—2014 年中国民营企业对外投资状况

民营企业的投资决策速度更快、激励制度更灵活，能够快速适应国际标准的要求。同国有企业海外并购更集中与于资源领域不同，中国民营企业的海外投资呈现多元化的特点，更强调对海外先进技术、品牌等的获取。

（三）欧美等发达地区受到对外投资更多的关注

在中国对外投资的初始阶段，中国海外市场扩展的首选区域主要集中在东南亚和非洲等新兴市场，2010 年中国在亚洲地区的对外直接投资总量达到 449 亿美元，占 2010 年对外直投总量的 65%。但是，后危机时代全球各地区的投资与经营环境出现差异扩大化倾向：在国际上，欧美地区在经济危机的冲击下，资产估值折价导致投资机会出现；在国内，企业的投资需求正逐步升级，几方面因素合力导致了中资企业在发达地区的投资增速持续上升。

其中，美国是中国企业海外投资的重要目的地之一，2014 年中资企业投资美国制造业的数量占投资总量的 41%，较 2013 年同比增长 24%。对于核心技术的强烈渴望，是在美投资明显加快的重要原因。

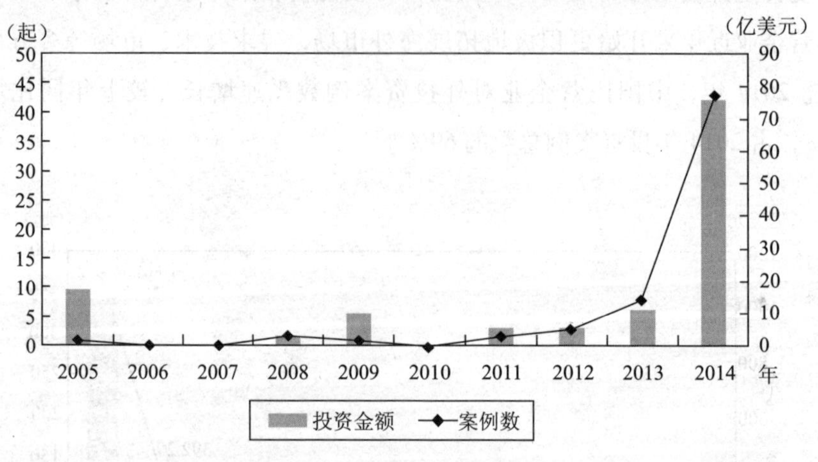

图 6　2005—2014 年中国企业投资美国制造业的投资规模与数量

（四）能源和资源行业投资占比下降，投资 TMT 行业占比持续上扬

随着国际化浪潮的不断推进，更多行业的中资企业强烈希望能够加速海外并购，以应对国际化挑战。其中，工业品、消费品、金融及 TMT 行业近年

来的海外并购占比显著上升。2014 年中国共发生 TMT 行业的跨国并购共 58 起，投资规模高达 234 亿美元，是所有细分行业中占比最高的。其中，发生在美国的 TMT 行业跨国并购就有 20 起，总金额为 864 亿美元，投资领域主要集中在游戏业、半导体等方面。

四、中资企业国际化面临的挑战与机遇

根据赵曙明等人的研究结论，企业国际化必须应具备一定的条件。按照企业内外部的逻辑，企业国际化的条件可以归结为内生条件和外生条件。其中，具备国际化视野的企业家，以及清晰的国际化战略运营逻辑是最重要的内生条件之一；而国际市场的市场容量、市场竞争结构及自由化程度是最重要的外生条件之一。现阶段中国实施的“一带一路”等积极战略，为中资企业国际化提供了在开拓国际市场方面重要的条件支持。

（一）中国积极参与国际经济金融治理的一系列战略，为中资企业国际化提供了新的空间

“一带一路”战略是最受关注的国家战略之一，包括了约有六十多个沿线国家。“中国与全球化智库”统计得出，2014 年中资企业投资“一带一路”沿线的投资案例中，投资规模在 1 亿～10 亿美元的案例数最多，总数达 407 起；投资规模在 10 亿～100 亿美元的案例数排名第二，总数为 121 起。在投资区域方面，中资企业在“一带一路”沿线的投资主要集中在东南亚和中亚，其中对东南亚的年均流入量高达 3369 亿美元，西亚和中亚排在第二位和第三位，分别为 855 亿美元和 787 亿美元。因此，尚未开发的国家和地区投资潜力巨大。中国政府不仅在政策方面，也在资金支持方面，为中国企业投资“一带一路”沿线国家和地区提供了有力支持。

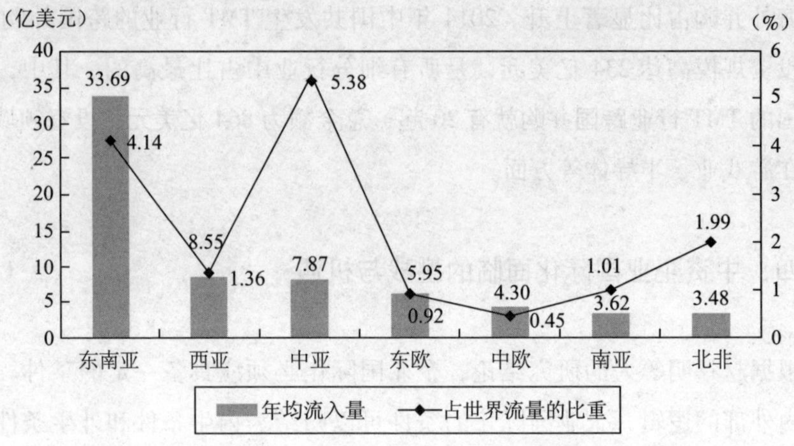

图7 “一带一路”沿线国家，中国企业跨境并购交易数量及投资规模（2014年）

（二）国际化进程中的困难与挑战

1. 机会驱动背景下的全球化扩张

Chandler（1962）开创性地对企业国际化战略管理理论进行了研究。之后，Strandskov（1985），Axinn（1988），Melin（1992），Mintzberg（1994），Welch和Lawrence（1996）也进行了深入研究。战略管理理论认为，企业国际化是高度依赖战略规划的过程，因为它既确立了企业总体经营方向，又提供了对经营活动的具体指导。

与欧美企业全球化扩张的初始阶段相类似，中资企业的全球化也起始于机会驱动背景下的扩张。然而，这种机会驱动背景下的全球化将会在一定程度上影响企业自身的机会鉴别能力的提高和机会价值的体现：首先，如果企业的全球化战略缺乏科学性和系统性，同时前瞻性准备做得不足的话，企业就很难制定出能够实际操作的国际化战略和执行计划，就很难系统性地储备国际化人才和资源，也很难优化国际化的运营机制。

其次，中国企业目前仍然难以找到合适的并购目标，这主要还是因为全球化战略的缺失，以及严重的海外投资信息服务不健全。据“中国与全球化智库”的调查，在中国对外投资尤其是并购投资失败的案例中，其中一个重要原因就是信息不对称，尤其是中小企业缺乏信息积累，对投资国家及项目的了解仅限于粗略考察，使企业难以掌握投资国家的习惯、文化。在欧美等发达国家和地区，政府主导建立了较发达的信息系统，很大程度上支持了企业的海外投资。例如，美国一方面通过国内特别机关、包括国家行政机关，以及驻外使馆的情报信息中心为投资者提供信息服务，另一方面还积极通过海外私人投资公司以及联合国开发计划署等机构掌握更多的经济信息，以提高投资者的投资效益。

最后，海外投资与并购整合计划有待进一步完善优化。参考罗兰贝格的研究，逻辑清晰、可操作性强的整合计划及并购策略的制定，是影响企业能否在关键的并购时间窗口内将并购整合效果最大化的重要因素。目前，很多中资企业存在的一个问题是，很难将“可研计划”与“结论论证计划”区分开来，从而很难从整体上对投资与并购方案的可行性进行全面客观的评估，这也使中资企业在并购实施中常处于被动弱势的地位，并购后的整合出现滞后和低效等问题。

2. 优化整合人才资源与运营团队

在决定企业国际化的一系列内生条件当中，具备国际化眼光的企业家是最重要的内生条件之一。在国际化的进程中，如何培养和挖掘具备国际化眼光的企业家，如何重新整合团队及人才资源，是中资企业必须面对的问题。是将企业现行的管控、团队和企业文化等照搬给海外子公司，还是尽量保留子公司的运营现状。从目前来看，一方面中资企业缺乏专业的跨国投资与并购团队，另一方面中国企业的全球性品牌与公关运作能力尚显不足，如何树立良好的品牌形象并被海外消费者所接受仍然是个巨大挑战。在并购后的整合过程中，中资企业应该在组织与管控体系整合、人力资源与团队整合、企业文化整合等方面，加强现有团队与海外子公司团队的融合，更好地吸收人才资源的同时，也扩大自身品牌和文化在全球的影响力。

3. 国际化进程中的各种风险

中国企业走出去，将会面临相当多的风险，如法律和政治方面、税务、金融及知识产权等各个方面。首先是法律和政治风险，欧美发达国家所制定的外资监管制度与多数发展中国家差异较大。发达国家较少限制行业的准入门槛，但经常凭借国家安全审查、外资审查、反垄断调查等政府监管制度保护本土企业；发展中国家和欠发达地区则更强调在产业政策、外汇管制、行业准入等方面，通过限制性的特殊规定来保护本土企业。

其次是金融风险，中资企业跨境并购中遇到的财务风险常常包括并购本身的财务风险，目标企业估值中的信息不对称风险，以及跨境投资或并购导致的环境不确定性。根据中国与全球化智库的调查，自2015年以来，部分企业部门与行业的海外投资、融资难已有一定的缓解，但企业融资难、融资贵的整体状况没有得到根本改变，尤其是美元贷款的贷款利率普遍高于大多数经合组织成员国家。中国银行业目前国际化的程度不高，境外机构数量较少，并购融资业务与国际一流尚存在差距，难以满足民营企业“走出去”的融资需求。2015年以来人民币汇率波动较大，也造成中资企业对外投资的汇率风险增大。其他的主要风险还包括知识产权风险、税务风险等。

五、中国金融业的国际化将与中资企业国际化相互推动

从欧美地区对外投资大国的海外投资发展史可以看出，各国的金融政策在促进对外投资方面均发挥了关键性作用。从目前来看，中国金融业需要跟随中国企业国际化的步伐，从多个层面支持中资企业的国际化，发挥香港等国际金融中心的独特优势地位，综合运用在岸和离岸金融业务优势，把握中资企业国际化不同阶段的不同特征和不同的金融服务需求，相应提供配套的金融服务。

（一）发挥香港地区等国际金融中心的独特优势地位

一直以来，香港以其特殊的地理区位优势和自由化、国际化的投资环境成为中国内地与国外联系的纽带与桥梁。在“走出去”的过程中，中国企业将会面临包括法律和政治方面、税务、金融及知识产权等多方面的风险，而香港正是中资企业管理这些风险的风险管理中心。

以对外投资中的并购活动为例，在参与交易金额较大的并购项目时，许多中资企业资金实力有限，必须通过多渠道融资来完成并购工作。香港市场上的融资渠道充分多元化，如果在香港资本市场上市，则更可以便捷地利用上市平台来支持并购活动。

（二）以金融全球化推动企业国际化

一般来说，商业银行的国际化进程会经历以下三个阶段：第一个阶段引进外资，办理外币的存贷款业务以及国际结算业务；第二阶段是通过在国际金融市场上筹集资金、融通资金、设立境外分支机构、参与国际银团贷款等方式，积极参与国际金融合作，提高外币资产在其总资产中所占比重；第三个阶段是跨国银行阶段，其显著标志是在全球范围内建立了广泛的分支机构、庞大的客户群以及广泛的营销网络。

近年来，中国国有商业银行的业务国际化取得了突飞猛进的发展，但是与企业国际化提出的金融服务需求相比，中资银行在本土化经营能力、金融产品线、全球竞争力方面仍具有一定差距。首先，中国商业银行目前的海外业务占比较低，且海外业务分布不均匀，主要集中于港澳等亚太地区；其次，与国际大型跨国银行相比，中国银行海外分行提供的产品与服务种类较为有限；境外分支机构仍然以存贷款业务、国际贸易结算、国际清算等业务为主要经营业务，较少涉及投资银行业务以及创新型业务。根据蒋海曦（2015）的测算，中国商业银行的国际化水平大幅落后于外国商业银行，但国际化水平总体呈现出逐步走高的趋势，且国际化水平的提升在逐渐加快。

随着金融改革的进一步深化，中国银行业在本土市场业务竞争加剧，海外市场提供了一个新的业务增长点，近年来，一些中资银行海外市场的盈利增长速度开始明显快于在岸市场的盈利增长。另外，国有银行积极推进其业务的国际化，可以更便捷地学习外资银行的先进技术手段和先进管理经验，从而提高综合竞争力。

全球化的商业银行一方面能够增强银行金融机构对“走出去”企业的信贷支持，扩大“走出去”企业的直接融资渠道；建立市场化的保险体系，为“走出去”的企业提供风险保障；另一方面还可以充分利用其遍布世界各地分支机构的网络信息优势，为国际化企业提供信誉咨询、投资风险与收益分析、市场行情等多方面的金融服务，降低企业信息成本，解决企业信息不灵的问题。

现阶段，中国商业银行应制定出适合自身发展的海外战略，稳妥实施并积极推进。在不断满足中资企业客户的国际化需求的同时，逐步将服务对象拓展至大型跨国公司和境外优质客户。积累一定经验之后，可以利用客户资源拓展国际业务，同时通过全球化的资产配置规避系统性风险，从整体上提升国际化经营水平。其次，中国商业银行应该充分利用长期以来积累的资金实力、国内客户关系及品牌影响力等资源，发挥境内外业务联动优势，加强境内外信息沟通和资源整合，进一步增强海外业务的竞争实力。

另外，金融机构和企业的国际化，也为人民币国际化提供了新的推动力，在这个过程中，积极推动人民币跨境贸易、跨境信贷及投资的支付清算，灵活运行成熟金融市场的风险管理工具，完善人民币跨境支付和清算体系，更好地帮助进出口企业和跨境投资机构管理市场风险。

（三）实现更为均衡的价值创造模式

对于企业国际化的路径方面的研究，目前存在两种主要观点：一种观点认为，企业在推进国际化的进程中，在市场范围和经营方式选择方面会呈现显著的“逐级渐进”的特征；另一种观点则认为，部分国际化意愿较强的中、小企业从创立初始就致力于国际化扩张，它们试图通过国际市场来获取稀缺性的资源，并将产品销往国际市场以提高企业实力，“阶段跨越”的特征较为明显。这两种不同路径的区别主要在于企业资源禀赋与企业的环境差异。

与其他国家企业的国际化相比，中资企业国际化具有特殊的环境条件：中国作为发展中国家，中资企业属于后发展型跨国公司，在竞争优势、外国市场的进入方式和所有权方式等方面与先发展型跨国公司有明显不同。现阶段中资企业国际化的目的主要集中于对资源的获取及海外市场的竞争。全球企业并购研究与咨询成果的研究显示，提升行业地位与规模效应、竞争能力互补、产业链协同整合、竞争资源共享、消灭竞争对手和快速参与竞争是企业并购实现价值创造的六种主要模式。现阶段中资企业在实施海外并购时，主要是通过对市场、原材料等竞争性资源的获取和共享实现价值创造，而对提升行业地位与规模效应、快速消灭竞争对手等价值创造手段的关注程度不高。未来中资企业在海外并购时，应该考虑采取更为丰富的价值创造模式，重新找到中资企业相对于外国企业的竞争优势。

具体来说，短期内中资企业拓展国际化的主要价值在于充分体现国内市场的规模优势，以获得更高的收入，从而降低单位成本。但是从中期来看，随着国内劳动力成本的逐渐上升，目前较低的劳动力成本很难成为下一个发展阶段中资企业的竞争优势。在提高研发效率、降低产品研发成本，以及通过全球化布局来优化供应链成本等方面，中资企业可以通过成功的海外并购整合等手段，完成“弯道超车”，尽快形成新的竞争优势。

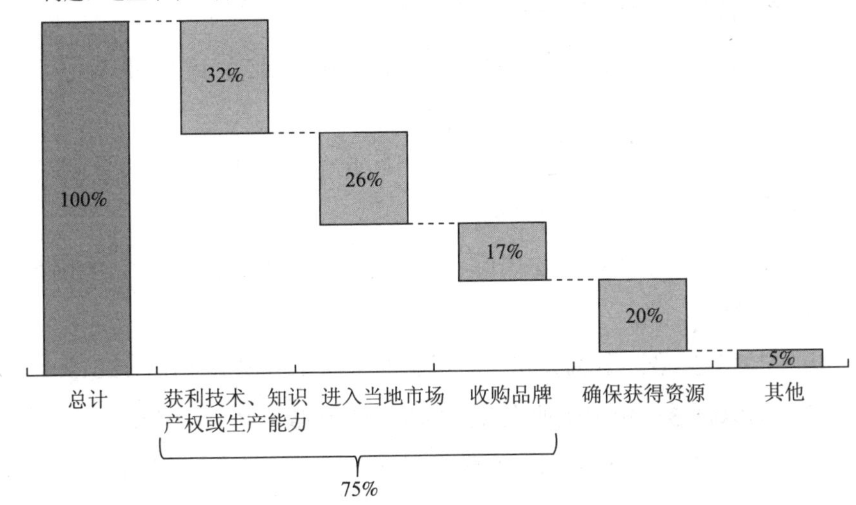

资料来源：“波士顿”研究报告。

图8 “波士顿”海外并购调查

主要参考文献

[1] Johanson, J. and F. Wiedersheim - Paul, The Internationalization of the Firm - Four Swedish Cases [J] . Journal of Management Studies, 1975 (3), 305 - 322.

[2] Barney, J. , Hansen, M. . Trustworthiness as a source of com - petitive advantage [D] . Paper Given at the Australian Graduate School of Management. Sydney: University of New South Wales, 1995.

[3] 赵曙明，高素英，周建，刘建朝. 企业国际化的条件、路径、模式及其启示 [J]. 科学学与科学技术管理. 2010 (1).

[4] 安国俊. 金融国际化与企业“走出去” [J]. 中国金融，2015 (3)，45 - 46.

[5] 许东玲. 中国国有商业银行的业务国际化研究 [D]. 东北财经大学，2011.

[6] 蒋海曦. 中国国有商业银行国际化水平的 国际比较：2008—2013 [J]. 当代经济研究，2015 (12)，76 - 81.

[7] 王辉耀. 企业国际化蓝皮书：中国企业全球化报告 (2015) [R]. 2015.

[8] 毛裕民. 积极推进商业银行国际化经营 [J]. 中国金融，2010 (10)，71 - 73.

[9] 韦茜. 内地民营企业国际化与香港市场的关系 [J]. 中国商界，2008 (11)，35.

[10] “罗兰贝格”咨询公司. 中国企业全球化白皮书 [R]. 2015.

[11] 汤森路透. 中国企业全球化的机遇与挑战 [R]. 2015.

[12] “波士顿”咨询公司. 乘风破浪正当时——中国企业海外并购的势与谋 [R]. 2015.

中国企业参与“一带一路”建设的战略的挑战与对策

王国文*

随着我国的实际对外投资已经超过利用外资的规模，中国已经成为资本的净输出国。与吸引外资相比，对外投资的增速在进一步加快。一方面，像美国、欧盟、日本这样的发达经济体，像俄罗斯、巴西、南非这样的新兴经济体，以及一些不发达经济体，都非常欢迎中国企业的投资。同时，中国企业也具有对外投资的积极性，或者说有市场动力，再加上中国政府积极鼓励企业“走出去”对外投资的政策支持，因此中国对外投资增长的基本面是好的，高速增长也是在预期之内的。另一方面，中国的对外直接投资起步比较晚，总体上还处在起步阶段，投资的总规模和投资的存量比起美国、欧盟和日本等这些发达国家规模还是比较小的。因此，引导和推动中国企业更好的开展对外投资合作是比较重要的。

根据《中国企业海外可持续发展报告（2015）》的数据，2014 年，中国企业共实现全行业对外直接投资 1231.2 亿美元，同比增长 14.2%。其中金融类 159.2 亿美元，同比增长 5.4%；非金融类 1072.0 亿美元，同比增长 15.6%。截至 2014 年底，共有 1.85 万家境内投资者在境外设立企业 2.97 万家，分布在全球 186 个国家和地区。中国企业“走出去”对外投资取得了一定的成绩，但也面临着很多问题和挑战。

一是海外业务盈利水平普遍偏低。根据前述统计报告，13% 的企业盈利可观，39% 的企业基本盈利，24% 的企业基本持平，而其余 24% 的企业目前暂时处于亏损状态。二是中国企业间的竞争造成效率低下，散兵游勇、各自

---

* 王国文：中国（深圳）综合开发研究院物流与供应链管理研究所所长，副研究员。

为政的中国企业在国际上失败的教训很多，一些同行业的企业互相压价，甚至不惜牺牲利润。三是融资渠道有待进一步拓宽。

面对中国企业“走出去”和对外投资遇到的问题和挑战，政府和企业需要从国家战略层面、对投资政策、策略进行统筹协同。根据综合开发研究院项目团队的调查研究和项目经验，我们认为有四个方面需要重点考虑：第一，加强与“一带一路”沿线国家的战略协调，解决项目落地的政策与标准问题；第二，对于基础设施投资类的项目，中国的企业应该有长远的投资眼光；第三，要发挥开发性金融支持企业“走出去”；第四，要发挥港资企业、民营企业的力量，把他们纳入到政策扶持的体系。因此，中国企业的“走出去”战略是一个立体的、应该囊括所有企业、所有层面的、统筹协调的战略。

一、中国企业“走出去”要借助国家战略之间的顶层对接

中国企业在“一带一路”上“走出去”的一些重大建设项目，涉及我国与沿线国家战略合作、双边交流等重大战略，往往得到国家元首的重视。但项目建设和运营的过程中，又会遇到准入政策、标准对接、检验监督等方面的问题和障碍。这些障碍使企业作为投资和建设主体时是难以克服的，这就需要中国企业在“走出去”的过程中，充分利用“一带一路”机遇下的国家战略合作关系，通过借助国家战略之间的顶层对接和政策协调来解决。

白俄罗斯是我国在“一带一路”沿线的重要合作伙伴，中白工业园是两国间战略合作的重大项目。中国（深圳）综合开发研究院课题组在中白工业园、中白商贸园，以及中白纸浆厂项目调研考察的过程中发现，项目虽然具有国家级战略支持，但实际建设和运营中仍存在诸多困难。这些困难是企业无法解决的，需要从白俄罗斯国家政策、中白战略合作、标准对接等层面加以解决。下面通过结合中白工业园、中白商贸园和 8 亿美元纸浆厂项目的案例调研进行说明。

中白工业园区规划占地面积 90 平方公里，距白俄罗斯共和国首都明斯克市 25 公里，毗邻国际机场、铁路、柏林—莫斯科的公路干线。园区内规划有生产和居住区、办公和商贸娱乐综合体、金融和科研中心。2015 年 5 月 10

日，国家主席习近平在明斯克同白俄罗斯总统卢卡申科举行会谈，提出要把中白工业园建设作为合作重点，发挥政府间协调机制作用，谋划好园区未来发展，将园区项目打造成丝绸之路经济带上的明珠和双方互利合作的典范。

白俄罗斯国家层面对这些项目是十分重视，并通过为项目发布总统令的方式进行推进和协调。但总统令并不能完全解决两国之间规划、建设、项目监察、产品认证认可等一系列问题。在整个园区建设的过程中，我国企业的规划、产品和流程在没有得到白方认可之前，均无法落地实施。从我国的规划设计方案、项目建设、建筑标准，到建筑材料、设备，均需要白方的认证和认可。举例来说，我国的一根电线和电缆都要等待三个月的审批时间才能投入到建设中使用。其中，总投资 8 亿美元的戈梅利 40 万吨纸浆厂项目就涉及白俄罗斯的 11 个部委，在筹备和过程中都遇到了很多困难和障碍。

为了解决这些国家级项目在规划建设过程中遇到的障碍性问题，招商局集团和中工国际从白俄罗斯国家政策层面开始下功夫，以国家之间战略合作的角度进行协调，最终将问题一一解决。其主要做法是参与修改白俄罗斯的总统令，并参与了白俄罗斯国家物流规划等一系列政策和规划的修订工作，增补了项目实施过程中需要认证认可的有关条款，增加了中白项目在国家规划中的定位，使双方合作项目在国家战略的层面上实现了对接，为项目的建设实施和运营扫清了政策障碍，也为我国企业其他的在白项目提供了很好的政策环境和统筹协调的先例。

从上述案例可以发现，在国家战略框架下进行对外投资的中国企业，应当充分借助国家的力量，依托国家间的战略合作关系，从顶层设计入手，实现中国企业的发展要求与其他国家的发展、政策相适应，保障项目的顺利落地。在对外投资的具体环节上，中国企业应当进一步加强国内标准与国际标准的对接，了解国外的准入政策，提高中国企业“走出去”的效率和速度，更好的为当地服务业，也更好的实现中国企业的发展。最后，中国企业要在国家战略框架下，充分利用国家产业园区的平台，实现相关企业的抱团“走出去”，形成合力。

二、基础设施建设项目要有长期投资的眼光和视野

基础设施的互联互通是“一带一路”战略的重要内容，基础设施建设也是“一带一路”战略实施的重要支撑。然而，基础设施建设项目由于其投资回报率低、投资回收期长的特点，中国企业在对外基础设施投资，必须要有长期投资的眼光和视野，而短期行为就会危害长期战略利益、损害我国企业在外投资的信誉、增加基础设施建设项目的风险。从这个意义上来说，招商局集团在港口、园区等技术设施建设项目上采取的长期投资战略具有典型意义。

作为港航起家，也是目前中国最大、世界领先的港口投资运营商，招商局依托港口网络建设积极落实“一带一路”战略，近年来大力推进港口设施建设，通过收购、改造和新建，形成可控制的现代化港口链，满足日益增长的贸易需求，充分发挥在“一带一路”互联互通上的基础性作用。招商局利用交通、金融、房地产及园区开发三大核心业务优势，将“前港—中区—后城”的蛇口模式复制到海外，并在海外布局“丝路驿站”。港口、园区与城市的投资，考虑的是10年、30年、50年的投资回收周期，以基础设施建设提升项目区位优势，以园区建设聚集产业，助推当地的城市化进程，形成了项目长期受益的良性循环，这就是蛇口工业区30年长期建设运营的经验在海外的复制。

具体来说，招商局海外项目的综合开发是以规避短期行为为出发点的，因此其综合开发具有四个特点。第一，由于招商局掌握了海外项目的规划权和管理权，因此这些基础设施项目的开发成本较低。第二，由于基础设施项目的投资回报特点，招商局通过多个基础设施项目的协调、同步开发，有效解决的开发时间长和投资回报低的问题。第三，招商局利用其自身在产业链中的地位，联合多家企业解决基础设施项目建设过程中遇到的“瓶颈”问题，从而实现中国企业组团走出去，实现中国制造业的转移，最大限度的发挥基础设施的作用。第四，招商局深入国外本地市场，通过两国合作，规避市场风险。

依托对海外项目的综合开发，招商局利用其在深圳30多年的发展经验，利用港口的交通优势，在“一带一路”的沿线国家复制深圳蛇口的“前港—中区—后城”模式，以港口为龙头和切入点，以临港的产业园区作为重要载体，打造国际产能合作平台。

“前港”即在“全球关口联盟平台”的基础上，利用招商局全球布局的口岸优势，强化其对港口周边物流活动的辐射能力。实现运输、储存、装卸、搬运、包装、流通加工、配送、信息处理，以及多个环节的诸多领域的整合，促进中国商品在“一带一路”国家间的无障碍、高效率、便利化的流通。

“中区”即在港口信息化的基础上，建设线上线下的O2O体验交易中心，同时在区域内配备保税仓功能，实现辐射国家和地区采购商小宗商品现场提货，大宗商品线上下单仓内出货，并紧密结合前港实现货物的端到端物流配送。同时，在港口保税园区内建厂打破除关税壁垒，输出产能。通过在保税园区内建厂，将大幅缩短跨境运输费用、贸易代理成本、通关成本等，实现产品运营本地化，本地加工生产。

“后城”就是利用港口和园区的发展，通过工业化提高生活水平，促进人口增长，产生住宅和商业需求，在港口和园区周边建设城市功能，又通过城市化反过来提升工业区和港口的价值。

在“前港—中区—后城”的基础上，招商局通过参与“一带一路”沿线国家基础设施的建设，提出了在“一带一路”沿线布局建设“丝路驿站”。借助“丝路驿站”，实现“区港联动、以点带面，集中开发、落地生根”，将有巨大发展潜力的欠发达地区与世界贸易网络连接，吸引劳动密集型或资源密集型产业从高劳动力成本和资源匮乏国家向该地区转移，开创新的贸易路径，重组世界贸易流动版图。同时，龙头企业积极搭建平台，还有利于带动中小企业和优势产业产能走出去。

通过对招商局参与海外基础设施建设的案例分析，在中国企业参与海外基础设施项目的过程中，不能仅仅着眼于项目的投资回报上，应当充分考虑基础设施项目的带动作用，并将企业与国家战略相结合，从而实现项目的长远发展。

三、充分发挥开发性金融的支撑作用

自我国实行“走出去”战略之后，一大批中国企业纷纷走出国门，发展壮大。与此同时，我国促进企业“走出去”的法律法规、财税金融体系也逐步建立并完善起来，金融业对中国企业“走出去”的支持力度也不断加大。在中国企业进行海外拓展和跨国经营的过程中，需要金融业提供跨境结算、融资安排、信用支持和风险防范等多方面的金融服务。其中，开发性金融作为支持中国企业“走出去”的一个重要手段，应充分发挥其在企业“走出去”初期的支撑作用。

开发性金融是金融体系中不可替代的重要组成部分，在以市场化方式实现中长期发展目标、提供公共产品、提高资源配置效率等方面具有独特优势。“一带一路”沿线主要是新兴经济体和发展中国家，正处在工业化、城市化的起步或加速阶段，对能源、通信、交通等基础设施需求很大。但这些基础设施建设项目往往工程建设条件复杂，技术要求高，跨境协调难度大，具有建设周期长、资金需求量大、投资回报率低的特点，融资“瓶颈”突出，再加上沿线国家财政实力相对偏弱，法律、政策环境差异较大，商业资金进入意愿不高，亟须发挥开发性金融作用，为沿线基础设施建设提供融资融智支持。

国家开发银行作为服务国家战略的中长期银行，坚持以服务国家能源资源和经济外交战略为主线，大力探索和推进国际合作业务，为企业“走出去”铺路搭桥，取得了较大成绩，发展成为我国最大的对外投融资合作银行，为服务国家“走出去”战略做出了积极贡献。国家开发银行以开发性金融为主导，着重在以下几个方面支持中资企业“走出去”：

第一，推动机制建设，加强本地合作，借助上合银联体、中国—东盟银联体，借助地缘优势，加大周边互联互通基础设施的支持力度，积极推动成立上合开发银行、亚洲基础设施投资银行、金砖国家开发银行等新的开发性金融合作平台建设，深入推进境外人民币贷款业务，加大本地融资额度，加强人民币债券境外发行，支持周边国家结算系统的建设，服务企业的国际贸易投资与合作。

第二，规划先行，深入推动国际规划合作。规划先行是开发性金融的重要方法。结合“一带一路”沿线国家资源禀赋的多样性、互补性，推动区域、专项规划及沿线国家发展规划相互对接，照顾各方利益关切点，扩大利益汇合点。以规划为手段打通国际渠道，为中国企业“走出去”和国际项目拓展铺桥搭路。

第三，以基础设施互联互通和国际产能合作为重点，为重大项目建设提供资金支持。围绕基础设施互联互通、能源资源合作、装备制造出口等方面，国开行以开发性金融支持中国企业在油气、核电、高铁、装备、港口、园区等重点领域“走出去”，支持中资企业通过设备出口、工程承包、投资等方式参与合作国的基础设施建设。

第四，强化统筹协调，推动形成合力。充分利用国开行的客户资源，发挥企业的主体作用，积极参与境外基础设施建设和国际产能合作，并在此过程中优化产业链分工合作，实现“抱团出海”。

第五，结合中国企业“走出去”需要进行金融创新。结合“一带一路”建设和中国企业“走出去”步伐，加快海外战略布局。充分发挥“投、贷、债、租、证”的综合优势，加大金融创新力度，结合中国企业“走出去”的需求，进行实现开发性金融工具的“组合拳”，为参与“一带一路”建设的中国企业提供全方位、一站式金融服务。

中集集团与国家开发银行在巴西海洋工程项目中，充分利用了国家开发银行在巴西的战略客户资源，成为开发性金融支持“走出去”项目的一个典型案例。

中集集团“走出去”项目，是在中巴两国战略合作的大背景下，充分利用巴西深海油气资源开发的机遇，充分利用中石化、中石油、中粮、国家电网等中资企业在巴西的业务资源以及巴西本土企业资源，实现中集集团海洋工程装备、模块化建筑、特种运输车辆、能源化工食品装备和空港设备的“打捆”走出去。在国家开发银行等国家机构的带动下，通过与各个中资企业的协同，实现包括中集集团各个业务板块在内的全产业链、跨产业链的“走出去”，是跨产业链中国企业“走出去”的典型案例。

在“走出去”的模式上，中集集团的“走出去”模式，主要以投资式和契约式为主，以贸易方式为辅。在“走出去”的路径上，主要通过与中资企业合作和与巴西本土企业合作两种。与中资企业合作方面，充分发挥国开行的作用，中集和国开行的在巴西具有投资项目的客户和企业合作，中资企业在巴西各自开展能源、化工、粮食、机械等领域的业务，中集为各个中资企业在巴业务的开展提供各种装备，国开行为各个中资企业及中资企业在巴的客户提供融资服务，国家各个部委为中资企业的跨产业链“走出去”提供配套政策扶持。远期中集集团和其他中资企业进入巴西市场后，可根据实际情况，共同建设类似中国制造产业园区的项目，国开行在此过程中，要再次承担融资服务提供商的角色。与巴西本土企业的合作，主要是前期通过契约方式或贸易方式，一方面要注重利用国开行、各个部委以及中国贸促会的资源，从部委合作的角度，将中集集团的“走出去”列入中巴高层互访的议题之一，并列入中巴重点投资项目库。另一方面注重利用巴西行业协会的资源。

国开行的开发性金融支持，主要是通过投资、贷款、债券和租赁四大业务来实现。其中，贷款和债务是银行系统内部的核心业务，国开行具备独立运作能力；投资和租赁是衍生业务，与国开行的其他全资子公司协同开展。在巴西的海工项目上，国开行根据中集集团进入巴西市场的融资平台建设需求，结合国开行的业务特点和优势，采用了“投、贷、债、租”的交叉融资支持模式，实现了中集集团与国家开发银行的深度合作。其中，主要的融资模式包括出口买方信贷、出口卖方信贷、租赁保理、流动资金贷款等多种方式。

四、充分发挥港资企业和民营企业的力量

在中国企业“走出去”参与“一带一路”建设的队伍中，港资企业和民营企业是不可或缺的。受国内劳动力价格上升、环境压力等因素的影响，中国民营企业近年来积极拓展海外市场，不断寻求技术突破，塑造国际品牌形象。同时，相关部门修改了对外投资审批办法，放宽了对外投资的限制，提高了民营企业的海外投资积极性。民营企业充分发挥自身优势，利用自有品牌、自主知识产权和自主营销渠道，进行全球采购、生产、销售，积极建立

国际产业价值链。

根据《中国企业全球化报告（2015）》的统计数据，2014 年，中国民营企业对外投资呈现高速增长，同比增加 295%，相当于 2013 年的三倍，占当年总投资案例数的 69%。从 2014 年的数据来看，中国民营企业已成为中国“走出去”的主力。2002—2015 年上半年，中国企业对外投资总案例数为 2018 起，其中跨国并购案例数为 1817 宗，占总案例数的 90%，表明跨国并购成为中国企业对外投资的主要方式。

民营企业如何建立成熟、可复制的商业模式，并利用香港资本市场实现“走出去”，新疆库尔勒星凯商贸物流园项目提供了一个典型案例。星凯项目由商贸城和物流园两部分组成，项目的定位是以“商贸 + 物流”的方式，以家居建材为基础，开展跨境电商、供应链金融等创新性业务，配套保税物流条件。在此基础上，项目引入香港战略合作伙伴的投资，使星凯城在塔吉克斯坦等中亚国家“复制”，实现项目战略转型与“走出去”。

星凯城项目是 2012 年新疆巴州重点招商引资项目，规划占地面积 430 亩，规划建筑面积 80 万平方米，总投资 40 亿元，是目前库尔勒开发区核心区域建设最大的城市综合体项目。星凯城涵盖了家居 MALL、百货 MALL、楼兰风情商业街、餐饮步行街、写字楼、星级酒店、精品公寓、欧洲小镇、仓储式商超、儿童游乐城等各类丰富的商业业态。目前，为开发区政府代建的广场已建设完毕并投入使用，星凯城一期项目家居商场，建筑面积 16.5 万平方米。已经成功引进红星美凯龙，并且全部投入运营。截至 2015 年，星凯城家居销售已经覆盖全疆，累计销售额达 2.4 亿元，到店客流累计 20 万人次，到访车辆 6 万辆。在规模、商圈、品牌等方面，项目已经形成了良好基础。然而，面对未来的发展，项目也逐步暴露出诸多的问题和约束，包括商业地产项目再融资限制、项目后续开发资金投入、跨境电商如何发展、星凯城和新凯物流园业务如何联动、保税政策如何解决等问题，甚至出现项目后续开发的资金链条日益紧张，项目未来发展难以为继的问题。

按照综合开发研究院提供的战略咨询方案，星凯项目未来发展，是实现商贸与物流的有机结合，并将目标市场由国内拓展到国外，还增加跨境电商、免税购物功能，扩大产品品类覆盖和地理辐射半径。同时需要配套相应的物流设施，以提供供应链金融、保税物流、多式联运、仓储管理、流通加工、区域分拨等配套物流服务，最终形成“星凯城＋新凯物流园”“一城一园”的发展格局，实现依托商贸、发展物流的“商贸＋物流”的组合商业模式。新的星凯物流商贸物流园的发展定位，是以“低碳化建设、高端化引领、多元化运营、国际化布局”为总体思路，围绕大宗产品、能源资源产品、制造业原材料和制成品以及生活消费品，以商贸物流一体化为核心，以跨境电商、免税购物、供应链金融、保税物流为引领，以文化旅游、高端商贸、多式联运、城市配送、仓储管理为重点，以商务办公、生态居住、流通加工、区域分拨、物流信息为配套，着力培育、构建一体化、多元化、有机融合的产业生态体系，最终打造成为立足巴州、辐射南疆、面向西北的丝绸之路经济带上具有重要影响力的综合商贸物流中心。

为了未来的发展，星凯城引入香港凯顺能源集团有限公司作为战略合作伙伴。香港凯顺能源集团有限公司是一家在香港联交所创业板上市的企业，以能源作为主要投资方向，具有多年海外投资经验，其足迹遍布包括俄罗斯、哈萨克斯坦、吉尔吉斯斯坦、塔吉克斯坦、格鲁吉亚、蒙古国、老挝、越南等“一带一路”沿线上的多个国家，在中亚国家和地区具有丰富的矿产资源和业务资源，也在海外资本市场中具有专业的项目融资水平和经验。

项目的商业模式，一方面，引入香港凯顺集团合作，将现有项目转为香港公司全资所有，由凯顺集团注入资本金，使项目在香港创业板上市融资，充分利用好香港的国际金融中心的资源。另一方面，充分利用“一带一路”建设的重大战略机遇，利用香港凯顺集团在塔吉克斯坦的土地资源和政府合作资源，将星凯的“商贸＋物流”的项目“镜像”复制到境外，近期可在塔吉克斯坦实现“复制”，形成“内外联动”的格局。在此基础上，以“国内项目＋境外镜像”的概念在香港资本市场融资，逐步形成良性循环，不断在中亚地区和丝绸之路经济带沿线国家和地区复制。

“走出去”升级中的园区战略

曲 建*

自21世纪初实施“走出去”战略以来，我国对外投资持续快速增长，并逐步实现由引资大国向对外投资大国的转变，中国的“走出去”正在步入新的发展阶段。在全球经济一体化的时代背景下，无论是要素资源的全球性利用、生产环节的全球性布局，还是市场份额的全球性争夺，都是企业增强核心竞争力的重要方向。境外经贸合作区作为“走出去”的一项重要制度安排，是我国企业海外经营的“避风港”，以园区为平台可以成为“走出去”升级的重要战略。

一、中国的“走出去”正在步入新的发展阶段

（一）中国“走出去”正在迈入升级阶段

中国的“走出去”从20世纪80年代初期起步至今已经有30多年的时间，根据资本净流入的变化情况可以将我国对外直接投资划分为四个阶段。

1. 初步发展阶段

1978年改革开放后，中国主要处于“引进来”阶段，重点放在吸引外资，并借此引进国外先进的技术设备、管理经验和技术。这一时期，中国对外直接投资刚刚起步，投资规模较小，投资领域主要集中在承包建筑工程、资源开发、交通运输等。

---

* 曲 建：中国（深圳）综合开发研究院副院长，研究员。

2. **稳步发展阶段**

1993 年至 2004 年，我国人均 GNP 从 410 美元增加到 1500 美元。随着我国对外开放的区域不断扩大，对外投资和利用外资水平都有不同程度的提高，这一阶段我国吸引外资的能力逐渐增强，年流量从 275. 2 亿美元迅速增加到 606. 3 亿美元，对于我国吸收国外先进的技术、管理经验和企业运作方式等起到了积极的作用。对外直接投资则保持平稳，增量较小，这与当时国家处于对外投资的较为收紧的审批体制是分不开的。

3. **快速发展阶段**

21 世纪初，党中央总揽全局、根据国内外发展新形势提出了“走出去”战略，标志着以“引进来”为主的中国改革开放进入了崭新阶段。随着 WTO 的加入，尤其是 2004 年之后境外经贸合作区的建立，中国通过对外直接投资、对外工程承包等形式积极参与国际竞争的步伐不断加快。2005—2013 年，中国对外直接投资流量由 122. 6 亿美元增长至 1078. 4 亿美元，年均增速达 31. 2%，实现了跨越式发展。

4. **升级发展阶段**

2014 年，中国对外投资实现了“出超元年”的历史性突破，对外直接投资（OFDI）首次超过利用外商直接投资（IFDI），成为资本净输出国，实现由资本输入国到资本输出国的重大转变。它既是中国迈向世界经济大国的重要标志，也是中国由对外贸易大国迈向对外贸易强国的重要标志，更是中国在全球范围内配置资源、积极影响全球金融和经济格局的重要标志。

表 1　1991—2014 年我国对外投资和吸收外资情况

年份	对外直接投资流量（亿美元）	吸引外资流量（亿美元）	对外净直接投资（亿美元）	人均 GNP（美元）
1991	10	43. 7	-33. 7	350
1992	40	110. 1	-70. 1	390
1993	43	275. 2	-232. 2	410
1994	20	337. 7	-317. 7	460
1995	20	375. 2	-355. 2	530
1996	21	417. 3	-396. 3	650
1997	26	452. 6	-426. 6	750

续表

年份	对外直接投资流量（亿美元）	吸引外资流量（亿美元）	对外净直接投资（亿美元）	人均 GNP（美元）
1998	27	454.6	-427.6	790
1999	19	403.2	-384.2	840
2000	10	407.2	-397.2	930
2001	69	468.8	-399.8	1000
2002	27	527.4	-500.4	1100
2003	28.5	535.1	-506.6	1270
2004	55	606.3	-551.3	1500
2005	122.6	603.3	-480.7	1760
2006	211.6	630.2	-418.6	2050
2007	265.1	747.7	-482.6	2490
2008	559.1	924.0	-364.9	3070
2009	565.3	900.3	-335.0	3650
2010	688.1	1057.4	-369.3	4300
2011	746.5	1160.1	-413.6	5000
2012	878	1117.2	-239.2	5870
2013	1078.4	1175.9	-97.5	6740
2014	1231.2	1195.6	35.6	7380

注：对外直接投资流量数据来源于对外直接投资统计公报；吸收外资流量数据来源于 wind 数据库；人均 GNP 数据来源于世界银行网站（以现价美元计）。

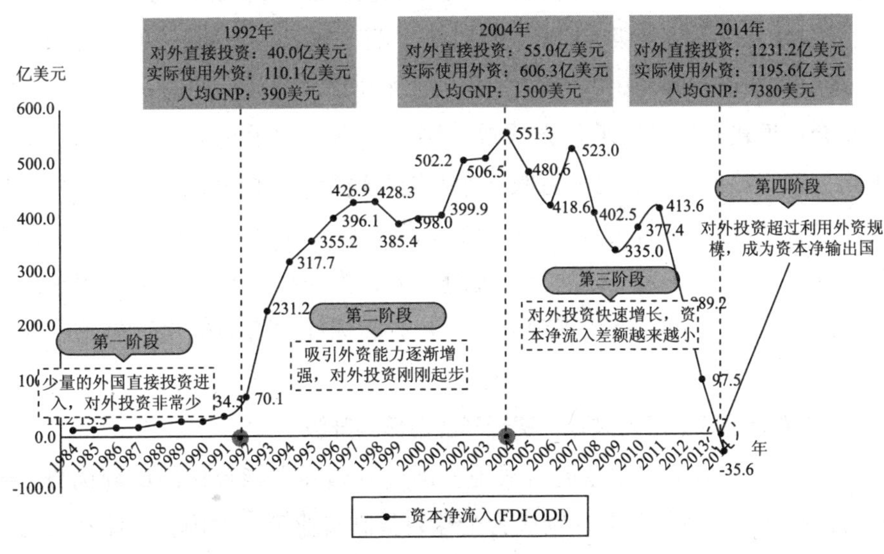

图1　中国“走出去”的发展阶段

（二）中国“走出去”的形态正在从 1.0 版向 2.0 版升级

随着中国“走出去”迈入升级阶段，中国“走出去”的形态也需要从 1.0 版本向 2.0 版本升级。

1. 由获取资源到配置资源：实现分工地位的提升

截至 2013 年底，我国企业在能源资源领域的对外投资总额达 3084 亿美元，占对外投资总额的 46.7%。在 2008 年以来发生的境外并购交易中，能源及矿业类占 70% 以上，这与发达国家对外投资早期阶段十分相似。当前，全球正处于信息技术深度应用和新一轮技术革命孕育阶段，技术创新渐趋活跃，“走出去”不仅要获取“硬资源”，缓解国内能矿资源“瓶颈”，更要在全球范围内获取先进技术，增强配置各种创新要素的能力。因此，为实现“走出去”战略的升级，需要不断提升我国集聚全球要素进行创新的能力，以及提升本土企业整合全球资源进行国际化生产经营活动的能力，努力在全球价值链分工条件下由“被整合者”向“整合者”转变，由单纯的参与全球价值链向建立自己的区域及全球价值链转变，从整体上提升我国在全球价值链上的竞争力。

2. 由产品输出到产业输出：实现产业链条的延伸

随着我国“走出去”步伐的不断加快，对外投资不再是个别企业的孤立行为，而是系统化全产业链的延伸。对外承包工程作为我国“走出去”的传统优势领域也在不断升级，EPC（设计—采购—施工）、PMC（项目管理总承包）等一站式服务的交钥匙工程模式，以及 BOT（建设—经营—转让）、PPP（公私合作模式）等带资承包方式成为国际大型工程承包的主流方向。实现“走出去”战略的升级，需要着眼于产业链及输出形式的升级，充分发挥工程承包的既有优势，整合并输出中国资金、技术、标准、设计、施工、咨询、运营维护、管理服务为一体的全产业链服务，推动“走出去”由工程承包向实业投资、工程承包、运营管理服务、智力和标准“合力输出”转型，形成综合优势。

3. 由双方合作到三方共赢：实现产能合作的升级

完备的工业体系和制造能力成为我国开展国际产能合作的比较优势。中国装备制造业从 2009 年起连续成为全球装备制造业第一大国，总体规模约占全球总量的三分之一，其中，中国机床产量占世界的 38%，造船完工量占世界的41%，发电设备产量占全球60%；中国高铁运营里程居世界第一；中国在在钢铁、有色、建材、电力、铁路、机械等领域都具有较强的装备制造、建设和运营管理能力。“走出去”升级战略要着眼于全球，不仅同发展中国家直接开展产能合作，将自身优质产能和装备与发展中国家的需求结合起来，降低其采购成本，支持其工业发展，也要同发达国家开展第三方合作，通过合资、合作等方式联合起来，购买他们的核心技术、关键零部件和一些节能环保设备，使其扩大海外市场，并实现三方共赢。

（三）以园区为平台是“走出去”升级的重要战略

从总体来看，境外产业园区是国家海外战略的重要抓手，境外产业园区可以成为中国发展模式的样板，境外产业园区“走出去”是输出软实力的重要体现，境外产业园区是国内企业“走出去”的重要平台，境外产业园区开发具有社会效益容易获得东道国支持。因此，以境外经贸合作区等产业园区为平台是“走出去”升级的重要战略。

二、我国境外经贸合作区的发展现状和存在问题

境外经贸合作区作为我国与东道国之间在限定区域内建立更加紧密双边经贸关系的一种制度安排，采取的是以政府为主导、以园区开发运营企业为主体、以两国优惠政策为依托、以市场化经营为原则、以互惠互利为目标的国际经贸合作模式。自2006年以来，境外经贸合作区建设发展稳步推进，园区运行顺畅，为我国“走出去”企业搭建了良好的海外运作平台，也为相关东道国的社会经济发展做出了贡献。

（一）我国境外经贸合作区的发展现状

1. 建设数量

根据商务部的最新统计数据，截至2015年9月底，已经通过商务部、财政部的确认考核的国家级境外经贸合作区有13个，其他正在建设的具有境外经贸合作区性质的项目共有69个。

2. 区位分布

具有境外经贸合作区性质的69个园区项目分布在33个国家，其中在

“一带一路”沿线国家建设的项目有48个，分布在18个国家。

通过确认考核的13个国家级境外经贸合作区分布在越南、泰国、柬埔寨、巴基斯坦、赞比亚、埃及、尼日利亚、埃塞俄比亚、俄罗斯、匈牙利10个国家，其中在在“一带一路”沿线国家建设的项目有10个。

表2　通过确认考核的13个国家级境外经贸合作区布局

序号	合作区名称	所在地区/国家
1	泰中罗勇工业园	东南亚/泰国
2	柬埔寨西哈努克港经济特区	东南亚/柬埔寨
3	越南龙江工业园	东南亚/越南
4	巴基斯坦海尔—鲁巴经济区	西亚/巴基斯坦
5	赞比亚中国经济贸易合作区	非洲/赞比亚
6	埃及苏伊士经贸合作区	非洲/埃及
7	尼日利亚莱基自由贸易区	非洲/尼日利亚
8	埃塞俄比亚东方工业园	非洲/埃塞俄比亚
9	俄罗斯乌苏里斯克经济贸易合作区	东欧/俄罗斯
10	中俄托木斯克木材工贸合作区	东欧/俄罗斯
11	俄罗斯龙跃林业经济贸易合作区	东欧/俄罗斯
12	中俄（滨海边疆区）现代农业产业合作区	东欧/俄罗斯
13	匈牙利中欧商贸物流合作园区	东欧/匈牙利

3. 形态类别

根据商务部、财政部颁布的《境外经济贸易合作区确认考核和年度考核管理办法》（商合发〔2013〕210号），国家重点支持的合作区有加工制造、资源利用、农业产业和商贸物流四种类型。

（1）加工制造型园区：以轻工、纺织、机械、电子、化工、建材为主导产业；

（2）资源利用型园区：以矿产、森林、油气等资源开发、加工和综合利用等为主导；

（3）农业产业型园区：以谷物和经济作物等的开发、加工、收购、仓储等为主导的农业产业型园区；

（4）商贸物流型园区：以商品展示、运输、仓储、集散、配送、信息处理、流通加工等为主导。

表 3 境外经贸合作区类型及产业定位

类型	合作区名称	主导产业
加工制造型	泰中罗勇工业园	汽车、摩托车配件产业链、新能源新材料、机械电子等
	柬埔寨西哈努克港经济特区	轻纺服装、机械电子、高新技术等
	越南龙江工业园	电子、机械、轻工、建材、生物制药、橡胶、人造纤维等
	巴基斯坦海尔—鲁巴经济区	轻工建材、加工制造
	埃及苏伊士经贸合作区	新型建材、石油装备、高低压电器
	尼日利亚莱基自由贸易区	加工制造、商贸物流、石油仓储
	埃塞俄比亚东方工业园	轻工业
	俄罗斯乌苏里斯克经济贸易合作区	轻工、家电、木材加工
资源利用型	赞比亚中国经济贸易合作区	铜钴开采、冶炼和加工利用（谦比希分区）
	中俄托木斯克木材工贸合作区	林地抚育采伐、木材加工、商贸物流
	俄罗斯龙跃林业经济贸易合作区	木材采伐、初加工和精深加工
农业产业型	中俄（滨海边疆区）现代农业产业合作区	农产品生产加工、仓储物流、农业生产配套
商贸物流性	匈牙利中欧商贸物流合作园区	商贸、物流

4. **发展情况**

从带有境外经贸合作区性质的园区项目来看，截至 2015 年 9 月底，69 个合作区建区企业累计完成投资 67.6 亿美元，其中基础设施投资 34.2 亿美元，实际平整土地 376.6 平方公里。入区企业 1088 家，其中，中资控股企业 688 家，累计实际投资 99.2 亿美元。合作区累计总产值 402.1 亿美元，缴纳东道国税费 12.9 亿美元，解决当地就业 14.9 万人。

从国家级境外经贸合作区来看，13 个合作区累计投资 59.3 亿美元，其中，建区企业累计投资 17.5 亿美元；入区企业 361 家（其中，中资企业 295 家），累计投资 41.8 亿美元；建区企业和入区企业总产值 190.3 亿美元，上缴东道国税费 7.7 亿美元，为当地创造就业岗位 3.97 万个，并已在境外形成了一定产能：年产铜精矿及制品 212 万吨、水泥 46.7 万吨、钢材 40 万吨、木地板 80 万平方米、成衣 1712 万件、各类鞋 2116. 8 万双、各类家电 62 万台、汽配产品 1060. 5 万件等。

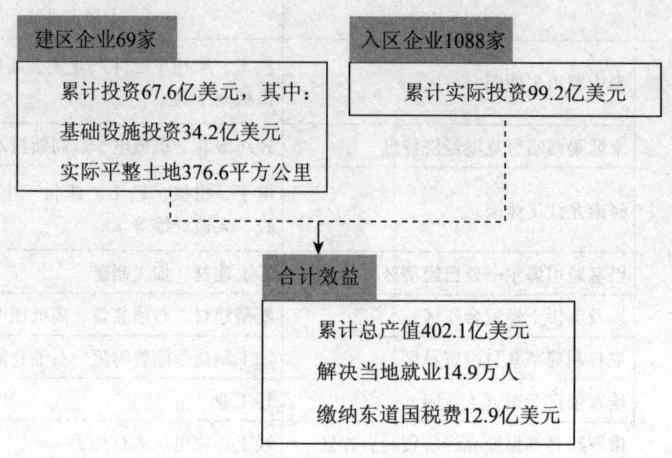

图 2　带有境外经贸合作区性质的园区经济效益和社会效益

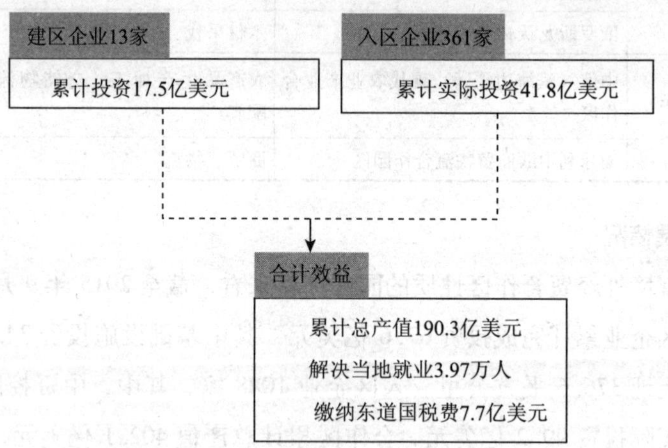

图 3　境外产业园区经济效益和社会效益

（二）我国境外经贸合作区的存在问题

1. 外部挑战

目前，我国设立的境外经贸合作区主要集中在东南亚、西亚、东欧、非洲等地区，东道国大多属于发展中国家，在基础设施、法律环境、公共服务、产业配套能力等方面的存在一定缺陷，构成了境外合作区实施企业的重要风险因素。

（1）基础设施建设水平低下。一般来说，我国企业在境外建设合作区需要进行园内土地一级开发，红线以内的基础设施由实施企业负责建设，并与园外当地政府建设的道路网、电网、水网、通信网等进行对接。然而，在现实中当地政府常常没有履行为园区接入基本基础设施的义务，导致园区正常运营无法保证。例如，尼日利亚奥贡广东自贸区外围的道路、水网、电网等所有基础设施均没有如当地政府承诺的一样实现配套，园区虽然预留了地下管网的空间，但无法建设管道。直至今天奥贡园区的企业依然采用自行打井的方式解决用水问题。

（2）法律政策环境不稳定。我国境外经贸合作区的东道国为了吸引外资，往往颁布一些针对包括园区开发商和运营商在内的外国投资者的优惠政策或法律法规，但由于部分东道国国内体制环境不稳定，这些政策法规存在变动风险。例如，赞比亚于 2006 年颁布了《发展署法》，成立了专门为促进外国投资、简化投资审批程序、提高政府服务外资企业的综合办事机构，推出吸引外国投资者的“多功能经济区”等投资平台，为外国投资者提供优惠政策。2007 年 2 月，赞比亚批准中国经贸合作区成为当地第一个多功能经济区，在多功能经济区内的获批项目可以享受税收、进出口等方面的优惠。但这些优惠政策持续的时间存在不确定性。由于赞比亚实行多党制，政府每 5 年举行一次大选，政府的更迭很可能引起现有法律和政策的变动，在实践中，新任政府很可能出于政治需求否认前任政府给予外国投资者的各种优惠，这对赞比亚中国经贸合作区的发展带来了隐忧。

（3）政府服务水平不高，腐败问题严重。与我国各类开发区基本上由政府开发建设、政府管理运营不同，境外合作区以中资企业为主体开发运营，因此在许多园区运营的日常事务上需要当地海关、税务、移民局、劳动保障等政府部门的协调配合。然而，某些境外合作区所在东道国政府工作效率低下、腐败问题严重，对于区内企业的正常生产经营造成了困扰。例如，尼日利亚奥贡广东自贸区由于当地海关贪腐问题，贸易企业的日常出货都成了问题，近年来实施企业通过走法律途径不断申诉才解决问题。

（4）产业配套能力弱。许多境外合作区的东道国尚处于工业化前期或初期，当地工业制造体系尚未成型，产业配套能力较弱，基础性的生产性服务业缺失，提高了入区企业的生产经营成本。例如，埃塞俄比亚尚未有生产包装瓦楞纸箱的能力，导致东方工业园的企业需要从中国运包装纸箱，提高了生产成本。

2. 内部缺陷

从目前的情况来看，由于缺乏海外园区开发和建设的相关经验，我国的境外经贸合作区现行模式也存在一些内部缺陷。

（1）政府扶持力度不足。从合作机制来说，境外经贸合作区是带有政府间高层次经贸合作的性质的制度安排，涉及东道国的土地资源开发的政策、外资政策、市场准入及这些政策的连续性。发展境外经贸合作区的投资额比较大，投资周期比较长，离开双方政府的支持，在现阶段单靠企业自身的努力，也很难取得成功，所以，双方政府在境外经贸合作区的战略规划、税收、土地使用、入区条件等方面提供的政策支持显得尤为重要。而现在，仍有一些境外经贸合作区的建设、运营未签署政府间合作协议，没有形成双方政府框架内的合作机制，因此其投资主体在东道国没有获得应有的法律地位，东道国给予合作区的政策差异较大，优惠政策难以落实，政策稳定性差。

（2）建设前期规划缺位。从当前境外合作区的开发建设情况来看，由于实施企业园区开发、管理、运营经验欠缺，对于如何科学合理的进行建设前期规划工作没有足够的认识，同时国家对于境外经贸合作区确认考核中也没有对于前期规划的硬性要求，造成了许多境外合作区在空间布局、产业定位、投融资方案、招商引资计划、运营管理模式等方面缺乏超前的统一设计，对于后期的实际开发运营缺乏指导。

（3）开发资金压力较大。从开发成本来说，境外合作区以企业为主体的建设成本远高于国内以政府为主体的园区开发，这是由两种模式的本质区别造成的。首先，我国的土地实行公有制，国内开发区的土地大多由政府直接划拨给管委会或者以土地折合股份注入管委会下属开发公司，通过“资本大循环”模式取得滚动开发所需的资金。然而在境外，合作区需要通过买地或租地的方式获取土地，大幅提高了成本。其次，国内各类开发区在运营前五年至十五年基本都设计有税收返还管委会用于滚动开发的政策，而在境外区内企业上缴税款需要全部交给当地政府。因此，从现有政策力度来看，虽然国家给予境外合作区一定财政支持，但由于我国资本市场尚不健全，境外资产抵押融资仍存在限制，企业仍面临很大融资难题，资金压力较大，短期内难以形成持续发展的盈利模式。

（4）招商引资目标不清。由于前期产业规划的缺位，一些境外合作区对于未来的主导产业和功能定位的设计规划不十分明确，往往存在对合作区定位模糊、产业选择杂乱等情况。从现有情况看来，许多合作区都存在入区企业行业分布多而散，难以形成产业集聚与溢出效应。

三、境外经贸合作区升级发展政策建议

（一）加强顶层设计

建立以商务部牵头、多部门共同参与的境外合作区推广引导机制，按“一带一路”“中非工业化伙伴计划”及国家其他战略安排确定的重点区域和重点市场，制定《境外经贸合作区重点国别、建设类型、主要市场指南》，做好总体布局和国别方案，避免在同一国家或地区出现多个定位类似、产业相近的园区，引起招商引资的恶性竞争，损害我国“走出去”企业的利益。

（二）重视软件输出

一是以我国知名园区为教案，结合当地实际国情，向重点东道国提供园区相关法律政策、管理体制、战略规划等政策顾问服务，增强重点国家对于中国园区发展理念与发展模式的理解和认同。

二是借助国家智库、社会中介、园区实践专家的力量，通过援外资金、政策性银行技术援助等方式，针对对象国开展关于园区发展的培训研讨、考察学习、研究咨询、信息交流等智力支持服务，输出我国园区管理运营的软件要素，帮助对象国政府提升园区服务意识和水平。

（三）完善政策沟通

通过签订政府间协议的方式，确保境外经贸合作区在东道国能够合法、

连续的享受土地资源开发、外汇管理、市场准入、税收优惠等各类政策，保证园区投资主体在东道国的法律地位，落实所在国政府应承担的相关建设任务和公共服务，保护园区实施主体的合理权益。

（四）做好园区规划

积极向海外输出我国园区规划设计和统筹管理体系，争取成为重点国家园区发展的规则制定者。

一是在宏观层面上，将“212”园区投资决策研究工程作为通过境外合作区考核通过的必要条件之一，通过专业细致的产业发展规划、空间总体规划、投资可行性研究和投融资方案设计，确保项目的科学性、合理性、可行性和收益性。

二是在微观层面上，推广我国成功的园区运营管理经验，重点介绍“一站式、一贯制”服务模式、招商引资行动方案、大孵化器运作机制、产业生态系统构建模式等经验，实现园区管理运营和招商引资等“软件项目”的走出去。

（五）引入产业生态

一是对接国内具有优势产业大面积转移需求的区域或园区，鼓励行程链条式、生态体系式转移。发挥骨干企业的带动作用、吸引上下游产业链转移和关联产业协同布局，促进集中布局、集群发展，为园区注入“完整产业链 + 配套产业 + 基础生产性服务业”全产业生态体系，凸显境外经贸合作区的产业集聚效应。

二是支持企业联盟式发展。通过政府主管部门牵头构建投资促进工作机制，发挥相关研究机构、咨询公司、行业协会，以及国内发展较为成功的开发区的平台优势，实施资源开发与基础设施建设相结合、工程承包与建设运营相结合，形成“园区开发商 + 园区运营商 + 第三方智库”的境外合作区的专业化运作模式，确保园区项目既有明确的发展目标，也有充分的市场需求，同时具备顺利开发建设、管理运营的可行性。

（六）搭建融资渠道

一是积极利用亚投行、金砖开发银行、丝路基金、中非合作发展基金等政策性金融机构平台，支持境外合作区在重点国家的基础设施互联互通，资源开发和产业转移等相关项目建设。

二是扩大中央财政专项资金安排，增强原有的境外合作区资金支持力度，确保重点项目的基础设施、能源资源等战略性项目优先建设。

三是加大对外援助力度①。在国家对外战略沿线骨干通道和关键节点上，以国家行为建设一批示范性境外合作区项目，加大特殊经济园区项目咨询和预可研的援助。

四是开展国家确认的境外经贸合作区资产抵押可行性研究。支持企业以境外资产、股权、矿业开采权、土地等作抵押，开展“外保外贷”“外保内贷”试点，探索盘活我国海外资产的渠道。鼓励创新订单融资、大宗商品融资等服务，探索与园区风险共担机制，依托园区对区内企业或者主导企业与其他区内企业间的担保融资关系，发展产业链金融服务。

五是支持国内金融机构支持企业“走出去”开设海外分支机构，为企业提供属地化的金融服务，鼓励银行、基金等金融机构为入区企业投资提供资金支持。

（七）提升国际形象

一是由商务部牵头，为海外园区开发建设和管理运营主体提供了解重点国家经济社会、文化宗教、风俗习惯等多方面的培训活动，以及园区典型案例、东道国投资营商指南等公共服务产品，提高园区投资主体的国际化经营能力和园区运营主体的管理水平，为园区充分融入当地社会做好知识储备。

二是引导园区实施主体、入园企业努力推进经营思维、管理模式、员工雇佣、事件处理等“本土化”经营，提高园区与当地社会的融合度，切实帮助东道国提高就业率和税收。

三是履行社会和环境责任，积极参与当地公益事业，支持企业通过修桥铺路、打井、赈灾、支持教育、文化、医疗、卫生发展等方式，回馈当地社会。

① 2013 年我国对外无偿援助、无息贷款和“两优”贷款资金总额 418 亿元，占国内生产总值比重仅为 0.07%，远低于美国、欧盟等对外援助力度。

中国企业投资非洲战略研究

李开孟 *

中国与非洲大陆相隔万里，但相互合作源远流长。中国与非洲各国同属发展中国家，既面临加快发展的难得机遇，又面临纷繁复杂的全球性挑战。双方优势互补，共同利益不断扩大，经贸合作前景广阔。我国应实施面向非洲的全方位“走出去”战略，突破障碍瓶颈，拓展合作领域，通过体制改革和制度创新，推动全面接轨、整体联动和协同发展，积极引导中非经贸合作健康发展。

一、非洲是中国企业“走出去”的重要战略支点

非洲大陆蕴藏着巨大的商机，吸引着越来越多的中国企业和商人争相淘金，从纺织、家具、服装等传统优势产品，到家电、汽车、手机等机电和高新技术产品，物美价廉的中国商品正在赢得非洲消费者的广泛喜爱，“中国制造”逐步成为非洲人心目中的知名品牌。这里不仅是我国大型企业走出去的重要市场，而且逐步成为中小企业海外投资的首选。非洲已成为继亚洲、拉美之后的第三个全球“增长极”，是我国企业“走出去”的重要战略支点。

（一）中非深化经贸合作是历史的选择

据中国史书记载，早在公元前 108 年，罗马帝国就曾向汉武帝赠送过产自非洲索马里或埃塞俄比亚的“花蹄牛”。西汉年间，长安百姓就用上产自非洲的“天下异香”。西汉平帝元始二年，曾有“黄支国”（位于现在的埃塞俄

* 李开孟：中国国际工程咨询公司研究中心主任，研究员。

比亚）进献犀牛。公元97年，东汉王朝的西域督护班超派遣特使甘英出使罗马，引起非洲国家兜勒（厄立特里亚）政府的关注，主动向东汉派遣使团，东汉朝廷对其以礼相待，“赐其王金印紫绶”。东汉末年，埃及的“胡床”（折叠椅子）传入中国，汉灵帝酷好胡床，摆其殿上，王宫贵族争相效仿，后传入民间。南北朝时期，北魏王朝通过波斯和印度洋地区的古国与非洲的埃及和埃塞俄比亚地区建立商贸联系。唐代的上层社会对盛产于非洲东海岸各国的香料、象牙等奢侈品的大量需求，带来中国人远航非洲的新高潮。唐代著名历史学家杜佑的侄子杜环，曾游历非洲12年，著有《经行记》一书。两宋年间，原产自非洲的象牙、犀角、明矾等物资大批涌入中国，原产自非洲的高粱、芝麻、西瓜等作物进入中国普通百姓的日常消费。

进入近代历史，非洲大陆与中国有着相近的命运，同样遭受着西方殖民者的侵略，并成为奴隶贸易的受害者。1904年，6万名华工被贩卖到南非金矿，饱受盘剥之苦。与此同时，10万名中国劳工在坦桑尼亚、毛里求斯等地的种植园里，以及刚果、塞内加尔等地的公路和铁路工地汗流浃背。随着大批华工登上非洲大陆，中国的农具、轿子和滑竿等也传入非洲，对当地生产技术进步起到一定的促进作用。

新中国成立后，尤其是非洲各国独立后，中非交流合作更加密切。在国际政治舞台上，非洲和中国始终是好朋友，相互予以同情和支持。1963年12月到1964年2月，周恩来总理访问非洲10国，奠定了中非合作的坚实基础。1971年10月联合国大会通过恢复中华人民共和国合法席位的决议，在23个提案国中，10个是非洲国家；在76张赞成票中，26张来自非洲。

20世纪80年代以来，中国与非洲经济上的相互依存愈加突出。非洲拥有丰富的资源和市场，中国拥有资金、技术和人才，为深化中非经贸合作提供了契机。中土、中铁、中油、中信、中水、中农、中钢、中矿等大型国有企业同非洲国家有着几十年的合作历史，在当地享有很高声誉，为推动大型项目合作奠定了坚实基础。“南南合作”项目进展方兴未艾，许多民营企业甚至个体户纷纷前往非洲“淘金”。雅禾（几内亚）纺织有限公司、加蓬华嘉木业股份公司、海信集团（南非）电视机厂、华为公司等众多民营企业在非洲大地不断制造出传奇。

1950 年，中非贸易额仅为 1214 万美元，1990 年增加至 16.65 亿美元，到 1999 年达到 64.9 亿美元，50 年内增长了 533 倍。2006 年达到 554.64 亿美元，2008 年首次突破千亿美元，达到 1068.42 亿美元。2011 年中非贸易总额达到 1663.19 亿美元，其中进口 932.21 亿美元，出口 730.99 亿美元，同比分别增长 30.9%，38.9% 和 21.9%。

半个多世纪以来，经历风云变幻的国际环境考验，中非传统友谊愈加牢固，中国与众多非洲国家在促进经济发展、谋求人民幸福的道路上建立起稳固健康的合作关系。尤其是进入 21 世纪，中非经贸合作迎来新的战略机遇期。中非扩大和深化双边经贸合作，是历史的选择，更是源于各自内在的发展需要。

（二）我国企业应抓住机遇走进非洲

中非经贸合作发展迅速，但潜力仍然巨大。据统计，中非贸易额占中国贸易总额的比重不断增加，从 1990 年的 1.44% 增加到 2011 年的 4.57%，但仍然偏低。从非洲角度，中非贸易占非洲对外贸易的比重不断升高，但仍处于较低水平。2011 年非洲出口欧盟的比重为 34.47%，出口美国的比重为 10.79%，出口到中国的比重则为 7.03%。非洲从欧盟进口的比重为 32.63%，从美国进口的比重为 7.083%，从中国进口的比重则为 11.79%。

中国对非洲直接投资近年来呈现快速增长趋势，但比重仍然偏低，且国别分布不平衡，投资领域过于狭窄。2011 年，中国境内投资者共对全球 132 个国家和地区的 3391 家境外企业进行了总额为 600.7 亿美元的非金融类直接投资，其中对非洲投资为 16.99 亿美元，所占比例仅为 2.81%，且主要集中在津巴布韦、尼日利亚、苏丹、阿尔及利亚和赞比亚等少数国家，投资领域主要在采矿业、建筑业和制造业。

2011 年，中国吸收非洲直接投资达到 16.41 亿美元，其中吸收毛里求斯和塞舌尔的 FDI 就分别达到 11.39 亿美元和 4.33 亿美元，分别占中国吸收非洲 FDI 总额的 69.43% 和 26.41%，这表明中国吸收非洲 FDI 的国别分布极不均衡，往往随个别项目呈现巨大变化。

中国出口到非洲的主要伙伴国是经济基础较好的国家。2011 年我国对非洲出口的前十大伙伴国分别为南非、尼日利亚、埃及、利比里亚、阿尔及利亚、加纳、摩洛哥、贝宁、安哥拉和肯尼亚，合计占中国出口非洲总额的73.15%。其中，南非、尼日利亚、埃及三国所占比例就达到40.84%。中国对非洲出口商品主要是机械设备、纺织品、车辆船舶和贱金属及其制品。

中国从非洲进口的主要伙伴国是原油和铜矿、铁矿等金属矿产资源富集国。2011年我国从非洲进口的前十大伙伴国分别为南非、安哥拉、苏丹、刚果（布）、刚果（金）、赞比亚、利比亚、阿尔及利亚、赤道几内亚和尼日利亚，合计占中国从非洲进口总额的90.55%。其中，南非、安哥拉和苏丹三国所占比例就达到71.36%。中国从安哥拉、苏丹、刚果（布）、利比亚、阿尔及利亚、赤道几内亚和尼日利亚进口的产品主要是石油，从南非主要进口铁矿，从刚果（金）和赞比亚主要进口铜矿。

我们认为，应从以下方面把握中国企业走进非洲的发展机遇。

1. **资源开采及加工**

非洲资源极为丰富，素有“世界原材料仓库”之称，世界已探明的150种地下矿产资源在非洲都有储量。最重要的50种矿产中非洲至少有17种蕴藏量居世界首位。铂、锰、铬、钌、铱等蕴藏量约占世界总储量的80%，磷酸盐、钯、黄金、钻石、锗、钴和钒等占世界总储量的一半以上。非洲石油储量仅次于中东和拉美，仅撒哈拉大沙漠下面的石油储量就占世界总储量的12 %左右。

除矿产之外，非洲的农业、林业、畜牧业、渔业和旅游业资源也很丰富，开发潜力巨大。非洲大陆面积3230平方公里，有27%的面积为大草原，适于放牧。拥有大量可耕地，现有土地利用率仅为15%，且土地租售费用相当低。非洲是世界上拥有热带森林最广阔的地区，森林面积占大陆总面积的21%，盛产名贵经济林木，目前仅采伐可供采伐面积的8%。非洲拥有全球10%的淡水资源，仅有5%得到合理开发利用。非洲劳动力资源充足，拥有约10亿人口，近40%人口年龄在15岁以下，表明绝大多数非洲人都是年轻劳动力和预备劳动力。原始自然旅游资源丰富，是世人公认的“旅游天堂”。撒哈拉沙漠的漫漫黄沙、东非大裂谷的鬼斧神工、乞力马扎罗山的皑皑白雪、好望角的波涛荡漾，无不让人神往。

非洲大陆尽管资源丰富，但普遍缺乏开采和利用这些资源所必需的资金、技术和专业人才。近年来，不少非洲国家调整资源开采政策，转向私有化和吸引国外投资。我国经济快速发展，迫切需要从非洲获得大量资源。加大对非洲各类资源的投资力度，深化在资源利用领域的务实合作，是双方共赢的战略选择，并且前景十分广阔。

2. 开发当地庞大的潜在市场

非洲面积为3020万平方公里，约占世界陆地总面积的20.2%，仅次于亚洲，为世界第二大洲。非洲拥有一个10亿人口的庞大“市场”，而且是全球人口增长最快的地区。目前非洲人口年均增长2.3%，远高于亚洲的1%。据联合国预测，到2050年非洲人口将达到20亿。今后40年全球人口增长中的一半来自非洲。人口规模的扩大，尤其是城市人口的增长，使非洲消费人群同步扩展，消费市场迅速扩大。据麦肯锡调研预测，到2015年，非洲人均GDP年均复合增长率为4.5%，推动消费支出增长超过35%，届时将出现2.21亿人的基本需求型消费群体。非洲地区从学校、医院到商场，以及各类日用品和食品在内的设施和物资都十分短缺，巨大的消费市场发展潜力使各国资本争相走进非洲，挖掘内需孕育的巨大商机，加大对非洲制造业和零售、通信等服务业的投资力度。中国商品物美价廉，相比昂贵的欧美商品，其更适应非洲的市场需要。

非洲大陆基础设施十分落后，相当于我国七八十年代的水平。非洲国家独立后，城市化速度十分迅猛。非洲经济发展新闻中心预测，到2020年，非洲将会出现145个50万人口以上的大城市，将有65%的人口生活在城市。根据联合国预测，非洲城市人口将从2011年的4.14亿增至2050年的12亿。城市化带来大量投资及工程建设需求。2012年第18届非洲联盟首脑会议通过的《非洲基础设施发展规划宣言》指出，非洲国家应增加在基础设施建设方面的公共财政支出，兴建更多的水力发电站、炼油厂及输油管道等能源项目，连接更多的铁路网以发展现代化铁路，并进一步提升港口吞吐能力。有预测表明，截至2015年，非洲每年需要200亿美元用于基础设施建设及维护，基础设施建设市场潜力巨大。我国企业承担基础设施建设，存在20%～25%的低成本优势。此外，非洲的投资回报率也具有足够吸引力。据美国商务部统计，次撒哈拉地区国家的外国直接投资回报率高达24%~30%，大大超过其他发展中国家。

3. 充分利用政策优势和机遇

伴随着中非经贸合作的不断加强，我国政府出台了各种鼓励企业走出去的政策措施，对重点领域项目予以持续扶植。同时，我国政府近年来和许多非洲国家签署了各种政府间协议，对投资促进、外汇兑换、信贷融资、技术合作、财政税收等提供便利。我国金融机构积极走向非洲，不断加大对非洲投资项目的支持力度，如中国进出口银行对非提供电力、电信、交通、水利等领域融资支持，国家开发银行通过国别规划咨询，为中国企业投资非洲提供各种资金支持。我国政府正采取多种举措推动中非经贸关系不断发展，为中国企业到非洲投资带来更多的商机。

同时，很多非洲国家也在制定吸引外国投资的各项优惠政策。如埃及根据其《公司法》和《投资保护鼓励法》的规定，可以让投资者自主选择投资地区，并在亚历山大、开罗等地设立11个自由区、12个新城区和40个工业区，实行免交所得税或利润税、在自由区生产的产品外销可享受终身免税等优惠政策。阿尔及利亚在2006年公布的《投资法》修正案，提出对在国家特别扶植地区和对当地经济发展有特别利益的投资给予特别优惠，如在10年期内免征公司利润税和职业活动税，并可由国家全部或部分承担基础设施配套建设费用等。苏丹新投资法采取了贸易自由化政策，放宽外汇管制和进口限制，对重点投资项目免征10年企业所得税并对项目产品免征出口税；对于欠发达地区的投资及有利于创造就业的投资给予特别优惠的待遇。非洲很多国家均给予外国投资者以超国民待遇，以便吸引外商投资。我国企业赴非洲投资，应认真研究各国的法律，用好用足各种优惠政策。

二、我国企业走进非洲需要应对的主要障碍

近年来，在国家“走出去”政策引导下，越来越多的中国企业纷纷走进非洲，投资涉及铁路、公路、港口、通信、电力、水利、农业、制造业和服务业等众多领域。非洲对资金、技术和人才十分渴望，各行各业都“百废待

兴”，因此特别期待来自中国的项目投资。同时，我国企业对非投资，不得不面对一个完全陌生的环境，面临越来越多的海外安全风险挑战。走近非洲，必须了解非洲，加强投资项目的前期论证和风险管理。非洲各国差异较大，在不同国家会遇到不同难题。归纳起来，我国企业选择非洲进行投资，应认真研究并妥善应对十大障碍。

（一）基础设施薄弱

非洲是全球最贫困的大陆。联合国认定的世界上最不发达的 49 个国家中，34 个来自非洲；在非洲 53 个国家中，62% 为最不发达国家。基础设施薄弱一直是制约非洲发展的重要“瓶颈”。以电力供应为例，据世界银行统计，撒哈拉以南非洲地区四分之三的家庭用不上电。在非洲很多国家，停电几乎是家常便饭。非洲大多数国家由于经济发展落后，自身无力对电力等基础设施进行投资。过去，由于非洲的畸形发展，外来资金主要投向矿产资源开采，很少有人真正关心非洲的基础设施建设。此外，多数非洲国家电信服务和交通运输设施落后，铁路、公路、港口、机场等建设投资严重不足。落后的基础设施条件，极大地增加了我国企业在非投资的运营成本，增加了承包工程、制造业和采矿业投资等项目实施的难度，还影响了在非投资的效益发挥。

（二）法制观念淡薄

表面上，非洲大多数国家法律体系健全。受殖民地时代宗主国的影响，大多数非洲国家沿用殖民时期的法律，建立了以宪法和宪政制度为基础的西方式法律体系。独立后的各国立法，多为英国普通法、伊斯兰教法和本地习惯法相融合的产物。如埃及的法律以伊斯兰教法和拿破仑民法典为基础，尼日利亚的法律体系渊源于伊斯兰教法、英国普通法和传统习惯法。近年来，为适应当地发展需要，在联合国及世界银行等机构的协助下，西方世界当代先进的法制理念传入非洲，尤其是在经济相关领域得以实践，推动了非洲法制建设的现代化进程。但是，这些立法实践往往难以适应非洲多元化的社会现实，在广大地区还缺乏接受和理解的土壤。非洲以部落酋长制度为代表的文化模式根深蒂固，富有现代精神的法律难以有效施行。即便是现代化程度较高的南非，其法律框架也兼顾到部落酋长制度，并通过立法确定其社会地位。虽然有法可依，但广大民众缺乏守法意识，执法不严，违法不究的情况普遍。世界银行曾设计一套法治指数，用以评价一国公民的守法意愿及对该国法律制度的信任程度。指数最高为100，得分越高，代表法治程度越高。如瑞士得分全球第一，得分高达99，经合组织（OECD）成员国平均得分90，但撒哈拉沙漠以南的非洲国家平均得分仅为28，尼日利亚和布隆迪两国得分甚至低于5。造成非洲国家法制不健全的主要原因是：（1）多数非洲国家建国时间较短，在法律制定和司法实践方面缺乏经验；（2）执法人员素质低，教育投入不足；（3）政府对执法投入财力不够；（4）传统文化影响。由于立法、司法和行政实际上并不独立，行政和司法机关往往基于共同利益，通过立法等手段，以“合法”的方式侵害投资者利益。这种表面的法制现代化和深层的民众法制意识淡薄，短期内难以改变。法律法规体系不完善，为我国企业赴非洲投资带来潜在风险。

（三）社会政局动荡

非洲社会政局动荡，在很大程度上源自西方殖民统治。殖民者在瓜分非洲大陆时，为了分裂非洲各民族的团结，乱划边界线并制造民族、政治、种族冲突事件，其恶劣影响延续至今。因涉及领土主权、宗教纷争、民族感情等复杂敏感的问题，解决起来非常困难。比如，边界问题，非洲人历史上主要是游牧民族，边界概念较为淡薄，加之非洲大陆地广人稀，各部族对土地占领意识不强。西方殖民者为抢占地盘，将非洲大陆分割得支离破碎，多从沿海基地出发，沿着一条或几条干线向内地扩张，多呈直线几何形状人为划定国界，这种边界划分在地图上容易划出，但因实际地形复杂而难以具体标定，容易发生边界纠纷。

非洲国家的种族冲突，包括大规模战争、部族混战和仇杀、军事政变和小规模暴力行为等，具有长期性、反复性和残酷性特征，且由来已久。在过去自给自足的自然经济形态下，各部族之间的封闭性和排他性逐渐形成各自的宗教文化和生活习惯，因缺乏经济联系而无法聚合成统一民族。随着欧洲列强19世纪末对非洲的瓜分，产生了50多个殖民地和保护地，外部势力对非洲版图的重新划分，并没有考虑非洲大陆传统的社会经济及民族文化特征，强行肢解许多具有相同或相近传统文化背景部族的同时，又将许多文化传统不同的部族拼凑成一个殖民地，为非洲各国独立后产生部族冲突埋下隐患。

作为世界上最后一个实现政治独立的大陆，非洲政治局势总体趋稳，但由于种族和宗教信仰造成的地区冲突和内战在部分国家依然存在。多数非洲国家都经历过军政府或伊斯兰主义极端政府执政，其民主基础目前仍很薄弱，恐怖威胁、种族纠纷、边境冲突、宗教冲突、部落冲突、军事政变时有发生。在多党民主政治制度下，非洲国家政权更替频繁。受传统部落政治驱使，新政府上台后往往会推翻前政府的对外承诺，或终止执行前政府对外签订的协议，导致内政外交政策左右摇摆。同时，非洲民主政治造就了新一代领导群体，他们大多接受西方教育，对中非传统友谊缺乏认识，在对华关系上奉行实用主义。民主化浪潮还造就了强大的非政府组织和亲西方媒体，他们对中国缺乏了解，或出于政治偏见，不断歪曲中非合作，误导普通民众，对我国企业在相关国家投资产生严重负面影响。

（四）安全隐患

个人卫生安全隐患突出。非洲属于流行病高发区，艾滋病、疟疾、霍乱、结核病、黑热病、鼠疫、拉沙热、血吸虫病、病毒性肝炎、麻风病、布卢利、痢疾、皮肤利什曼病、伤寒、流行性脑脊髓膜炎、马尔堡出血热、埃博拉出血热、脊髓灰质炎、非洲锥虫病（昏睡病）和黄热病等多种致命疾病在此流行。如每年有 3 亿人感染疟疾，导致约 270 万人死亡，90% 的疟疾死亡者是非洲次撒哈拉沙漠地区的儿童。结核病患者每年以 200 万人的速度增长。这些疾病很难预防，对我国在非务工人员身体健康威胁很大。

社会治安隐患突出。由于贫富分化、法制不健全、毒品走私、战乱频繁、人民素质较低等，引发非洲多数国家治安形势严峻。尼日利亚三角洲产油区是世界上绑架案发生最频繁的地区，尤其是针对外国人的绑架时有发生。尼日利亚经济首都拉各斯被称为“犯罪之都”，盗窃抢劫案件每天都在发生。即使在南非、埃及、肯尼亚等较发达国家，治安状况也不容乐观，安保工作一直是困扰我国企业在非投资的重要因素。

（五）历史文化差异

受地理环境等自然因素的影响，非洲各部落过去长期生活处在近乎与世隔绝的状态，其文化、语言、宗教信仰差异较大，各自属于不同的文化群体，并以不同部落的形态存在。非洲各国政府登记在册并予公布的部落有700多个，但非官方估计至少在2000个以上。这些部落的经济基础、文化观念、宗教信仰和生活水平各不相同，相互矛盾错综复杂，导致各部落之间文化融合进展缓慢，并使非洲发展与现代文明的要求存在差距。非洲人对民族和宗教的认知远远高于对国家和政权的认同，许多国家领导人无论是通过军事政变，还是民选上台，都无法调和内部矛盾。非洲各部落独特的历史、文化、社会组织及处事哲学，再加上奴役非洲数百年的宗主国文化影响，造就了非洲人特有的文化取向、宗教信仰、风俗习惯、逻辑思维和交流风格。随着中非经贸合作的不断深化，因历史文化差异所引发的冲突不断涌现，导致合作双方交流不畅，商务洽谈破裂，影响投资合作正常进行。这种状况如任其发展，必将对中非经贸合作产生严重负面影响。

（六）劳资纠纷频发

非洲各国工会组织比较健全。自20世纪80年代以来，特别是受中东、北非革命的影响，非洲工会的影响力越来越大。如莫桑比克劳工法规定，企业雇佣当地员工超过50人时，员工有权成立工会，法律保护包括工会组织罢工在内的各种权利。非洲许多国家都有严格的劳工权益保障机制，如南非规定外资在本国投资必须有当地合伙者，并对使用当地劳工比例及薪资标准提出明确要求。非洲政府和人民欢迎中国企业到非投资，但由于中资企业大多缺乏国际管理经验，对东道国情况缺乏了解，加之中方管理人员大多存在工作语言障碍，往往不敢大胆实施雇员本土化战略，倾向于雇佣本国而非当地员工，在一定程度上造成误解。多数中资企业对雇员要求组建工会的行为持消极态度，致使工人罢工、企业停产事端不断，劳资纠纷频发。

（七）社会腐败严重

非洲国家政府效率普遍低下，腐败问题严重。透明国际（Transparency International）采用全球清廉指数（Corruption Perceptions Index，CPI）评价各国的腐败程度，以百分制计算，25~50分表示腐败比较严重，0~25分表示极端腐败。该组织于2012年12月4日公布的2012年度各国清廉指数，中东和北非 78% 国家的得分低于 50，而撒哈拉以南非洲得分低于 50 的国家达到 90%。这些地区司法腐败尤其严重，主要原因是司法系统工作环境恶劣，员工工资低并缺乏培训，司法程序不透明并缺乏监督，以及对清明法官的迫害等。非洲一些国家海关管理尤其混乱，官商勾结严重，尤其在办理项目审批手续过程中，报关公司和海关官员勾结起来共同敲诈投资者，海关、税务等工作人员经常索要高额小费。贪污腐败严重影响当地投资环境。比如，在尼日利亚，大多数外国公司为了获得商业合同不得不向有关人员行贿，甚至包括执法人员。世界银行 2006 年曾对全球 175 个国家和地区经商便利程度进行调查，结果表明非洲大多数国家因“愚蠢的规章制度”“繁重腐败的官僚体系”等原因被排在 100 名之后。该行前行长沃尔福威茨和非洲开发银行行长贝鲁卡都公开表示，“腐败是影响外国在非洲投资和非洲大陆发展的最大障碍”。腐败问题也已经成为我国企业在非经营不得不面对的一大难题。

（八）员工聘用困难

由于教育落后和自然条件优越养成的懒惰习性等原因，非洲普遍缺乏高素质劳动力，甚至很难在当地聘到合格的普通技工，只能从国内或别国招聘。同时，部分非洲国家对员工本地化及外籍劳务管理限制严格。如埃及规定外商只能成立合资公司，且外资股权不得高于 49%，外籍员工比例不得超过 10%。一方面是合格劳动力资源匮乏，另一方面又对外籍员工数量进行严格限制，且工作签证期限普遍较短，办理手续繁杂，这给我国企业在非投资和正常经营带来了极大困难。

（九）贸易壁垒现象

许多非洲国家都设置多种贸易壁垒以保护本国经济，主要包括：

（1）关税高峰和关税升级。如阿尔及利亚对食品、饮料、烟草及其他消费品征收平均税率为 30% 的高关税，肯尼亚对 58 类敏感商品，如奶制品、谷物和糖类，征收 35% 到 100% 的高关税，南非对糖类产品、羊肉、牛奶和玉米征收较高的进口关税。

（2）通关环节壁垒。部分非洲国家政府办事效率低下，部门之间协调性差，通关环节复杂。据世界银行对 51 个国家通关时间的调查排名，阿尔及利亚海关平均通关时间长达23天，排名第一。尼日利亚通关环节壁垒也很突出，表现为清关手续冗长、停泊与装卸费用高昂。

（3）技术性贸易壁垒。如尼日利亚于2005年开始正式实施强制性合格评定程序，对电子电器、汽车轮胎、汽车玻璃、玩具等进口产品实行强制性安全认证。

（4）贸易救济措施，如对来自中国的产品发起反倾销调查。这给我国企业对非出口增添许多困难。

（十）外部势力干预

非洲多数国家以前是英法殖民地，官方语言基本为英语和法语，在诸多方面深受西方国家影响。20世纪90年代冷战结束后，非洲各国迫于外部压力纷纷开始推行西方式民主，实施多党制，各种政党如雨后春笋般不断涌现，政党轮替执政成为常态。西方国家以自由，民主，人权为武器，强行向非洲国家推行西方价值观，干涉非洲国家内政，给非洲各国造成极大困扰。盲目推行西方多党民主模式，合法存在的每个政党都可以以自己的部族组织为靠山向政府发难，这种以部族为依托的所谓多党民主，国家政治舞台成为部族角逐的竞技场，进一步激发部族意识，恶化部族之间的关系，撕裂族群关系，使非洲社会陷入分裂状态。一些政治势力携西方政治集团的余威，干扰正常的中非经贸合作。中国作为国际投资的后来者，在非洲大陆处处触碰到西方大国的势力范围，冲击其既得利益。一些发达国家组成利益集团，对我国在非投资活动实施战略防范，贬低我国形象，挑起我国与非洲国家的矛盾纠纷，进而利用商业游戏规则制约我国企业的项目投资。发达国家在政治上加紧同我国争夺非洲人脉关系，蚕食我国在当地的政治影响，意图抵销我对非投资的道义优势，在经济上则联手同我争夺合作伙伴，巩固既得利益，并与来自其他发达国家的企业进行合作，使我国在非投资企业不断受到相关国家的无端猜疑、指责和阻挠。

三、中非深化经贸合作应该关注的重点领域

根据“非洲发展新伙伴计划”及非洲各国已经制定的相关规划，非洲国

家今后吸引外商投资的优先领域主要包括资源开发、基础建设、农业、制造业和信息业。结合我国的比较优势，我国企业与非洲深化经贸合作今后应重点关注以下十大领域。

（一）资源开发

非洲大多数国家矿产资源非常丰富，尤其是钻石、黄金、铜、钴、铬、铂、锰、高品位铁砂矿、磷酸盐及石油等储量丰富。其中，石油主要分布在北非和大西洋沿岸各国，约占世界总储量的12%。目前世界各国对资源特别是能源的争夺日趋激烈，由于东欧、拉美和中东地区资源开发格局已基本定局，包括我国企业在内的众多企业近年来纷纷将目光转向蕴藏着巨大潜力并享有“世界资源宝库”美誉的非洲市场。对于中国企业而言，在非洲进行资源开发的重点应放在石油、金属和非金属矿等领域。在地区选择上，应以政局稳定、投资环境较好，且与我国政治外交关系友好、双方有相当经贸合作基础的国家和地区为重点，如南非、埃及、尼日利亚等。加强中非资源合作，是我国实施资源全球战略的重要环节，对于实现优势互补、夯实双边经贸关系、拓展产业合作链条意义重大。在对非开展资源合作方面，要避免以往的掠夺式开发模式，强调环境保护和带动当地经济发展，采用符合赤道原则（Equator Principles）的国际规范，保障东道国的环保等诉求。

（二）基础建设

基础设施落后已经成为阻碍非洲各国经济持续健康发展和吸引外资的重要“瓶颈”，许多非洲国家都将扩大交通、通信、电力、水利等基础设施投资作为推动本国经济增长的重要手段。基础设施投资具有明显的外部影响效果，不仅要求非洲各国进行政府引导性投资，而且对外部融资需求强烈，并为国际投资者带来众多商机。我国企业可以探索采用BOT等多种方式参与非洲基础设施建设投资。

（三）农业

非洲绝大多数国家属于农业国，农业是很多非洲国家的经济支柱，但由于受多种因素制约，这些国家农业生产普遍落后，国民吃饭问题长期得不到解决，每年都要付出大量外汇进口粮食。因此，非洲发展新伙伴计划把农业列为未来优先发展领域，并鼓励外商投资农业部门。我国是农业大国，农业生产经验丰富。除传统农业外，我国在生物农业技术研发方面也取得了丰硕成果，拥有大量适合非洲大陆气候和地理条件的生物农业技术，如抗病虫转基因棉花、水稻、小麦、马铃薯、西红柿、玉米等。非洲大陆多数国家对生物农业技术的开发应用还很陌生，缺乏研究力量，非常渴望与中国开展合作。

非洲的植物达40000多种，森林面积占全球总面积的21%，红木、黑檀木、紫檀木、花梨木、柯巴木、乌木、樟木、栲木、胡桃木、黄漆木、栓枝栎等名贵木材应有尽有，且储量丰富，是世界上热带木材的重要产区，今后中非林业领域深化合作前景广阔。

在渔业捕捞方面，非洲拥有很长的海岸线，且有大量内湖资源，渔业资源相当丰富，由于缺乏设备和技术，非洲渔业资源得不到很好开发。我国企业应积极开拓与非洲相关国家的渔业合作。

在农产品加工方面，目前非洲各国能力普遍十分薄弱，从新产品研发、设备制造到产品包装、运输及销售都蕴藏着无限商机。非洲各国希望引进中国的农产品深加工技术和设备，提升农产品加工能力，以提高农产品附加值，带动非洲农业产业化发展。

今后我国应通过兴建农业基础设施，援建农业示范中心，推广相对先进的农业生产技术，深化中非农业投资合作。应重点加强在土地开发、农业种植、畜牧养殖、粮食安全、农用机械、农副产品加工、实用技术培训等领域的合作。通过农业领域的深化合作，向非洲国家输出或转让相关生物农业技术，推广我国先进的农业生产和管理经验，协助其增加粮食产量，缓解饥荒，加快脱贫，有效治理环境，为实现联合国千年发展目标贡献力量。

（四）制造业

非洲国家人口众多且增长较快，对制造业市场需求潜力巨大，尤其是当前对中低端产品需求潜力较大。非洲大多数国家制造业基础薄弱，产品主要依靠国外进口。尤其是撒哈拉以南非洲国家制造业增加值在国内生产总值中的比重仅为17%，是世界制造业发展水平最低的地区。非洲各国对制造业有很大的投资需求。我国是一个制造业大国，一些产品的技术水平和质量具有国际竞争力，且在国内出现产能过剩，亟须找到延长其产品生命周期的途径。与发达国家相比，我国制造技术主要为劳动密集型，因此更易于被经济发展水平相对较低的非洲国家所消化吸收。从目前发展阶段来看，中非在产业价值链上的垂直互补程度很强，非洲是我国制造产业境外投资及优势产业境外转移的重要目的地。中非深化制造业投资合作，有利于促进我国国内产业结构优化升级，并促进非洲国家实现产业多元化，通过技术外溢促进非洲现代制造业的发展。我国企业目前应重点开发非洲汽车工业、皮革、造纸、钢铁、家用电器、纺织服装、家具、塑料制品等领域的商机。

（五）工程承包

作为欠发达地区，非洲工程承包市场潜力很大，主要集中在交通、电力和通信设施领域，且承包工程的利润率很有吸引力。工程承包的合作内容包括商品贸易、技术贸易、服务贸易和劳务输出等。我国工程承包企业过去数十年来在非洲各国已经积累了良好声誉，为进一步开拓非洲工程承包市场打下了坚实基础。我国政府今后会继续积极支持中国企业参与非洲各国的基础设施建设，进一步扩大对非承包工程的业务规模，完善对非承包工程的双边合作机制，并通过加强技术和管理合作，帮助非洲各国提高自主发展能力。

（六）高新技术产业

目前在全球范围内，传统产业不断进行结构调整和优化升级，高新技术特别是信息网络、生物工程等产业正逐渐发展壮大，成为各国经济快速增长的引擎。非洲地区在信息技术领域比较落后，迫切希望通过发展高新技术产业来缩小与发达国家的差距，弥合与其他国家之间的数字鸿沟。非洲国家被称为新兴市场中的新兴市场，对电脑、互联网服务及相关设备的需求空间较大。非洲国家高新技术产业的发展和扩张为国际投资者提供了新的投资机会。我国高新技术产业群与发达国家相比虽然还有较大差距，但某些技术已经具备国际竞争能力，如微电子技术、宇航技术、生物工程技术、超导技术等。中国企业在电信网络运营方面更是拥有相对成熟的产品、技术和服务能力，我国的中兴、华为、大唐等通信企业在非洲已经取得很好的业绩。我国今后应充分利用中资企业的技术优势，鼓励和支持中国企业寻求当地合作伙伴，在产品研发、生产组装、技术服务等领域深化合作。

（七）金融服务

金融服务的及时跟进，是推动其他领域深化合作的重要基础。非洲国家金融业发展大多相对滞后，融资需求和金融市场发展潜力巨大，应当成为我国企业进行投资的重要目标市场。为满足中资企业在开拓非洲市场时的金融服务需求，中国工商银行等金融机构通过收购股权等方式进入一些非洲国家银行业，并与当地相关伙伴建立了长期合作关系。国家开发银行、中国进出口银行、中国银行、中国建设银行的业务已遍及非洲大陆，并能提供国际结算、贸易和融资等服务。为鼓励中资银行在非洲拓展金融服务业务，我国政府应通过中非合作论坛等多种途径，推动双边和区域金融合作，妥善处理相关问题和纠纷，积极营造良好的经营环境，引导中资机构积极参与当地金融市场竞争，鼓励中非利用各自优势开展金融合作。

（八）旅游业

非洲地区旅游资源十分丰富，其绚丽多彩的多元民族部落文化、千姿百态的地貌景观、以珍禽怪兽为特色的生物群体和扑朔迷离的气候格局，均已成为吸引中国游客眼球的魅力。近年来，越来越多的中国公民前往非洲旅游，对于拉动相关国家旅游业及其相关产业快速发展，增进中国与非洲人民之间的相互理解和交流，加强人员往来，增强双向投资合作所必备的人文脉络，具有重要促进作用。

（九）医药

非洲是各种流行疾病的多发地区，多种致命疾病不仅威胁到当地居民的生命健康，而且也对各国经济发展造成重大负面影响。大多数非洲国家医疗卫生事业较为落后，往往是传统草药医师，巫医与现代医疗手段并存。因此，非洲国家非常关注医药产业的发展，欢迎在医药领域进行投资。目前，西方发达国家和印度等新兴国家已在非洲医药领域开展了投资合作，但非洲大陆医药用品合作市场潜力依然巨大。例如，疟疾在非洲大陆长期肆虐，给非洲各国居民健康带来巨大危害。非洲各国抗疟药品市场每年的营销额高达200亿美元。多年来，随着中非医疗合作的不断深入，我国传统中医药对艾滋病和疟疾等疾病的疗效正在得到越来越多国家的认可，尤其是从中草药青蒿中提取的青蒿素，已成为治疗疟疾的特效药。鉴于我国在青蒿人工种植领域技术领先，制药技术享有成本和价格优势，中非开展此类投资合作，不仅有助于向非洲转移技术，而且可望获得巨大的经济社会效益。我国应通过与相关国家签署政府间协议等手段，鼓励和支持中资企业结合当地实际需求开展医药产品生产与销售活动。

（十）文化

在过去十多年里，中非关系依托“中非合作论坛”这一强劲的机制化平台，在经济领域已经取得很大成绩，中国现已成为非洲第一大贸易伙伴国，双边贸易额从2000年的100亿美元增加到2011年的1600多亿美元。非洲是中国第二大工程承包市场和第四大海外投资目的地。然而，双方文化交流合作尚未得到足够重视。我国近年来开始重视对非洲的人力资源培训和中非间的人文交流，并启动了中非联合研究交流计划，但双方文化领域的交流合作和相互投资都十分缺乏。文化交流是经贸合作的“润滑剂”。中非之间在历史遭遇、发展阶段等方面具有相似性，具有在文化产业领域开展深化合作的基础，今后应引起高度重视。

四、中非深化投资互利合作取得突破的主要对策

非洲作为当今世界各主要经济体全球战略的关注焦点，在联合自强、积极推动一体化的战略框架下，正加快各国经济发展的步伐，作为新兴能源资源供应地和广阔市场的战略价值日益凸显。中国对非投资和经贸合作对于推动非洲各国经济发展、促进当地就业、提升自主创新能力发挥了重要作用。深化中非投资互利合作，不仅契合非洲各国发展的需要，也是保障我国经济可持续发展的重要举措。近年来，在中非合作论坛的推动下，我国加快了对非投资步伐，合作层次不断提升。我国已与40多个非洲国家签有双边经贸协

定，与30多个国家签有鼓励和保障投资协定，与20多个国家签有避免双重征税协定。中国对非洲投资覆盖农业、矿业、加工制造、基础设施、商贸流通等众多领域，非洲已经成为我国企业开展海外工程承包、劳务输出、投资建厂的主要目的地，但主要集中少数几个国家，且投资总体规模较小，潜力很大。中非深化投资合作，应在以下方面有所突破。

（一）提升政府对企业投资的引导能力

我国目前对中国企业到非洲投资缺乏顶层设计，缺乏全方位的战略规划，缺乏对企业投资的有效引领。政府对企业境外投资的监管，主要侧重于程序性、事务性微观层面的核准审查，使监管程序复杂，管理效率低下，成为企业“走出去”的制约“瓶颈”。由于缺乏宏观引导，使部分企业尤其是中小企业到非洲进行盲目投资，造成同类企业间恶性竞争，互相压价情况屡见不鲜，严重影响中国企业海外投资形象。我国应积极利用高层互访推动政治共识，充分发挥中非合作论坛的引领作用，有效谋求双边政治经济关系互动，协助相关国家制定并实施符合国际惯例的产业发展政策，将促进投资便利化、优化投资环境作为发展中非经贸关系的重要内容。适时推出国别投资政策指引，促进中国企业到非洲各国进行有序投资。

（二）提高风险预警和管控能力

境外投资面临复杂的国际环境，单凭企业自身能力，很难全面、准确把握国别投资风险。我国没有设立专门机构对非洲各国的政治、经济、文化、法律制度环境等进行系统评估和跟踪监测，政策环境研究缺失，对非洲投资风险预警机制尚未建立起来，导致政府无法对各种风险进行预警，使我国企业在非洲国家发生的多场政治危机前，都未能做好充分准备和及时应对，造成大量经济损失。例如，在利比亚发生政治动荡前，我国政府有关部门没能就利比亚政治危机作出任何预警，导致国内75家企业（包括13家央企）的50个大型项目受到严重损失。提升风险预警和管控能力，是我国企业走进非洲需要解决的棘手问题。

（三）实现投资主体多元化

我国对非洲各国的商业投资活动，多由对非政府援助而引发，因此多由国有企业来承担。我国政府多次宣布提供无偿援助及各类优惠贷款，设立中非发展基金，建立境外经贸合作区等对非援助计划，为推动商业合作提供了良好契机。如设立中非发展基金，投资涉及农业开发、机械制造、电力电子、建筑材料、工业园区、矿业开采、港口物流等众多领域，有力促进了我国企业在非洲各国开展投资合作。这种以政府援助推动的商业性投资合作，具有很强的国家行为特征。随着经济全球化和我国投资体制改革的不断深入，今后我国对非投资应逐步由政府行为转向政府指导下的企业行为，并以追求企业商业利益作为项目决策的首要依据。要打破投资非洲的企业多为国有企业，并一直由 100 多家我国大型国有企业占主导地位的格局，鼓励各种所有制类型的企业根据自身发展需要来决定是否对非投资，尤其要鼓励民营企业和个体从业者到非洲投资兴业，形成多元化的对非投资格局。

（四）打破投资方式过于单一的局面

由于文化差异、语言沟通障碍及缺乏投资经验等，我国企业到非洲投资，主要采用独资方式，封闭运行，难以融入当地社会，不利于长远可持续发展。若采用双方合资方式，可发挥非方合作者在市场资源、当地政策和商务环境等方面的天然优势，弥补我国企业的缺陷。除独资、合资外，我国企业还应利用参股、并购，以及与第三国企业合资等方式在非洲进行资源开发、产业投资及开展商贸服务，做好本地化经营，全力融入当地社会，以增强当地居民的认同感，减少利益摩擦。在联合当地企业开拓当地市场的过程中，应不断获得并积累对非洲市场的认识和经验，从而推动企业把更多资源投向非洲市场，既有助于中国企业在非洲的成长壮大，又能促进非洲当地经济社会发展，实现双赢。

（五）为投资互利合作营造良好的政治环境

非洲各国由于不断推动民主化进程，形成复杂的多元化利益格局，并对双边投资合作产生影响。我们不仅要重视与非洲国家执政党的关系，保持高层互访和会晤，增进双方个人友谊，也要建立与反对党、在野党及非政府组织的交往机制，重视在新生代非洲领导人中培育对华友好的中坚力量，确保中国与所有建交国的经济关系不因其国内政局变动而生变，最大限度地降低中资企业投资风险。应以中非合作论坛为平台，充实双方政治对话的内容，就发展战略、治理模式、城市化、工业化、对外开放、减贫等举办多层次对话和论坛，拓展共识。支持相关国家维护本国政治稳定、民族团结、发展经济、促进社会进步，充分利用联合国、世界银行、国际货币基金组织、20 国集团等多边机制加强高层对话，照顾相互关切，促进互利合作，巩固中非传统友谊，夯实中非投资合作的人脉基础，着力构建稳定中非投资互利合作所必备的政治环境。

（六）完善对非投资促进机制

很多中国投资者到非洲地区进行创业，来自老乡、朋友、亲属的创业经验是其主要信息来源，有时甚至是唯一的来源。这些信息往往片面、零碎，不能满足投资者的所有需求。借助专业性投资促进机构的力量，为投资者提供尽可能详尽的市场、项目和政策等信息，并提供各种专业化的咨询服务，是促进中资企业对非投资的有效途径。应通过建立和完善投资促进机制，帮助投资者深入了解当地市场环境等相关信息，切实掌握外商投资政策法规，有效把握当地文化及风俗习惯，努力排除当地投资隐形障碍，协助中资企业在当地组建和完善行业协会，维护行业企业政党权益及当地社团正当利益，有效利用双边关系推进双方投资务实合作。

加强境外经贸合作区的建设，是投资促进的有效途径。随着我国部分行业产能过剩和贸易摩擦增多，我国政府适时提出扶持建立境外经贸合作区，鼓励有条件的中资企业到境外投资设厂，促进优势产业到境外进行直接投资，从而推进中资企业“走出去”。境外经贸合作区采取“政府为主导，企业为主体，市场化经营”的运行模式，吸引符合条件的中资企业到合作区进行集中式的直接投资，能够有效改变我国企业对非投资各自为营的分散局面，便于发挥企业集群优势，且有来自双方政府的多层面支持，有利于规避中国企业境外投资可能遇到的各种风险。通过设立境外经贸合作区的模式推动我国企业进行境外投资，既可以借助双方政府提供的优惠政策扩大投资规模，打破贸易壁垒，规避各种风险，还可促进东道国经济发展，深化双边经贸合作，实现互利共赢。非洲是我国建立境外经贸合作区重点扶持的地区。我国已在赞比亚、毛里求斯、尼日利亚、埃及和埃塞俄比亚等非洲国家先后设立经贸合作区，今后应进一步发挥境外经贸合作区的载体作用，促进中资企业到非洲投资实现跨越式发展。

（七）提升企业管理和业务拓展能力

我国企业在非投资，在战略层面往往缺乏明确的非洲投资战略定位和规划目标；在执行层面往往缺乏高效的海外投资运作及监管能力，无法针对当地情况有效进行市场开发和属地化管理。根本原因在于我国企业走出去进行海外投资的时间不长，缺乏跨国经营的管理能力及业务开拓经验。

在海外管理方面，突出障碍是缺乏具备跨国公司海外管理经验的专业团队。由于缺少真正拥有跨文化知识和管理国外员工经验的专业人才，再加上中方管理人员主观上不愿常驻非洲，客观上因语言和管理思维等原因存在沟通困难，公司总部因管控能力不足往往不愿意聘用当地管理人员，使中国企业在当地难以开展有效的属地化管理，市场开拓困难重重，国际化运营很难深入开展。打造跨国公司管理团队，是希望“走出去”的中国企业必须面对的重要课题。

在市场选择方面，应研究制定一个切实可行的非洲市场开发战略，挑选一些政治形势稳定，投资环境相对较好，资源相对丰富的国家如南非、埃及、尼日利亚、加蓬、阿尔及利亚、突尼斯等，作为对非投资的首选地区，发挥其辐射和中转作用，然后再将业务逐步扩展到其他非洲国家，分步完成对非洲大陆投资的整体布局。

要减少中资企业之间的内部相互恶性竞争。尤其是在工程承包领域，非洲工程承包项目分为单纯本国自筹资金项目和国际金融组织及外国政府等援助项目，工程规模一般较大。这类项目由于有政府背景，资金付款有保证，易于索赔，但竞争相对激烈，要求投标者应有雄厚的资金实力及较强的管理能力。对于一些商业性投资项目，业主对工程质量要求高，资金控制严，往往议标多于招标，选择招标多于公开招标，要求承包商应具有良好的信誉和品牌，这类项目的索赔难度往往较大，对承包商做标提出了更高的要求。近年来，在非洲工程承包市场，中资企业之间竞标激烈，竞相压价进行投标的现象普遍，通常以低于标底或西方承包商近一半的报价进行投标，严重压缩利润空间，甚至以低于成本的价格进行竞标，中标后往往难以保证工期和工程质量，损坏中国公司整体形象，影响双边经贸合作的健康发展，因此在投标过程中应加强内部协调，避免中资企业之间的内斗。

（八）提高企业境外安全风险防控能力

中资企业境外投资将会不可避免地面临政治、商业、军事、社会及人身安全等多种风险。我国企业由于缺乏危机应对及处理能力，缺乏对投资国政治、经济、社会动态的把握能力，对政治风险及治安危机的应急准备往往不足，在面对各种突发危机事件时，缺乏危机应对及管控能力。为指导我国企业提高境外安全风险防控能力，商务部发布《境外中资企业机构和人员安全管理指南》，全面阐述了我国企业境外安全风险管理的原则、目标和流程，重点关注社会公共安全风险，兼顾企业海外业务中常见的经营风险，旨在指导企业科学建立境外安全风险管理体系，有效规避、控制、转移和分散风险，这是我国首次发布针对“走出去”企业境外安全风险管理工作的指导性文件，应成为我国企业境外投资进行安全风险管控的行动指南。同时，还应通过实施本土化战略，雇佣更多当地员工加盟中资企业，并注意与当地政府、警察、民间团体建立良好关系，不断编织安全防护网，提升中资企业境外安全风险防控能力。

（九）加强企业社会责任意识

我国企业走进非洲，不可避免地会对当地市场、产业和生态环境造成负面影响和冲击。因此，我国企业应特别重视做好社会责任工作，遵守当地法律法规，建设优质工程，提供合格产品和优质服务，注意保护生态环境，尊重当地宗教信仰和风俗习惯。从政府层面，应通过建立和完善相关立法，鼓励企业勇于承担社会责任，鼓励和支持企业尽量雇佣当地人员，严格执行劳动合同，支持当地工会的合法活动，严格执行当地工资标准及劳动保护相关制度，鼓励企业积极参与当地社区公益活动，切实关注当地社情民意，为当地社会进步、经济发展、生态建设、环境保护、民生工程提供必要的支持。鼓励更多的志愿者赴非洲建功立业，夯实中非投资合作的人文基础。通过多种努力，为加强和深化中非经贸合作创建和谐共赢的社会环境条件。

（十）加强人力资源开发及人才队伍建设

人力资源合作是中非互利合作的重要领域，人才队伍建设是深化中非投资合作的重要保障。我国作为推动非洲国家全面振兴的重要力量，应结合对非外交工作和国际义务相应增加非洲国家来华留学生奖学金名额，鼓励中国青年志愿者赴非洲参与各项公益事业，鼓励和支持中资企业和中国公民与当地人民和睦相处，发挥中非友谊的桥梁和纽带作用。从促进双方投资合作层面，中资企业应加强人才队伍建设，采取必要的激励手段鼓励优秀员工到非洲建功立业，积极吸收非洲当地优秀人才参加中资企业重要岗位的竞聘。采取多种途径为中资企业在非投资选聘和储备人才。

第四篇

论坛精彩观点综述

从资本输入国到输出国，开放呈现历史新转折点

项怀诚　中国（深圳）综合开发研究院理事长、财政部原部长

2014 年中国对外投资第一次超过了外商直接投资，成为净投资的元年。2015 年再次出超，这是中国对外开放具有里程碑意义的、重大的、标志性的事件，对中国而言是一个重要的风向标。对这个话题我有三点看法：

1. 对外开放是决定国家兴衰、民族兴旺的关键抉择

已经成为中国崛起和中国处理世界关系的核心战略之一。

无论从历史还是现实来看，对外开放对国家发展和民族福祉都十分重要。改革开放以来，尤其是加入 WTO 以后，中国经济实现了跨越式的发展，2001 年我们国家经济总量接近 11 万亿元，到 2015 年经济总量已经达到了 68 万亿元，15 年间增加了 50 多万亿元。充分体现了对外开放战略和融入世界经济所释放出来的巨大的能量。

近年来，中国就对外开放作出了一系列重大的战略部署。一是“一带一路”战略已经成为承载国家内需、外需进行协调，“引进来”和“走出去”并重的新的对外开放战略平台，成为中国开放的总纲领；二是亚投行的发起和成立，是中国为脆弱的、复苏中的世界经济提供的一个公共产品，也构建了世界发展中国家和发达国家之间经济的共同体；三是人民币已经加入 SDR，也是中国更加积极的参与全球经济治理的重要一步，是构建全球金融新秩序、实现经济贸易新平衡的一个战略举措；四是自贸试验区战略的纵深发展，对推动形成中国更高层次的开放产生重大而长远的影响。

这些基础是新时期、新形势下对中国对外开放战略种种新的诠释。作为发展中的大国，开放是我们国家长期的任务，是必须坚守的基本国策。对外开放一直在路上。

2. 中国对外开放的战略内涵进一步深化

将开放列为五大发展理念之一，确立了双向开放的新举措。过去 30 年，

中国以吸引利用外资为主，如今发生了重大的转折，“引进来”和“走出去”并重，“走出去”将成为中国对外开放的重要一环。我们对“引进来”依然像过去一样重视，尽管我们现在“走出去”的数量比“引进来”的数量略微多了一点，这是一个转折和标志。“走出去”对我们来说是一个新的课题，尽管已经讲了很多年，但实际上“走出去”的经验并不是特别丰富，所以“走出去”走得成功与否对我们来说是一个新的考验。它已经成为深度融入全球价值分工体系的一个主要法则，也成为中国对外开放新旋律、新常态、新阶段。

今年以来，在快速工业化的过程中，形成了较为严重的产能过剩。30多年来的资本净流入积累了巨额的外汇储备压力，战略性资源短缺、庞大的居民储蓄和人民币升值等诸因素共同促成了资本出超这个重要的历史转变。它隐含的历史意义是不言而喻的，它标志着我们国家正由相对比较穷的国家走向相对比较富裕的国家，由经济大国体量大逐步走向经济强国的一个变化。

3. 进一步扩大对外开放，形成开放型的经济新体制

迈入经济强国行列是一个长期的过程，面临着诸多新问题和新挑战，一个发展中的大国如何承担起全球大国的责任，是人类现代化历史进程中没有先例的新事物，这需要大国责任，更需要大国智慧。一是中国对外产业输出和资本输出如何兼顾双边的利益，走出去的企业如何融入到当地的经济社会发展，得到国际社会的认可，必须高度加以重视和妥善解决；二是如何提升“一带一路”的国际认同度，防止可能存在的地缘政治风险；三是亚投行成立以后如何积极参与重构国际金融秩序，处理好亚投行和现存国际金融组织的关系；四是人民币加入到SDR以后如何防范和化解金融风险；五是如何应对TPP、TISA等新一代国际规则体系，这些问题都是需要我们加以关注、加以解决的重大问题。虽然对外开放的道路上并不平坦，充满荆棘，但实现中华民族的伟大复兴、实现中国梦的前途是一片光明，我们要在符合人类进步规律、符合中国历史发展规律的道路上坚定不移地走下去。

开放新格局空前复杂

曹远征 中银国际研究公司董事长

中国经济很可能进入了一个新的阶段，就是从过去的商品输出阶段走向资本输出阶段。在这个新形势下，最重要的是“一带一路”战略。我经常在国外出差，坦率地说，国外对“一带一路”的热情远远高于国内。包括中东欧、东欧和西欧，都在讨论“一带一路”。

为什么？他们说这是一个新理念，和过去理解的不一样。2000多年前，张骞出使西域就开始有了丝绸之路，500多年前郑和下西洋就有了海上丝绸之路……在全球通商史上，只有中国的通商理念是和为贵，其他都要靠军事手段来解决。“以和为贵、谈判妥协、合作为上、追求双赢”，变成了“一带一路”很重要的特点，显示出极大的包容性。

而包容性，就意味着什么都可以谈。“一带一路”实际就是这样一个概念，什么东西都可以交换，有钱固然好，没钱也行，拿东西来换。如果现在没钱，将来有则拿现在换将来，于是变成一个多边的、双边的经贸合作混合体，这对中国的经济体制、金融体制乃至对外开放都带来了新的挑战和冲击。

其一，这种投资合作治理理念和传统国际投资理念大相径庭。按照传统国际贸易和金融规则，一手交钱、一手交货，欠债还钱，都是基本规则。现在，可能是一手交钱，而另一手可能是交未来、交货，欠债可能不还钱而是还东西。因此，自贸区、双边、多边、多层次自贸区成为控制风险最重要的安排。比如，上海自贸区“金改40条”，基本是人民币走向全面可兑换的安排。

其二，在对外投资合作深化过程中，中国最薄弱的环节是金融环节。从全球GDP份额讲，目前全球发达国家和发展中国家相差无几，各占45%左右。而发达和不发达最重要的区别之一，在于发展中国家金融基础设施薄弱，金融市场比较脆弱，从而导致金融能力比较落后。在新的开放形势下，中国金融如何深化开放，金融体制如何深化改革，是一个重大的挑战。

现在，包括中国在内的新兴国家，尤其是“一带一路”所涉地区，存在三个突出的金融错配：

一是货币错配。尤其在亚洲地区，相互间贸易非常多，但都是用第三方货币——美元，意味着美元一定要有充沛的流动性供应，各地区才能进行贸易安排。如果美元出了点问题，双方都没有支付手段，就会发生 1998 年和 2007 年那样的危机。这可以说是人民币国际化的直接促动背景，就是解决支付手段问题，纠正货币错配问题。

二是期限错配。亚洲地区经济发展比较快，需要大量资本。但是，一方面流入资本比较少，另一方面流入资本都太短期。于是，短期资本频繁流动，带来很大风险隐患。1998 年亚洲金融危机就是如此发生，现在同样存在这种风险。事实上，亚投行最重要的功能就是纠正期限错配。

三是结构错配。这个地区是全球储蓄率最高的地区，全球的外汇储备基本在这个地区。但这个地区的储蓄率如此之高，基本被域外机构所动员，然后流到区域以外，反过来区域以外的机构再投到这个区域，成为“外资”流入最多的地区。这种“本地区储蓄不能为本地区使用”的投资结构错配，表明这个地区的金融设施非常落后。

因此，体现在下一步开放中的金融制度安排，变得非常关键和重要。

“十三五”期间中国对外合作战略框架蓝图

张威　商务部国际贸易经济合作研究院副院长

“十三五”期间，中国对外合作战略基本确立了相对明确的区域导向和产业导向，包括会重点支持的主体和载体，需要我国企业“走出去”做好充分的研究和准备。

在区域导向上，一是“一带一路”沿线国家会是战略重点，在“一带一路”沿线国家中没有明确国别导向，主要是明确了在“一带一路”沿线投资的具体领域，如基础设施、能源、制造业产能转移。二是比较重点的是非洲，对非洲的发展有十大伙伴计划，其中工业化是重要方面，也包括在未来通过各种方式帮助非洲完成基础设施建设。三是发达国家虽然不是对外直接投资的重点，但在对发达国家的投资取向上，侧重于品牌、网络和技术。

在产业导向上，更多集中在相对比较有优势的钢铁、建材、化工、纺织和机械等装备制造、富余产能、制造加服务的行业。过去中国对外投资主要有能源获取型、市场获取型、技术获取型和壁垒规避型等几种类型，在“十三五”期间，更多企业会基于国内成本上升和海外有更多组合的优势资源而“走出去”，成本驱动型和组合型对外投资将会逐步成为新主流。在富余产能转出的过程中，更多强化上下游一体化的产业链式的对外转移，同时也在未来发展过程中强调中国制造和中国服务相结合。

在主体和载体建设上，未来的重点应该在“一大一小”上，“一大”是要培育一些真正有国际水平的大型跨国公司，不仅仅在规模上，更多是在企业管理、核心竞争力构建、现代企业制度或者现代治理体系上。“一小”是引导和培育具有适应全球市场新变局能力的一大批外向型中小企业。这些企业未来需要集群式走出去，会需要载体，其中边境经济合作区和跨境经济合作区会更多依托沿线国家，可以更广泛布局的是境外经贸合作区。目前中国在全球建了 118 个左右的境外各类型工业园区，已经被商务部认定作为国家级经贸合作园区有 13 个，未来国家将会更明确境外经贸合作区的布局规划和定位，建设方式上会推荐企业自建、园区共建及中外政府合建等方式，给更多有活力的中小企业创造对外发展平台。

对外投资管理体制改革重点要考虑四个方面：一是准出。目前准出管理已由原来的核准制改成备案制，但在准出领域仍然包含非常多的隐形限制和审批壁垒。二是监管，包括海外税收、国有资产管理、外汇及财务管理等方面。三是保障体系，通过各种双多边协定，双重避税协定等，构建国际性保障体系。四是促进体系，包括了对外投资所给予的公共服务，包括设立的产业投资基金等。

未来中国的对外投资管理体制，还应该补齐四方面短板：一是法律短板。需要制定对外投资的基本法规，在制度性约束上给企业留一个相对完善的空间。二是金融短板。目前能够供给金融支持的政策性金融机构、开发性金融机构仍然受到非常多的制度性制约，使众多中小企业、民营企业没有更好的途径获得金融支持。三是服务短板。企业境外投资需要很多政府公共层面的服务支持，包括部门协调、信息服务、风险提示等，未来政府从调整职能、转变服务方向方面应该侧重的问题。四是规则短板。未来自贸协定升级版谈判中将会涉及更多投资规则，应该为中国企业进入对方市场创造一个更好的环境。

战略机遇“窗口期”全面打开

赵晋平　国务院发展研究中心对外经济研究部部长

当前，中国企业对外投资对中国的结构调整和优化升级的影响，无论从理论还是从实际案例来看，至少从五个方面带来非常重要的作用：

第一，中国企业对外投资直接进入国际市场参与国际竞争，这是提升国际化经营能力的最直接方式。目前，中国企业对外投资有相当一部分是通过并购投资的方式来实现，而并购投资可以获得许多提高中国企业国际竞争力的重要战略性资产。近年来，通过企业并购的方式，我们在获得品牌、技术、跨国公司的营销渠道，包括能源等资源方面，取得了非常明显的进展和成功，为中国跨国公司的诞生创造了越来越坚实的基础。

第二，随着我国传统劳动力竞争优势逐步减弱，为巩固全球市场份额，我国企业“走出去”扩大在周边国家的产业布局，已经成为唯一的选择。而传统海外产业的布局，在技术、人才、资本方面为结构调整留出越来越大的空间，为我们把资源配置到紧要的高端制造业、高端服务业领域，创造了条件。例如，重庆力帆汽车，在海外已经有六个点、三条线布局。而其海外生产线的生产设备都来自中国国内，为国内高端制造业创造了巨大需求。

第三，为整合能源和资源创造了重大机遇。就“一带一路”地区来说，集中了石油全球可采储量的60%、天然气的80%以上。通过在外投资布局的方式获得更多权益，对包括供给来源和通道安全的保障，具有深远意义。

第四，有助于深化对外关系。近年来，之所以大力推进中美之间的BIT谈判，一定程度上希望通过中美BIT方式实现中美之间在资本融合程度上水平的进一步上升。仅仅是贸易，相互之间很容易找到替代，只有加深资本层面的融合程度，才能绑定为真正的利益共同体、命运共同体。

通过这种方式，一方面为企业创造机遇，同时通过吸引国际上，尤其是美国高端的制造业和服务业投资来带动国内转型升级；另一方面就是形成“你中有我、我中有你”的利益格局，更容易实现中美经济利益的绑定，为我们赢得今后十年甚至二十年的战略机遇期。

第五，提升中国企业在全球价值链中的参与水平和参与程度。根据2012年对外贸易计算，我国1000美元的出口，能够拿到640美元增加值。具体到中美之间，美国对我国1000美元的出口，能拿到800多美元的增加值。相反，我国对美国1000美元的出口，只能拿到590美元增加值。这说明中国和发达国家之间在全球价值链、参与价值分配中拿到的回报差异比较大。

随着我国品牌、技术、在全球价值链中地位的提升，如果1000美元的出口能够拿到740美元，可以使我国GDP总量再增加2个百分点以上。从今后一个阶段来看，如何提升我国在全球价值链中的水平，是事关转型升级一个非常重要的方面。

来自中国企业“一带一路”投资案例的思考

王国文　中国（深圳）综合开发研究院物流与供应链管理研究所所长

我从参与境外投资项目的咨询案例出发，谈一些对中国企业走出去参与“一带一路”建设的思考。

有四个要点：第一，中国企业走出去如何借助国家之间战略平台的对接来实现投资目标。第二，对于基础设施投资类的项目，中国的企业应该有长远的投资眼光和视野。第三，中国企业海外投资要加强战略层面的协调。第四，要发挥港资企业、民营企业的力量，把他们纳入到政策扶持的体系。我们的“走出去”战略是一个立体的、全方位的，应该囊括所有的中国企业。

1. 如何借助国家战略之间的顶层对接，来实现企业对外投资项目的顺利进行

建议主要来自我院对中国—白俄罗斯工业园、商贸物流和纸浆厂项目调研得到的启发。在对外整个园区建设的过程中，中方拿出去的规划，带出去

的产品，拿过去的流程，在没有得到对方认可之前是不能落地的。包括 40 万吨的纸浆厂项目，8 亿美元投资建设的过程中，涉及白俄罗斯的 11 个部委，在筹备和建设过程中都遇到了很多障碍。为了解决这些重大项目的障碍性问题，需要从白俄罗斯国家政策层面进行协调，中方采取的对策包括规划修订和总统令的修改，在白俄罗斯国家规划层面推进战略互信与战略对接，同时将中方项目的地位和重要性在政策规划中得以体现。中白合作项目最终落地，关键是要推进和落实两国规划、设计标准、产品标准的对接与相互认可。

2. 基础设施建设项目、园区建设项目可能需要相对长期的眼光和视野

我们看到蛇口工业区，用了将近 30 年时间，完成了从一个小镇到现在第二次、第三次转型升级的过程，从码头到工业园区，到邮轮母港、高科技产业园区，到国际型的社区，这种转变是需要长时间的过程的。对外投资项目从建港、建园区、建城市考虑，时间周期一定不是短期回报的行为，企业“走出去”做基础设施投资时一定要有长久的眼光和视野。

招商局集团的海外布局通过“丝路驿站”的模式，把蛇口在过去 30 年改革开放转型升级的过程中镜像到境外去，这样就看到了如何经过十年或者二十年的时间，通过海外综合开发模式积累资源，对基础设施项目形成一个良性的回报。30 年前根本不可能想到前海蛇口自贸区的地价和房价能否达到这样的水平，因为区域的价值提升了，这是另外一个需要考虑的要点。

3. 中国企业海外投资要加强战略协调

中央部委、地方省市均有参与“一带一路”项目，需要加强政策性银行、承建商、运营商、园区开发商之间的协调，特别是港口等重大项目，以避免中资企业和中资项目的恶性竞争。例如，在斯里兰卡的科伦坡国际集装箱码头（Colombo International Terminal）和南部的汉班托巴港（Hambantota Port），两个相距 200 公里左右的大型集装箱港口项目都使用了中国资金，并由中国企业参与，投资与建设主体不同，但有明显的竞争关系，在运营阶段和投资回收阶段出现了问题，对于这类大型项目，那么我们不同的金融机构和不同参与主体，能不能提前建立一个协调机制，亟待加强协调。

4. 要充分发挥港资企业、民营企业的作用

这是我院在新疆库尔勒一个民营企业商贸物流园咨询项目时的启发，我

们提出的方案是引入香港上市公司入股这个商贸物流项目，再将商贸＋保税物流的模式复制到塔吉克斯坦，并将其包装到香港上市，利用好香港企业境外资源盘活的同时，实现了三方共赢。所以，“一带一路”项目走出去要有好的商业模式、自我复制能力，“（商贸＋物流）×保税”的模式在中亚具有可复制性。香港投资机构在中亚有投资项目和运营的经验，有香港资本市场的融资能力，国内企业与香港合作参与“一带一路”建设可以发挥香港金融中心的优势。此外，香港企业在境外没有政府标签，它可以和任何一个政府打官司，并不带有主权投资的色彩，完全可以按照国际商业规则去维护权益，港资企业和民营企业参与“一带一路”建设有这样一个作用，我们的政策能否覆盖到这一类企业，把他们也纳入到“一带一路”整体战略中来，是一个需要考虑的问题。

5. 如何利用好境外的本土资源，规避政策风险和获取核心资源

我们在缅甸考察一个中资企业在仰光自贸区的投资项目，发现项目投资可以通过与当地华侨合作，规避缅甸土地出让排外政策，通过土地资源合作开发商贸物流项目，最后项目在新加坡上市进行资本运作，借助境外资本市场，实现了境外投资、境外回收、境外得益的循环。

破解“走出去”五大挑战

毕吉耀　中国宏观经济研究院研究员

各方面研究不少，我们觉得有五方面比较突出：

第一，发达国家出于对自身利益的考虑，对我国的对外投资施加了诸多干扰，这是当前面临的一个很大的问题。在这方面美国、日本比较突出，综合运用外交、宣传、经济等多种手段对我国对外直接投资产生多方面干扰，显著加大了我国对外投资的风险。

第二，相当一部分东道国整体投资环境比较恶劣，对我国项目投资收益影响很大。我们对外投资现在相当大一部分投向发展中国家，特别是今后沿着“一带一路”会占到对外投资的40%以上。这些国家大多经济发展水平低、市场体系不健全、国内政局动荡、政策朝令夕改、政府办事效率低乃至腐败，一些国家甚至处于地缘政治冲突的热点地区，环境极为恶劣，加大了我国对外投资难度。

第三，我国对外投资在融资方面困难较大。现在，我国对外投资主体在境外，存在大量海外融资需求。但受企业自身发展水平、东道国金融体系发展状况、信用体系国际化水平偏低等影响，很难在国际市场融资。同时，我国金融机构“走出去”和国际化经营还处在起步阶段，很难对企业海外融资提供帮助。当前，迫切需要在推动我国制造业“走出去”的同时，加快金融开放，必须金融保险跟着一起走，包括信用评级等。

第四，人民币国际化水平偏低制约了企业融资。首先，人民币国际化尽管走出了很大步伐，但目前整个国际货币体系还是以美元为主，而且我们所投资地区大多喜欢用美元结算；其次，人民币国际化是在资本项目没有完全开放、人民币不能自由兑换情况下，在贸易项下、投资项下扩大使用，但这是有限度的。

以前之所以比较快，缘于人民币处于升值状态。当人民币汇率处于基本均衡上下波动时，这个水平明显下降。即使现在人民币进入 SDR 篮子，但真正企业能够使用，成为国际定价结算交易的货币，还有艰巨的路要走。

第五，政策性资金支持难以形成合力。目前，我国很多对外投资项目有一定的政府战略指导性，特别是基础设施项目方面，主要是政策性银行资金，包括捆绑一些援外资金。但是，这些资金之间不相同属，导致政策支持效果大打折扣。如何整合国内的带有开发性金融或者体现政策支持方面的融资要求的资金，是下一步需要解决的重点问题。

企业走出去要学会国际语言敬畏社会责任

李开孟　中国国际工程咨询公司研究中心主任

这几年中国的企业“走出去”，无论是数量还是质量都发生了非常大的变化，同时在这样一个快速“走出去”的过程中，确实存在企业相关准备没有做好的问题，因为走出去的企业大量都是国有企业，尤其是央企承担一些重大项目。我想谈三点感受最深的：

第一，要慎言国家利益、国家战略。有很多项目因为涉及较强的国家利益，所以要求国家给予各种各样的政策、资源和优惠，这是国内审批项目“跑部钱进”的思路在境外的一种体现。因为把项目和国家利益捆绑在一起，政府主管部门不批就会说不考虑国家利益，我们作为论证专家也必须同意这个项目。但实际上从产业、市场、法律各方面进行认真的专业论证方面是比较缺乏的。我们认为境外投资项目，无论投资多大，首先是一种市场选择、市场商业决策结果，只有把商业做好了才能说带来这样的国家利益。例如，这几年大量境外能源资源项目，包括绿地投资，包括并购项目，真正非常成功的不多，如到非洲开采石油，难道一定要运回国内吗？再如，到境外搞农业，种的粮食必须运到国内，维护中国的粮食安全，这个逻辑是说不通的，种粮食首先要考虑商业利益，卖到当地，促进世界范围的粮食供应增加，自然而然中国粮食安全就会实现。

第二，到境外投资要学会国际语言。国内投资项目审批管理体制和国际上是不一样的。在国际市场上，一般把投资项目分为两类：一类是公共项目；另一类是私人部门项目，这个逻辑分得很清楚。公共项目因为涉及公众利益，所以有一套公共项目的审查机制，私人部门项目是为了追求商业利益最大化，按照市场机制、市场配置资源的思路来审查项目。而国内是讲投资项目分为政府投资项目和企业投资项目，政府投资项目实行审批制，审批项目建议书、可行性研究报告和初步设计文件，对企业投资项目实行核准制和备案，在核准目录之内的实行核准制及，目录之外的实行备案制。而且我们认为企业投资项目无论是国有、民营、外资还是股份合作制企业，所有企业都应按照统一的国民待遇，实行核准制和备案制，逻辑上和国外不一样。这里最大的问题是，对于国有企业，对应到国外到底是公共项目还是私人项目，国有企业投资项目是私人项目，逻辑上说不通。如果是公共部门的项目，好像也不行，因为国有企业是市场竞争的主体，有自身的利益，不可能让他代表全体中国人的公共利益。在国内都这样做，但走出去了就有问题，重大的项目都是国有企业在境外投资建设，这些企业在非洲、发展中国家操作水平很高，直接见总统、见首相、见议长，把项目签下来，最后政府部门出面完善后面的东西，往往都是企业发挥主导作用。但这里会存在可持续性的问题，会存在潜在的风险，因为把境内的运作项目手段拿到国外。

以国有企业的名义对外投资，尤其到发达国家时就会存在问题，因为发达国家会认为国有企业代表的是中国政府，对外资并购或者投资的安全审查和一般的市场化私人项目是不一样的，要求更严格。虽然我们的国有企业大都经过市场化改革，建立现代企业制度，完全是商业化项目，但是对方往往不听这种解释。因此，如何讲好国际语言，对于国有企业是需要补上的一课。

第三，要敬畏社会责任。在国际上、外国政府出于各种各样的理由，以社会责任为理由来阻止我们走出去，但社会责任就是客观存在的。例如，我们的水电项目走出去涉及征地拆迁、移民安置，如果在当地的安置出现问题，出现了罢工、集会，最后将会损害中国政府在当地的声望。我们不能简单埋怨人家不理解我们，而是要试图理解他们，因为我们的很多想法、理念跟当地是不一样的，如我们在征地拆迁时仅考虑安置补偿，安置补偿仅仅是物质利益的补偿，但是从当地的理念来说，除了经济资本之外还有其他的资本，如绿色资本，因为水电的建设使生物多样性减少，陆生植物、水生动物减少，有些是不可逆的，生物多样性的损失，当经济发展水平很低、温饱没有解决时，对这种损失的支付意愿是很低的，但是当人均 GDP 达到 5 万美元或者更高时就认为这种损失是很高的。

再一个是人力资本的损失，本来在当地是养鱼、种庄稼的，现在让他进城，原来人力资本的价值就损失了，要进行再就业、再培训，这样的损失也很重要。社会资本，是在当地形成的一种传统的社会网络、社会关系、社会文化，当你把他移到另一个地方时，社会结构的重建会带来社会资本的的损失。所以“走出去”时如何尽到社会责任，敬畏社会责任，这是我们要补的课，而不是躲避，或从政治或者其他角度埋怨他们。

强调要慎言国家利益，并不是说不讲国家利益，因为企业“走出去”也是经济外交的重要组成部分，既要讲国家利益，要维护国家利益，但不能因为这个来要求政府来争取政策，当强调国家利益时要进行专业的量化分析。强调国有企业要学会讲国际语言，在我国的现实情况下，国有企业在境外承担重大项目的运作，是中国国情决定的，但是不要把国内运作项目的这一套移植到国外。要尽社会责任，并不是不追求利益，但要做好商业利益和社会责任之间的平衡，使“走出去”能够持久下去，规避“走出去”的风险。

从世界银行黑名单看海外投资面临的挑战

王志乐 北京新世纪跨国公司研究所所长

我们研究海外投资主要是从三个层面出发：

第一个是理论层面，中国企业要“走出去”，我们有一大堆理由，如产能过剩、要买国外的资源等，但这个理由外国人不认，认为你是新殖民主义者。这里有一个理论问题，他们是用传统跨国公司理论来看这个问题，就像我们看跨国公司进入中国一样，怀疑他们要影响国家安全，要掠夺资源，所以面临理论创新的问题。

第二个是观念创新，综研院有一个很好的提法，2014 年中国对外投资实际上超过引进外资，把它看作对外投资的元年。中国已经从投资输入国变成了投资输出国，但是我们的思维、观念还停留在投资输入国上，投资输入国的想法是要保护本国的产业，尽可能限制进入的外国公司。但是，变成投资输出国以后，我们希望外国对我们开放，希望保护我们的投资，这是两个根本不同或者角度完全不同的思维，所以要想把“走出去”做好，有一个观念创新的问题。

第三个是实践层面。怎么样认真总结我们的实践，实事求是地看我们面临的挑战。从世界银行黑名单入手，2009 年 1 月 12 日至 2015 年 9 月 1 日，世界银行共处罚了 654 家企业或者个人，其中 38 个中国企业和个人。这些中国的企业的问题在哪儿？2009 年只有一个上榜，2011 年有 4 个，后来越来越多，到 2015 年前九个月 20 个，一家一家的公司为什么被处罚，怎么处罚，一般都是违反了采购条款，他规定你在投标时不能行贿、不能搞小动作，现在国外讲的不光是社会责任，还讲合规责任。

实际上中国企业走出去面临的主要挑战不是传统的商业风险，而是非传统的非商业风险。非商业风险有地缘政治风险、社会责任风险、环境责任风险，很多企业忽略了合规反腐的风险，这是目前国际上一个新的动向。在70年代，美国制定了反海外腐败法，要求企业在海外投资不得行贿，不得搞违反规则的竞标。2003年，联合国提出反腐败公约，联合国全球契约组织制定了“第十项原则”，就是反对各种形式的商业腐败。2008年12月西门子公司因为在中国及若干个国家行贿，被处罚16亿美元，这是个里程碑事件，从那以后大家都感到各国政府监管力度加大了。过去跨国公司没有这个问题，到国外为了掠夺资源，可以不讲这些规则。什么叫合规？第一是要遵守本国的和投资所在国的法律法规，第二是要遵守本公司制定的各种规章制度，第三是要遵守公认的、良好的社会职业操守、道德规范、法规、规制、规范，作为现代企业都面临这个挑战。

美国的反海外腐败法制裁的企业，从2005年以来一共处罚了80多家，其中有30家是在中国涉案，中国也罚了葛兰素史克，这说明当代世界的竞争规则变了。我认为走向世界的中国公司面临的最大挑战是，当我们的企业还是按照市场经济初期阶段的规则参与竞争时，跨国公司在全球的竞争规则已经改变了。

所以我们的企业在走向世界的时候，这种现代工商文明的新的竞争环境，新的竞争规则理解得不够，所以我觉得和全球型的公司，我们理论创新上做了一个努力，就是把传统的跨国公司理论和现代的全球公司理论做一次提升，现代全球公司是要讲责任的，所以我们缺少软竞争力，包括自觉承担社会环境责任，以及合规的文化。这点中国政府已经高度重视了，如商务部牵头七个部委在几年前就发布了一个文件，《中国境外企业文化建设若干意见》，其中强调坚持合法合规。国资委也看到了这个问题的严重性，所以国资委去年出台文件，《关于全面推进法治央企建设的意见》，强调要加快提升合规管理能力，要求企业建立起合规管理的工作体系。腐败恰恰暴露出企业合规管理体系的漏洞，而且值得注意的是，这个问题已经上升到国际标准，2014年12月15日，ISO出台了一个文件叫作ISO19600，题目是《合规管理体系－指南》，明确指出致力于长远发展的组织需要维护诚信和合规文化，所以诚信和合规不仅是组织成功和可持续发展的基础，也是机遇。

我在调查中发现，很多企业连合规的概念都不知道。所以走向世界，要理论创新、观念创新，还要在实践上跟上世界的最新发展。由于合规问题，可能认为国外是卡你，给你捣乱，如墨西哥铁路，都快要签了，最后说中国公司合作的公司曾经给总统夫人行贿，送了她一栋别墅，最后总统也不敢批这个项目了。像这样的问题如果不解决，我们在海外就面临一个新的挑战。现代的企业从过去讲究股东价值最大化，在2000年前后强调社会责任、环境责任，我把这个理解为全面的责任，当前国际上强调的全球责任要遵守法规、规制、规范，不光在自己的祖国，而且在全球都要这么做。

所以我们面对这样一个挑战，要有一个新的概念，由于全球市场出现跨国公司走向全球公司，全球公司打造全球价值链，从而改变了企业全球竞争的方式。全球公司强化企业合规文化，从而改变了企业的全球竞争规则。而中国的企业走向世界时，没有向国际公司一样有一个发展阶段，先跨国后全球，我们一出去就面临全球竞争。我们面临的已经改变了全球竞争方式和规则，所以从这个角度来讲，中国企业面临着严峻的挑战。但是，从我的调查发现，确实也有一批企业有一些政府部门正在推动，像刚才讲到的国资委、商务部，还有一些企业，像吉利收购沃尔沃以后专门建立合规管理体系和沃尔沃接轨。所以，我理解如果在这个过程中能够理解和把握全球竞争的新方式、新规则，企业有可能实现跨越式发展，创造发展中国家企业成长为源于中国的全球公司的新经验。

对外直接投资需要研究的六大问题

裴长洪　中国社会科学院经济研究所所长

第一，我觉得会议提出了一个很重要的话题，就是怎么进行理论创新的问题。从党和国家的文献来看，在对外开放领域提到“战略”的就两个：一个叫企业“走出去”战略；另一个叫自由贸易区战略。“一带一路”对外没有称战略，叫“重大倡议”，因为战略这个词汇对外讲太多，不一定有好处。进入新的发展阶段以后，有一个开放的新思路，而且有了新的实践，综研院提的“对外投资元年”这样一个新实践。在对外开放新实践当中如何解决理论创新问题，国际投资理论在西方国家有一套很成熟的理论，国际组织又提出全球价值链理论，中国有没有自己的，能解释中国对外投资的理论，我觉得这是一个要解决的问题。

第二，在对外开放和对外投资中如何统筹国际国内两个大局的问题。我们有开放的新思路、新举措，同时怎么利用这样的机遇，能够调整国内的经济结构，能够提高经济发展质量和水平，如何统筹国际国内两个大局的问题，这是我们要考虑的，我们做这件事情，视野需要内外两个方面。

第三，怎么处理国家利益和商业利益的问题。实际上这件事情没有政府推动是做不成的，甚至有一位资深银行家说，“一带一路”建设没有一件事政府不支持能够推得动。既然国家在推动，肯定有国家利益，是不是就可以置商业利益于不顾呢？这是一个非常尖锐的问题。因为“一带一路”的公开文件讲的是企业是主体，政府要支持，但企业是主体，要市场化运作，怎么处理这个问题。

第四，长期利益和短期利益结合问题。无论是国家项目、政府项目还是企业项目，其实都有一个长期利益和短期利益问题。国外的大量项目，因为咱们的很多基础设施项目，当然后来都很成功，包括国开行也说自己很成功，原因就是我们遇到一个很好的时机，资产价格在这段时间里大幅度升值，所以没有不良资产。当然，世界经济或者其他国家经济未来是这样吗？特别是做基础设施项目，实际短期是看不到利益的，就有长期利益能不能够实现的问题、短期干什么的问题，既然是企业行为，这就是一个很现实的问题。

第五，对外直接投资能力建设问题。对外直接投资关键是金融能力，我们的金融在全球资源配置中的能力不行，为什么要搞上海自贸区建设，为什么要搞人民币国际化。还有大量的其他能力建设问题，包括政府能力建设问题，企业能力建设问题，如政府怎么解决顶层设计，怎么解决和对象国的谈判，有些问题很具体，还有一些问题是企业能力建设，包括怎么合规、怎么履行社会责任、了解人家的法律法规，这实际都是能力建设问题，这个话题可能会涉及很多。

第六，安全高效问题，也就是规避风险问题。对外直接投资要建设开放型经济体系，十七大报告、十八大报告讲的互利共赢、多元平衡、安全高效，这是我们开放型经济体系的三个定语。安全高效，实际上对外投资风险很多、陷阱很多，而且人家对我们的限制也不少，贸易投资保护主义普遍都会遇到，安全高效问题是我们不得不研究的问题。

后 记

为使更多关注中国对外直接投资的政策与实践问题的专家学者、政府管理者以及企业界人士能够分享研讨的成果，在深圳市综研软科学发展基金会和中国（深圳）综合开发研究院各位同事的共同努力之下，历时半年，本书终于付梓。

在此，我们向拨冗出席“2016 综研基金·中国智库论坛”的各位演讲和主持嘉宾（按姓氏笔画排序）：王志乐、王国文、毕吉耀、刘迎秋、李开孟、张威、季志业、项怀诚、赵晋平、姚枝仲、曹远征、裴长洪、樊纲，向会后提供研究成果的王永中、巴曙松、左伟、卢周来、曲建、刘军红、刘珺、李大伟、李曦晨、汪浩、金碚、周天勇、郑文、桑百川、魏杰，向所有参与论坛讨论的专家学者，向策划、组织系列学术活动的综合开发研究院同仁郭万达、冯月秋、郑宇劼、张丽、刘艺娉、程旭玲，以及为本书出版付出努力的中国经济出版社一并致谢！

编者

二零一六年十一月